SUOMALAISEN TIEDEAKATEMIAN TOIMITUKSIA
ANNALES ACADEMIÆ SCIENTIARUM FENNICÆ

SARJA-SER. B NIDE-TOM. 193

DIE EWIGE DYNASTIE

David und die Entstehung seiner Dynastie nach
der deuteronomistischen Darstellung

von
TIMO VEIJOLA

HELSINKI 1975
SUOMALAINEN TIEDEAKATEMIA

Meinen Töchtern Sanna und Tuulia

Copyright © 1975
Academia Scientiarum Fennica

Vorgelegt am 4. Oktober, 1974

ISSN 0066-2011
ISBN 951-41-0196-0

Suomalaisen Kirjallisuuden Kirjapaino Oy Helsinki 1975

VORWORT

Die vorliegende Arbeit ist als Ergebnis meiner zwei Studien- und Forschungsaufenthalte in Göttingen während der Jahre 1970—74 entstanden. Die Anregung zu ihr bekam ich von meinem verehrten Lehrer Herrn Prof. I. Soisalon-Soininen in Helsinki, der meinen exegetischen Weg von Anfang an mit väterlicher Güte verfolgt und gefördert hat. Ebenso wie ihm gilt meine Dankbarkeit den Göttinger Professoren der alttestamentlichen Exegetik, den Herren W. Zimmerli, R. Smend und R. Hanhart, die alle auf ihre Weise mir sowohl fachlich als auch persönlich unersetzliche Hilfe geleistet haben. In ganz besonderem Masse fühle ich mich dem Assistenten Herrn Dr. W. Dietrich verpflichtet, der — selbst ein vorzüglicher Kenner der deuteronomistischen Problematik — in zahllosen Diskussionen mir zur gedanklichen Klarheit verholfen hat. Ihm verdanke ich auch die Verbesserung und endgültige Stilisierung der sprachlichen Gestalt des Manuskripts. Finanziell wurden meine Deutschlandaufenthalte durch Stipendien vom Lutherischen Weltbund, Deutschen Akademischen Austauschdienst und von der Alexander von Humboldt-Stiftung ermöglicht. Diesen Organisationen, sowie der Finnischen Akademie der Wissenschaften, die die Arbeit in ihre Betreuung aufgenommen hat, gebührt mein aufrichtiger Dank. Zuletzt, aber nicht weniger, danke ich meiner Frau Pirjo Veijola für ihre grossartige Anpassungsfähigkeit, mit der sie alle Freuden und Sorgen mit mir in der "Diaspora" getragen und für meine Studien eine günstige Atmosphäre geschaffen hat. Das Buch widme ich unseren Töchtern Sanna und Tuulia, die in Göttingen das Tageslicht erblickt haben.

Hyvinkää, den 3. November 1974   T. V.

INHALT

VORWORT	3
1 EINLEITUNG	5
2 1KÖN 1—2 UND DAMIT ZUSAMMENHÄNGENDE TEXTE	16
2.1 1Kön 1	16
2.2 1Kön 2	19
2.3 Der geschichtliche Ort der Bearbeitung von 1Kön 1—2	26
2.4 Der weitere Horizont der Bearbeitung von 1Kön 1—2	29
2.4.1 2Sam 3:22—39	30
2.4.2 2Sam 20:4—13	32
2.4.3 2Sam 17:27—29; 19:32—41	32
2.4.4 2Sam 16:5—13; 19:17—24	33
2.4.5 1Sam 2:27—36; 22:20—22; 2Sam 15:24—29	35
2.5 Zwischenergebnis	46
3 1SAM 25 UND DAMIT ZUSAMMENHÄNGENDE TEXTE	47
3.1 1Sam 25	47
3.2 1Sam 13:13—14	55
3.3 1Sam 28:17—19aα	57
3.4 2Sam 3:9—10	59
3.5 2Sam 3:17—19	60
3.6 2Sam 5:1—2	63
3.7 2Sam 6:21	66
3.8 2Sam 7	68
3.9 Zwischenergebnis	79
4 1SAM 20:12—17.42b UND DAMIT ZUSAMMENHÄNGENDE TEXTE	81
4.1 1Sam 20:12—17.42b	81
4.2 1Sam 23:16—18	88
4.3 1Sam 24:18—23a	90
4.4 Redaktionsgeschichtliche Folgerungen	94
5 2SAM 21—24	106
5.1 2Sam 21:1—14 und 2Sam 24	106
5.1.1 2Sam 21:1—14	106
5.1.2 2Sam 24	108
5.2 2Sam 21:15—22 und 2Sam 23:8—39	117
5.2.1 2Sam 21:15—22	118
5.2.2 2Sam 23:8—39	119
5.3 2Sam 22 und 2Sam 23:1—7	120
5.3.1 2Sam 22	120
5.3.2 2Sam 23:1—7	124
5.4 Exkurs zur Redaktionsgeschichte von 2Sam 21—24	124
6 SYNTHESE UND KONSEQUENZEN	127
ABKÜRZUNGEN	143
LITERATURVERZEICHNIS	145
STELLENREGISTER	153
REGISTER HEBRÄISCHER WÖRTER UND WENDUNGEN	162

1 EINLEITUNG

Die deuteronomistische (dtr) Auffassung von David wird herkömmlich aus den sporadischen Hinweisen auf ihn in den Königsbüchern erschlossen. Diese Hinweise sind von grosser Einheitlichkeit. Sie betonen vor allem Davids tadellosen Gehorsam gegen Gott und seine vorbildliche Gesetzesbefolgung (1Kön 3:3.6.14; 11:4.6.33; 14:8; 15:3.5.11; 2Kön 14:3; 16:2; 18:3; 22:2), sie erwähnen Davids gute Intention in der Frage des Tempelbaus (1Kön 5:17—19; 8:17—19), sie machen die Erfüllung der Nathanweissagung (2Sam 7) von der Gesetzestreue abhängig (1Kön 2:3—4; 8:25; 9:4—5; 11:38) und begründen die einem sündigen judäischen König, Jerusalem und ganz Juda zuteil gewordene Gnade bzw. den Aufschub des Gerichtes mit Davids Sonderstellung (1Kön 11:12.13.32.34.36; 15:4; 2Kön 8:19; 19:34; 20:6). Im ganzen sind diese stereotypen Anspielungen jedoch so wenig aussagekräftig, dass sie nicht einmal eine sichere Beantwortung der Frage erlauben, ob der (bzw. die) dtr Verfasser (Dtr) nach der Katastrophe von 587 eine Hoffnung auf den weiteren Bestand der davidischen Dynastie gehabt hat (haben), und ob man den verhaltenen Bericht am Ende des Geschichtswerkes über die Rehabilitierung Jojachins (2Kön 25:27—30) in diesem Sinne verstehen darf[1], oder ob die Katastrophe von 587 das unwiderrufliche Gericht über die sündhafte Geschichte des Volkes mit seinen Königen gebracht hat, und 2Kön 25:27—30 einfach die letzte verfügbare historische Nachricht war, die der Verfasser als gewissenhafter Berichterstatter ohne tiefere theologische Absichten noch mitgeteilt hat[2].

Die Beschränkung auf das Material der Königsbücher mag zunächst auffallen, denn an sich läge ja der Gedanke nahe, dass das dtr Davidbild am besten dort greifbar wird, wo über David ausführlich berichtet wird, also in den Samuelbüchern einschliesslich 1Kön 1—2. Die Nichtberücksichtigung dieses Stoffes hat jedoch ihre guten Gründe. Nach der fast allgemein akzeptierten Auffassung Martin Noths, "des Vaters des dtr Geschichtswerkes" (Eissfeldt), hat Dtr hier im grossen und ganzen das überkommene Material ohne eigene Einmischung zur Sprache kommen lassen, nämlich die Geschichte vom Aufstieg Davids (1Sam

---

[1] So in der neueren Zeit vor allem von Rad 1948², 59—64; ders. 1966⁵, 353—358, vorsichtiger; vgl. auch Janssen 1956, 75; Amsler 1963, 61—64; Herrmann 1965, 177; Soggin 1967, 14f.; Zenger BZ 1968, 16—30; Kellermann 1971, 81—83; Zimmerli 1972, 159.

[2] So Noth 1967³, 107—109; ders. Proceedings 1957, 562f., ähnlich; vgl. auch Perlitt 1969, 32.49. Kritik gegen beide Lösungstypen meldet Wolff ZAW 1961, 171—186, an, der in der Umkehrmahnung das eigentliche Kerygma des dtr Geschichtswerkes sieht (vgl. auch Lohfink 1969², 223f. und Radjawane ThR 1974, 215f.). Dazu Steck 1967, 138², der auch die Endgültigkeit des Gerichtes betont. — Symptomatisch für die problematische Forschungslage ist die Äusserung von Kellermann EvTh 1969, 169: "Die Frage nach der Zukunftshoffnung des dtr Geschichtswerkes wartet noch auf eine überzeugende Beantwortung. Wieweit die retrospektive Ausrichtung dieses Werkes bei seiner Idealisierung Davids und der Betonung der Nathanverheissung als einer bewahrenden Kraft in der Geschichte der Königszeit zusammen mit dem Bericht von der Begnadigung Jojachins eine geheime Zukunftshoffnung enthält, bleibt schwierig festzustellen."

16:14—2Sam 5:10), das Ende der Ladeerzählung (2Sam 6) und die daran angeknüpfte Nathanweissagung (2Sam 7) sowie die Geschichte von der Thronnachfolge Davids (2Sam 9—20 + 1 Kön 1—2), die alle schon "längst vor Dtr" zusammengewachsen waren.[3] In den ganzen Komplex hat Dtr nach Noth nur an wenigen Stellen eingegriffen[4], ohne damit die Gestalt der alten David-Überlieferung merkbar verändert zu haben. Ob mit dieser Antwort eine befriedigende Erklärung zu dem immerhin auffälligen Zurücktreten der dtr Redaktionstätigkeit in den Samuelbüchern gegeben worden ist[5], ist eine Frage, die einer Überprüfung bedarf.

Noth hat sich für diesen Teil des dtr Geschichtswerkes die bahnbrechende Untersuchung von L. Rost über *"Die Überlieferung von der Thronnachfolge Davids"* (1926) dienstbar gemacht, in der die älteren Lösungsversuche, die verschiedene parallel laufende Quellen in den Samuelbüchern unterscheiden wollten[6], durch eine Theorie von Einzelwerken ersetzt wurden. Vor allem bewies Rost die Existenz einer Geschichte von der Thronnachfolge Davids 2Sam 9—20 + 1 Kön 1—2, deren Verfasser als Unterquellen die Ladeerzählung 1Sam 4:1b—7:1 + 2 Sam 6:1—20a, den Grundbestand von 2Sam 7 sowie den Ammoniterkriegsbericht 2Sam 10:6—11 + 12:26—31 zur Verfügung hatte und sein Werk mit diesen Unterquellen verzahnte.[7] Ausserdem wies er auf die Existenz einer Erzählung vom Aufstieg Davids hin, allerdings ohne darauf näher einzugehen.[8] Bei Rost — ähnlich wie später bei Noth — bleibt der dtr Anteil an der ganzen Thronfolgegeschichte verschwindend gering.[9] Danach hätte das Werk schon sehr früh seine Jetztgestalt angenommen.[10] Doch drängt sich vor allem an Stellen, die ausserhalb des Werkes berichtete Begebenheiten als bekannt voraussetzen[11] die Frage auf, ob die Thronfolgegeschichte wirklich von solcher monolithischer Einheitlichkeit und Geschlossenheit ist, dass sie keinen Anlass zur Annahme späterer Bearbeitung bietet.

Ähnliche Fragen wie bei Rosts Untersuchung werden wach auch bei der Darstellung von J. H. Grønbaek über *"Die Geschichte vom Aufstieg Davids"* (1971). Im bewussten (skandinavischen) Gegensatz zu den literarkritischen Lösungsversuchen behandelt Grønbaek den Stoff "traditionsanalytisch" und "überliefe-

---

[3] Noth 1967³, 61—66.

[4] Auf Dtr wird von Noth 1967³, 61—66, zurückgeführt: 2Sam 2:10a.11; 5:4.5; die Umstellung des Abschnitts 2Sam 5:17—25, der ursprünglich unmittelbar hinter 2Sam 5:3 gestanden habe; 2Sam 5:11 und 2Sam 8 (von Dtr nachgetragen); 2Sam 7:12b—13a.22—24; 1Kön 2.*2.3.4.27b.

[5] Vgl. von Rad 1966⁵, 346f., der den Sachverhalt "schwer erklärbar" nennt.

[6] Der einflussreichste Vertreter des damaligen Standes der Forschung ist Budde durch seine quellenkritischen Studien 1890, 167—276 und seinen Samuelkommentar 1902.

[7] Rost 1926, 104—107 u.ö.

[8] Rost 1926, 133—135.

[9] Nach Rost 1926 ist dtr nur: 2Sam 7:13 (S. 65); 2Sam 7:22—24 (S. 49); 1Kön 2:*1.*2.3.4.11 (S. 89—91).

[10] Rost 1926, 127, datiert das Werk in den Anfang der Regierungszeit Salomos.

[11] Vgl. z.B. 1Kön 2:5—6.31b—33 und 2Sam 3:22—39; 2Sam 9 und 1Sam 20:15; 24:22—23a.

rungsgeschichtlich", wie er seine Methode nennt, wobei das Überlieferungsmaterial besonders sorgfältig berücksichtigt werden soll.[12] Den Umfang der Aufstiegsgeschichte begrenzt Grønbaek auf 1Sam 15 bis 2Sam 5. Obwohl das Ganze einen "ausgesprochenen Bruchstückcharakter" hat, sei der Komplex ein selbständiges, unabhängiges Werk eines Verfassers, der, kurz nach der Teilung des salomonischen Reichs unter Rehabeam, überwiegend mündlichen Traditionsstoff benutzte und damit vor allem die Legitimität Davids als des Nachfolgers Sauls beweisen wollte.[13] Abgesehen von der fragwürdigen Bestimmung des Anfangs der Aufstiegsgeschichte[14] lässt Grønbaeks Untersuchung Raum für den Zweifel, ob er nicht den Überlieferungsvorgang zu einfach gesehen und dem Verfasser der Aufstiegsgeschichte Texte zugeschrieben hat, die weit über die Grenzen des Werkes hinausblicken und darum an eine Redaktion denken lassen, die einen grösseren literarischen Zusammenhang bearbeitet hat.[15]

Komplizierter als bei Grønbaek werden die literarischen Verhältnisse in den David-Überlieferungen in den schon älteren Dissertationen von H.-U. Nübel und F. Mildenberger eingeschätzt. In seiner Untersuchung *"Davids Aufstieg in der Frühe israelitischer Geschichtsschreibung"* (1959) bemüht sich Nübel mit einer bis in die kleinsten Einzelheiten gehenden Literarkritik um den Nachweis, dass eine schon während der Zeit Davids entstandene Geschichte von Davids Aufstieg in 1Sam 16—2Sam 9 vorliege, deren Ende ursprünglich die Kapitel 2Sam 6—7 bildeten.[16] Diese *"Grundschrift"* habe jedoch eine tiefgreifende *"Bearbeitung"* von der Hand eines unter dem Einfluss Elias stehenden nordisraelitischen Redaktors erfahren, der neben anderen Einschüben und Umstellungen die *"Grundschrift"* auch um 2Sam 10—12 erweiterte — dieser Abschnitt gehöre also nicht, wie Rost meinte, der Thronfolgegeschichte an — und dessen Tätigkeit in einem nicht näher bestimmten Ausmass über die Aufstiegsgeschichte hinausreiche.[17] Die dtr Redaktion habe in das Ganze nur noch leicht eingegriffen.[18]

---

[12] Grønbaek 1971, 259. Recht tendenziös stellt Grønbaek die literarkritische Betrachtungsweise als mit dem Scheitern der Quellentheorien überholt hin (S. 259f.).

[13] Grønbaek 1971, 16—19.260.277f. — Mit Grønbaeks Methode und Ergebnis in vielem ähnlich ist Weisers Aufsatz *"Die Legitimation des Königs David"* in VT 1966, 325—354, wo allerdings der Umfang des Werkes anders abgesteckt wird (1Sam 16—2Sam 7).

[14] Setzt nicht 1Sam 15:1 die Salbungsgeschichte 1Sam 9:1—10:16 voraus? Spiegelt nicht 1Sam 15 im ganzen doch geistesgeschichtlich spätere Verhältnisse wider als von Grønbaek angenommen?

[15] Dem Dtr wird von Grønbaek 1971, 271 (zusammenfassend), zugeschrieben: 1Sam 15:2.6; 30:21—25 ("vielleicht"); 2Sam 1:17—27; 2:10a.11; 5:4—5.11.12.13—16; die Umstellung von 2Sam 5:17—25. In dem genannten Aufsatz von Weiser VT 1966, 325—354, kommt das Wort "deuteronomistisch" überhaupt nicht vor.

[16] Ähnlich wird der Umfang der Aufstiegsgeschichte von Amsler 1963, 23f., allerdings — abgesehen von 2Sam 6:16.20b—23 — ohne 2Sam 6—8, und von Weiser VT 1966, 325—354, ohne 2Sam 8—9, bestimmt.

[17] Nübel 1959, 16f.147—149.

[18] (1Sam 17:53.54; 27:7?); 2Sam 2:10a; 5:4.5; 7:2—4a.5aγ—7.13a.14.22b—24 (Nübel 1959, 123).

Zwei entscheidende Stufen in der Entstehung der (Saul-) David-Überlieferung werden auch in Mildenbergers literarischer Analyse *"Die vordeuteronomistische Saul-Davidüberlieferung"* (1962) voneinander gesondert.[19] In enger Anlehnung an die von Rost bei der Analyse der Thronfolgegeschichte[20] erzielten Ergebnisse grenzt Mildenberger eine *"Geschichtsschreibung von Saul und David"* aus, der es um die göttliche Sanktionierung der davidischen Dynastie gehe; sie setze mit 1Sam 13:2 ein und ende mit Davids Dankgebet 2Sam 7:18ff.[21] Diese Geschichtsschreibung hat nach Mildenberger einst zusammen mit dem Annalenstück 2Sam *8, der Geburtsgeschichte Salomos 2Sam 10—12, der Tamarnovelle 2Sam 13—14 und der Thronfolgegeschichte eine eigene Sammlung gebildet[22], die dann um 700 *"nebiistisch"* bearbeitet wurde. Auf die Spur der Bearbeitung kommt er durch Rosts diffizile Analyse von 2Sam 7, wo die von Rost in V. 8—11a.12.14.15.17 angenommene Überarbeitungsschicht identisch mit der *"nebiistischen"* Bearbeitung sei.[23] Der Umfang der Bearbeitung wird in erster Linie an Hand des Titels *nāgīd* abgegrenzt, der die für die *"nebiistische"* Bearbeitung charakteristische Anschauung von der prophetischen Designation des Königs zum Ausdruck bringe.[24] Wie bei Nübel wird die dtr Redaktion nur selten genannt.[25]

Keine von den beiden Untersuchungen hat breitere Zustimmung gefunden.[26] Allein methodisch sind sie fragwürdig. Nübel droht die literarkritische Methode zu desavouieren, indem er seine Versuche zu einer durchgehenden Neuordnung einzelner Verse, Versteile und Wörter auf die Tätigkeit des Bearbeiters zurückführt, ohne die innere Logik und damit die Notwendigkeit dieses umwälzenden Vorgehens sichtbar zu machen. Die Stilanalyse[27], die das Ergebnis erhärten soll, besteht bis zu 90 % aus Katalogisierung einzelner Vokabeln, was nicht besonders aufschlussreich sein kann[28], zumal keine Belege ausserhalb von *"Grundschrift"* und *"Bearbeitung"* zum Vergleich herangezogen werden. Völlig willkürlich und ohne jegliche Begründung wird die Identifizierung der

---

[19] Eine kurze Zusammenfassung über die maschingeschriebene Dissertation bietet Mildenberger in ThLZ 1962, 778f.

[20] Allerdings beschränkt Mildenberger 1962, 187, den Umfang der Thronfolgegeschichte im Unterschied zu Rost auf 2Sam 15—20 + 1Kön 1—2.

[21] Diesem letzten Abschnitt ging einmal 2Sam 9 voraus (Mildenberger 1962, 121). Der vollständige Text der postulierten Geschichtsschreibung ist bei Mildenberger 1962, 126—144, wiedergegeben.

[22] Mildenberger 1962, 183f.187.

[23] Mildenberger 1962, 4—12.

[24] Mildenberger 1962, 33f.

[25] Als dtr wird von Mildenberger 1962 innerhalb der David-Überlieferungen bezeichnet: 2Sam 2:10a.11 (S. 117); 2Sam 5:4,5 (S. 119); 2Sam 7:1b.11a.23.24 (S. 1^5); 2Sam 8 Endstadium (S. 185); 1Kön 2:1—4.10—12 (S. 78^{14}, abweichend auf S. 187!).

[26] Zur Kritik an Nübel s. Weiser VT 1966, 325; Grønbaek 1971, 14.259f.; Rendtorff 1971, 429; Stoebe 1973, 50f.296—299. Bedenken gegen Mildenbergers Arbeit melden an Grønbaek 1971, 27—29 und Rendtorff 1971, 429; erstaunlich positiv hingegen wird sie von Stoebe 1973, 51, beurteilt; auch Kaiser 1970^2, 133, nennt sie "überzeugender" als die von Nübel.

[27] Nübel 1959, 100—121.

[28] Berechtigte Kritik gegen dieses Verfahren bei Mildenberger 1962, 145^1.

"Bearbeitung" mit Elia-Kreisen vollzogen.

Für Mildenberger verhängnisvoll ist vor allem die starke Abhängigkeit von Rost. Man kann nicht von vornherein annehmen, die Absicht der Aufstiegsgeschichte Davids sei dieselbe wie die der Thronfolgegeschichte[29], und man kann nicht mehr Rosts Analyse von 2Sam 7[30] als das letzte Wort zum literarischen Charakter dieses Kapitels übernehmen, geschweige denn als Basis für weiter gehende redaktionsgeschichtliche Schlussfolgerungen benutzen. Darüber hinaus kann ein einziger Begriff $n\bar{a}g\bar{\imath}d$ nicht als alleiniges Kriterium zur Abgrenzung einer Bearbeitung dienen.

Das Bemerkenswerte in Nübels und Mildenbergers Untersuchungen ist, dass in ihnen mit einer wenigstens die Aufstiegsgeschichte und Thronfolgegeschichte umfassenden Redaktion gerechnet wird. Beide sehen in den von ihnen abgehobenen Redaktionen Vorläufer der dtr Bewegung.[31] Vielleicht ist bei der Beschreitung des hier gewiesenen Weges grössere Klarheit zu gewinnen.[32]

Den Untersuchungen von Rost, Grønbaek, Nübel und Mildenberger ist gemeinsam, dass sie sich alle mit Noths Auffassung von dem vordtr Zusammenwachsen der David-Überlieferungen vereinbaren lassen[33]; es geht in ihnen nur um Modifikationen bei der Beschreibung vordtr Prozesses, und dies in einem beschränkten Bereich des dtr Geschichtswerkes. Anders verhält es sich dagegen mit den Versuchen, die auch nach Rosts Arbeit die Entstehung der Samuelbücher mit Hilfe der Theorie von den hier sich fortsetzenden Pentateuchquellen zu erklären suchen. Ihre prominentesten Vertreter in der neueren Zeit sind O. Eissfeldt und G. Hölscher. Eissfeldt will auch in den Samuelbüchern drei parallel laufende Pentateuchquellen — L, J und E — erkennen[34] und beurteilt den nachträglichen dtr Anteil als äusserst gering[35]. Hölscher hingegen meint der

---

[29] So Mildenberger 1962, 100f. Nicht einmal, dass die theologische Legitimierung des Königtums von Salomo das eigentliche Anliegen der Thronfolgegeschichte sei, ist so sicher wie Mildenberger 1962, 97—99, meint. Totalangriff gegen diese gängige Meinung ist Würthweins Studie über *"Die Erzählung von der Thronfolge Davids — theologische oder politische Geschichtsschreibung?"* (1974).

[30] Rost 1926, 47—74.

[31] Nübel 1959, 148; Mildenberger 1962, 58.

[32] Vgl. auch Schmidt 1970, 120—140, der anlässlich der Erörterung der *"Verheissungen des künftigen Königtums durch Jahwe an David"* die Spur literarisch aktiver Kreise findet, "für deren nähere Bestimmung die Basis dieser Untersuchung zu schmal ist" (S. 140). Kaiser 1970², 134, nennt als Aufgabe für die weitere Erforschung der Samuelbücher "ein Achten auf das neuerdings wieder stärker in das Blickfeld getretene Problem der Schichten deuteronomistischer und vordeuteronomistischer Bearbeitungen".

[33] Grønbaek 1971, 16, vermutet freilich, dass die Aufstiegsgeschichte erst im Zuge der dtr Redaktion in einen grösseren literarischen Zusammenhang eingegliedert wurde.

[34] Beweisführung in Eissfeldts *"Komposition der Samuelisbücher"* (1931), wo allerdings vorsichtig von den Fäden I, II und III gesprochen wird, die aber nach Eissfeldt 1964³, 362—374, mit L, J und E identisch sind. Eissfeldts nächster Vorläufer ist Smend ZAW 1921, 181—217.

[35] In Eissfeldt 1931 wird Dtr überhaupt nicht erwähnt; nach Eissfeldt 1964³, 375, sind 1Sam 2:36 und 2Sam 7:13 dtr.

Sachlage mit zwei Quellen, J und E, gerecht zu werden[36], von denen J bis 1Kön 12:19 und E bis 2Kön 25:30 reiche. Die Zweiquellentheorie hindert ihn jedoch nicht, auch die Rolle der dtr Redaktion (Rd) zu berücksichtigen, die nach der Zusammensetzung von J und E durch einen früheren Redaktor (Rje) vor allem noch tendenziöse Kürzungen und Zusätze unternommen habe.[37] Besonders drastisch habe Rd die Thronfolgegeschichte gekürzt, die er von 2Sam 9:1 bis 2Sam 20:22 samt 1Kön 2:13—26.28—46a völlig ausgeschieden und durch 2Sam 8 — eine Kompilation aus den Nachrichten des E — als Abschluss der Regierungszeit Davids ersetzt habe; einem noch späteren priesterlichen Redaktor (Rp) sei die Wiedereinfügung der einst entfernten Texte zu verdanken.[38]

Weder Eissfeldt noch Hölscher haben sich mit ihrer Theorie von den Quellen der Samuelbücher durchgesetzt[39], und in der Tat wäre man ohne vorgefasste quellentheoretische Vermutungen wohl kaum auf den Gedanken gekommen, den Stoff durchgehend in parallel laufende Fäden zu zerlegen. In stark veränderter Form hat jedoch neulich eine Schülerin von Hölscher, Hannelis Schulte, in ihrer Untersuchung *"Die Entstehung der Geschichtsschreibung im Alten Israel"* (1972) Hölschers Theorie vom Jahwisten als erstem hebräischen Geschichtsschreiber bis 1Kön 12 repristiniert. Im Unterschied zu Hölscher verzichtet sie auf das Postulat einer dem J parallelen Quelle E in den Geschichtsbüchern, sondern erklärt stattdessen die Vielgestaltigkeit des *"jahwistischen"* Geschichtswerkes mit vorgegebenen Sammlungen, die schon vor J teils in mündlicher, teils in schriftlicher Form relativ fest fixiert waren.[40] In den Samuelbüchern habe es vier grosse Erzählkomplexe dieser Art gegeben, nämlich *"die Saul-Geschichten"* (1Sam 9—14; 28; 31), *"die David-Saul-Geschichten I"* (1Sam 16—20), *"die David-Saul-Geschichten II"* (1Sam 21—23; 27; 29—30; 2Sam 1—2:8; 5) und *"die David-Geschichten"* (2Sam 2—4; 6; 21; 24; 9—20; 1Kön 1—2); diese Erzählkränze hätten eine recht komplizierte Vorgeschichte gehabt[41], bevor sie am Ende des 10. Jahrhunderts von J zusammengefügt und redigiert worden seien[42]. Inhaltlich gehe es in der *"jahwistischen"* Bearbeitung vor allem um eine *"Königsideologie"*, die die Unverletzlichkeit, die Unschuld, aber auch die Schuld (!) des Königs

---

[36] Durchführung der These in Hölschers *"Geschichtsschreibung in Israel. Untersuchungen zum Jahvisten und Elohisten"* (1952). Dieselbe Auffassung vertritt er schon in seiner Untersuchung über den Jahwisten *"Die Anfänge der hebräischen Geschichtsschreibung"* (1942); ähnlich auch Mowinckel in seinem Samuelkommentar (1936).

[37] Explizit als dtr Einschübe werden von Hölscher 1952 innerhalb der David-Überlieferungen genannt: 2Sam 2:10a.11 (S. 374); 2Sam 5:4.5 (S. 375); 2Sam 7:7 (S. 377); 2Sam 8 (S. 377); 1Kön 2:1—9 (S. 380); 1Kön 2:11 (S. 381).

[38] Hölscher 1952, 377—380. Die Theorie über die Auslassung der Thronfolgegeschichte in der dtr Redaktion stammt von Budde 1890, 265f., wird wieder von Würthwein 1974, 59, in die Diskussion gestellt.

[39] Vgl. etwa die Stellungnahmen bei Vriezen OrNe 1948, 167.171 und Stoebe 1973, 46f.297.

[40] Schulte 1972, 207—209.

[41] Schulte 1972, 105—180.

[42] Schulte 1972, 214—216.

hervorhebt, ebenso wie seine Frömmigkeit und seinen Grossmut.[43] Dem Thema "Gerechtigkeit" subsumiert, die der rote Faden des *"jahwistischen"* Geschichtswerkes und das eigentliche Charakteristikum der frühen israelitischen Geschichtsschreibung im Vergleich zu den anderen altorientalischen Geschichtsdarstellungen sei[44], kontrapunktiere diese Königsideologie, die programmatisch in dem einheitlich *"jahwistischen"* Kapitel 1Sam 25 zum Ausdruck komme[45], die Darstellung der königs- und rechtlosen Zeit, die J in Ri 17—21 schildere.[46] Mit den Vertretern der Theorie vom dtr Geschichtswerk als erster grossangelegter Darstellung der "Geschichte Israels" wird überhaupt nicht diskutiert, an vielen Stellen jedoch der Einfluss der *"D-Gruppe"*[47] zugegeben.[48] Diese Darstellung unter königsideologischem Aspekt wird von den Analysen des Stils und des Sprachgebrauchs begleitet.[49] Es fragt sich jedoch, ob diese Analysen beweisen, was sie beweisen sollen. Wenn J gegen Ende des 10. Jahrhunderts schreibt, ist dann seine Sprache mit Sicherheit von der Sprache der zeitlich nicht weit entfernten David-Überlieferungen unterscheidbar? Wo dagegen ein eindeutig abweichender Sprachgebrauch in einem Abschnitt greifbar wird, der sich sauber literarkritisch von dem alten Kontext abheben lässt, sollte da nicht die Möglichkeit erheblich jüngerer Herkunft der Bearbeitung ernsthaft erwogen werden?

Wie die angeführten quellentheoretischen Erklärungen zu Noths Auffassung vom Charakter des dtr Geschichtswerkes im Widerspruch stehen, so sind mit ihr unvereinbar auch solche Lösungen, die den dtr Anteil an den Samuelbüchern als erheblich grösser beurteilen als Noth. Das ist der Fall in K.-D. Schuncks Untersuchung über *"Benjamin"* (1963), wo der Verfasser, ausgehend von A. Jepsens redaktionskritischen Untersuchungen über die Königsbücher[50], deren Ergebnisse er einfach übernimmt[51] und auf das 1. Samuelbuch überträgt, behauptet, die erste

---

[43] Als *"jahwistische"* Bearbeitung wird von Schulte 1972, 180 (zusammenfassend), genannt: 1Sam *24; 25; 2Sam 1:5—10.13—16; 3:39; 16:10; 19:22—23 "und vielleicht 2Sam 15:25—26, sowie 21:12—14a" (auf S. 155—160.216 wird auch der Grundbestand von 2Sam 12:1—15 dazu gerechnet).

[44] Schulte 1972, 7.75.94.215.221 u.ö.

[45] Schulte 1972, 90—94. Die ausserordentlich zentrale Bedeutung von 1Sam 25 für Schultes Theorie geht aus folgenden Sätzen hervor (S. 216): "Die Übereinstimmung von 1Sam 25 mit den typisch jahwistischen Erzählungen sind derart eindeutig, dass wir diese Erzählung dem Jahwisten zusprechen und ihn deshalb mit dem Königsideologen identifizieren. Dann ist er aber auch der grosse Historiker der frühen Königszeit, der aus den mündlichen Erzählungen und den bereits fixierten Komplexen der Samuelbücher das eine grosse Geschichtswerk des alten Israel geschaffen hat."

[46] Schulte 1972, 207.212f.215.221 u.ö.

[47] Die Bezeichnung von Carlson 1964, s. u. S. 12.

[48] So im Bereich der David-Überlieferungen: 1Sam 22:19 (S. 121[41]); 1Sam 25:28—31 (S. 178, wo irrtümlich zwar 2Sam 25:28—31 steht); 1Sam 28:16—19aα (S. 106[8] mit Fragezeichen); 2Sam 2:10a.11 (S. 141[17]); 2Sam 3:1?.2—5.10.30; 4:2b.4; 5:2b.4.5.11—15 (S. 166); 2Sam 6:21aβ (S. 139[4]); 2Sam 7 "selbst wenn es einen vordtr Kern enthalten sollte" (S. 138f.); die Bearbeitung von 2Sam 12:1—15a (ohne genauere Angaben) hat "möglicherweise dtr Charakter" (S. 156); 1Kön 2:2a—4 (S. 163[103]).

[49] Durchgehend in den Anmerkungen und zusammenfassend in dem Kapitel über die *"Sprache des 10. Jh.v.Chr"* (S. 181—202).

[50] Jepsen 1956².

[51] Schunck 1963, 59f.65f.

zusammenfassende Darstellung der Saulzeit sei erst durch die dtr Redaktion in mehreren Etappen zustande gekommen.[52] U.a. habe erst der "eigentliche" Dtr (nach Jepsens und Schuncks Terminologie R[II]), der mehrere Abschnitte selber neu gebildet haben soll, die Person Samuels aus einer Sondertradition, die er verarbeitete, in die Saul-Überlieferungen eingetragen.[53] Eine Auseinandersetzung mit Schuncks kühnen Theorien ist kaum möglich, weil er durchwegs auf literarische Einzelnachweise verzichtet und so wenigstens seine redaktionsgeschichtlichen Ergebnisse unkontrollierbar macht.

Grössere Beachtung verdient R. A. Carlsons traditionsgeschichtliche Untersuchung über das 2. Samuelbuch *"David, the chosen King"* (1964). Im Gegensatz zu Noth lehnt Carlson die Annahme fertiger, vordtr Komplexe ab[54], sieht dagegen im 2. Samuelbuch eine planvolle Komposition der *"D-Gruppe"*, wie er die dtr Redaktoren nennt[55].[56] Im einzelnen herauszustellen, was von dieser Gruppe stammt, sei jedoch müssig[57], weil für die *"D-Gruppe"* die mündliche Tradition neben der Schrift eine wichtige Rolle spielte[58] und weil ihre Anschauungen auch in den übernommenen Traditionen und vor allem in ihrer Anordnung sichtbar werden.[59] Eine relative Berechtigung wird zwar auch der Stilanalyse eingeräumt, weil die Neugestaltung einiger Abschnitte durch die *"D-Gruppe"* angenommen wird; wichtiger sei jedoch "die innere Beurteilung" (*inward evaluation*) des Materials und die Wahrnehmung der Techniken, womit die verschiedenen Überlieferungen in einen sinnvollen "ideologischen" Zusammenhang gebracht wurden.[60]

Nach Carlson wollte die *"D-Gruppe"* mit ihrer Komposition David als eine *typologische* Gestalt unter zweifachem Aspekt darstellen: zuerst unter dem Segen (2Sam 2—7)[61], dann unter dem Fluch (2Sam 9—24)[62]. Besonders bedeutsam für den ersten Teil seien der Bericht vom Einzug der Lade in Jerusalem (2Sam 6) und die Nathanweissagung (2Sam 7), für den zweiten Teil vor allem die Bathseba-Episode (2Sam 11:2—12:25), wo dem David eine "siebenfache" Strafe

---

[52] Schunck 1963, 107f.

[53] Schunck 1963, 108. Dazu kritisch Schulte 1972, 106f.

[54] Carlson 1964, 23f. Kritik an Rost bei Carlson 1964, 61.131—139, an Nübel S. 43. Carlson räumt allerdings die Existenz eines vordtr David-Epos ein, hält aber seine Rekonstruktion für unmöglich (S. 43).

[55] Zu diesem Terminus s. Carlson 1964, 29f.

[56] Eine ähnliche Auffassung vertritt schon Schildenberger SAns 1951, (141—146.)147.

[57] In der Ablehnung der Literarkritik — sowie in der Methode überhaupt — teilt Carlson die methodischen Ansätze seines Lehrers Engnell; zu dessen radikaler Absage an die Literarkritik s. z.B. VTSuppl 1960, 21.

[58] Carlson 1964, 16—19.36. Carlson geht jedoch nicht so weit wie Mowinckel ASTI 1963, 22f., der behauptet, das dtr Geschichtswerk sei allein auf Grund der mündlichen Überlieferung entstanden.

[59] Carlson 1964, 22.

[60] Carlson 1964, 14.22.34f.

[61] Carlson 1964, 41—128.

[62] Carlson 1964, 129—259.

angekündigt wird (2Sam 12:6 LXX). 2Sam 13—24 sei von der *"D-Gruppe"* nach diesem Siebener-Schema (*pattern*) gebaut worden, worin Carlson ein ugaritisch-kanaanäisches Kompositionsprinzip zu finden meint.[63] Im ganzen sei die königs-ideologische Gestalt Davids von der messianischen Hoffnung der *"D-Gruppe"* geprägt.[64]

Der Haupteinwand, den man in diesem Zusammenhang gegen Carlsons gelehrte Arbeit erheben muss, ist von methodischer Art: Kann man Redaktionsgeschichte, die Carlson in Wirklichkeit schreibt, ohne sorgfältige *literarkritische* Analyse durchführen? Nach den anerkannten methodischen Grundsätzen sollte das nicht möglich sein.[65] Wo gegen diese Grundsätze verfahren wird, da werden die Schwerpunkte letzten Endes nach der subjektiven Entscheidung des Forschers gesetzt. In diesem Fall kann der Leser nicht mehr durchschauen, warum bestimmte Partien des 2. Samuelbuches ausführlicher als andere behandelt werden — warum überhaupt die Beschränkung auf 2Sam? — und warum gerade sie so wichtig für die *"D-Gruppe"* sein sollen, obwohl es überall um die Arbeit der *"D-Gruppe"* in der einen oder anderen Form geht. Ausserdem ist zu bedenken, dass die bei Carlson alles umfassende *"D-Gruppe"* eine fragwürdig gewordene Bezeichnung für die hinter der dtr Redaktion der Geschichtsbücher stehende Kräfte ist.

Gerade in der neuesten Zeit gibt es Ansätze zu der Erkenntnis, dass eine pauschale Rede von der *"D-Gruppe"*[66] oder von der *dtr Schule*[67], ebenso wie von *einem einzigen Dtr*[68] innerhalb der Geschichtsbücher eventuell zu undifferenziert ist. R. Smend hat in seinem Aufsatz *"Das Gesetz und die Völker"* (1971) an Hand einiger Texte aus dem Josua- und Richterbuch gezeigt, dass ausser dem eigentlichen "Geschichtsschreiber" DtrG ein späterer, *nomistisch* orientierter Deuteronomist DtrN wenigstens an den von Smend dargelegten Texten erkennbar ist. Dieses Ergebnis wurde vor allem in den Königsbüchern durch W. Dietrichs redaktionsgeschichtliche Untersuchung *"Prophetie und Geschichte"* (1972) bestätigt und weiter entwickelt, wo ausserdem ein dritter, *prophetisch* beeinflusster Deuteronomist DtrP eruiert wurde, der zeitlich zwischen DtrG und DtrN angesetzt wird. Dieser DtrP habe allerlei Material prophetischer Herkunft in

---

[63] Als Beweismaterial wird das ugaritische Keret-Epos genannt, Carlson 1964, 190—193.

[64] Carlson 1964, 263—267.

[65] Darüber sind die neueren "Methodenlehren" einig, vgl. Koch 1967², 95; Barth-Steck 1971², 48; Richter 1971, 165; Zenger 1971. 108f.

[66] Ausser Carlson so auch Schulte, s. o. S. 11.

[67] So sehr umfassend Weinfeld in seiner Gesamtdarstellung *"Deuteronomy and the Deuteronomic School"* (1972), 8.178f. u.ö.; ähnlich Debus 1967, 114. Mit einem undifferenzierten dtr Kreis bzw. einer Gruppe rechnen u.a. auch Janssen 1956, 12; Wolff ZAW 1961, 183f.; Hertzberg 1965³, 8; ders. 1968⁴, 11; Boecker 1969, 7f.

[68] Noth 1967³, 89.110; ähnlich Engnell 1945, 243—245, der allerdings im Unterschied zu Noth die Tätigkeit des Dtr in der nachexilischen Zeit ansetzt.

das Werk des DtrG eingefügt und einiges auch aus Eigenem beigetragen.[69] Wieweit die anvisierte Differenzierung im Bereich der David-Überlieferungen förderlich sein kann, ist noch eine offene Frage.

Das Bild, das der skizzierte Überblick über die wichtigsten neueren Arbeiten über den literarischen Charakter der David-Überlieferungen bietet, zeigt, dass die anfangs angeführte Begründung für den zunächst auffallenden Tatbestand, dass die David-Überlieferungen selbst zur Darstellung des dtr Davidbildes nicht herangezogen werden, im Lichte der meisten Untersuchungen ihre Bestätigung gefunden hat: Allgemein wird der dtr Einfluss in diesem Textbereich als geringfügig[70] oder doch als schwer greifbar angesehen. Lediglich Carlson setzt sich über diese Schwierigkeit hinweg und zeichnet konsequenterweise auch ein neues Davidbild, dessen Wirklichkeitstreue jedoch wegen Carlsons eigenartiger Methode fraglich erscheinen muss. Andererseits fehlt es jedoch nicht an Versuchen, der übergreifenden redaktionellen Verknüpfung der unterschiedlich betitelten und abgegrenzten vorredaktionellen Einzelkomplexe nachzuspüren (Nübel, Mildenberger, Schulte), nur dass diese Redaktionen sich im allgemeinen nicht dtr nennen.[71] Die Überprüfung dieses Tatbestandes und die daraus möglicherweise für das dtr Bild von David und von der Entstehung seiner Dynastie resultierenden Konsequenzen sind das Ziel dieser Untersuchung.

Auszugehen ist dabei von dem Grundsatz, dass die dtr Anschauung zuerst aus den Partien, in denen diese Redaktion nachweislich selber zu Worte kommt, erhoben werden muss; erst in zweiter Linie, nachdem der dtr Eigenanteil klar geworden ist, darf danach gefragt werden, inwieweit die dtr Redaktion für Auswahl, Anordnung und Veränderung des überkommenen Materials verantwortlich ist. [72]

Die praktische Arbeitsweise, die den Weg der Untersuchung bestimmt, richtet sich nach der Erkenntnis, dass eine Redaktion, wenn es sie überhaupt gibt, nicht — jedenfalls nicht vorwiegend — aus zusammenhangslosen Glossen besteht, sondern eine *Bearbeitungsschicht* bildet, die an mehreren Stellen an Hand formaler und inhaltlicher Kriterien fassbar wird. Ist man einmal auf die Spur

---

[69] Die David-Überlieferungen werden von Dietrich 1972 nicht thematisch untersucht. Immerhin weist er aus ihnen den Deuteronomisten zu: 1Sam 28:17—19aα "vermutlich von DtrN" (S. 86); 2Sam 12:1—14 von DtrP eingeschoben, durch ihn in 2Sam 11:27b und 12:15a(?) gerahmt und in 2Sam 12:7—12 teilweise erweitert (S. 127—132); 1Kön 2:4 DtrN (S. 72[35]).

[70] Vgl. auch Stoebe 1973, 299, "Wichtig ist, dass sich keine mit Sicherheit feststellbaren Züge dtr Bearbeitung finden, bis auf geringfügige, nichts besagende Ausnahmen."

[71] Eine beachtenswerte Ausnahme bildet Hertzberg 1968[4], 10f., nach dessen Meinung erst ein zu den dtr Kreisen gehöriger *"Endverfasser"* den Bericht vom Aufstieg Davids, die Ladeerzählung und die Thronfolgegeschichte verknüpft hat.

[72] Methodisch unhaltbar ist das Verfahren von McCarthy JBL 1965, 131—138 und Brueggemann Interp 1968, 399—401, die der Nathanweissagung (2Sam 7) eine entscheidende Funktion in der dtr Geschichtsdeutung zuschreiben, ohne aber den dtr Anteil selbst im Wortlaut und seinen Ort in der Gesamtposition von 2Sam 7 klar zu machen.

einer solcher Bearbeitungsschicht gekommen, hat man begründete Hoffnung, sie auch weiter verfolgen zu können.

Die vorliegende Arbeit hat allerdings nicht zum Ziel, die Redaktionsgeschichte der David-Überlieferungen insgesamt darzustellen; sie beschränkt sich vielmehr auf den Ausschnitt der Redaktionstätigkeit, der mit dem gewählten Thema zu tun hat. Konkret ausgedrückt bedeutet dies, dass von den Texten, die im Verlauf der redaktionskritischen Analysen in den Blick kommen, nur diejenigen einer näheren Behandlung unterzogen werden, die etwas für das Thema *"David und die Entstehung seiner Dynastie nach der dtr Darstellung"* besagen können. Zu dieser Gruppe werden auch die Texte gerechnet, die die Auflösung des elidischen Priesterhauses durch die Zadokiden zum Inhalt haben, weil die Entstehung des zadokidischen Priestertums eine enge Parallele zur Entstehung des davidischen Königtums darstellt, und besonders weil die Kenntnis dieser Texte für das Weiterverfolgen der redaktionellen Spuren in den David-Überlieferungen selbst unerlässlich ist. Damit sind bereits die Grenzen des zur Behandlung heranzuziehenden Materials vorgezeichnet: 1Sam 1—1Kön 2. Die Abgrenzung nach hinten versteht sich von selbst[73]; die Grenze nach vorne hat auch ihre natürlichen Gründe: In 1Kön 2 wird der Tod Davids und die Konsolidierung der Herrschaft seines Sohnes Salomo berichtet, so dass ab dann von der davidischen Dynastie gesprochen werden kann. Auch in literarischer Hinsicht liegt hinter 1Kön 2 eine deutliche Zäsur: Von 1Kön 3 an ändert sich der Charakter des Stoffes vollständig[74] und wird auch der dtr Anteil leichter greifbar.[75]

---

[73] Die Ankündigung des beständigen Priesterhauses 1Sam 2:35 gehört zu den Jugendgeschichten Samuels 1Sam 1—3.

[74] Anders in neuerer Zeit Mowinckel ASTI 1963, 7—13, der 1Kön 1—2 zu der von ihm postulierten *"Salomo-Saga"* 1Kön 1—10 rechnet. Dagegen mit Recht Schulte 1972, 169f.

[75] Um die Arbeit auch für diejenigen zugänglich zu machen, die nicht mit dem Hebräischen vertraut sind, werden die Textzitate auch in der deutschen Übersetzung dargeboten, die gewöhnlich der Übersetzung der Zürcher Bibel folgt; in den Anmerkungen allerdings kann dieser Prinzip aus Raumgründen nicht eingehalten werden. — Um der Übersichtlichkeit willen wird die Diskussion mit anderen Forschern grundsätzlich in den Anmerkungen geführt.

2 1KÖN 1—2 UND DAMIT ZUSAMMENHÄNGENDE TEXTE

2.1 1KÖN 1

Die Erzählung darüber, wie Salomo der Nachfolger Davids wurde, ist nicht völlig einheitlich, sondern zeigt einige Unebenheiten und Widersprüche, die an eine spätere Bearbeitung denken lassen.

In V. 41 fragt Joab, nachdem er den Schall der Posaune aus der Stadt gehört hat: מדוע קול הקריה הומה *"Was bedeutet es, dass man die Residenz so lärmen hört?"*[1] Darauf folgt unmittelbar Jonathans Antwort, die in V. 45 mit den Worten הוא הקול אשר שמעתם *"Das ist der Lärm, den ihr gehört habt."*[1] schliesst. Die von Joab gestellte Frage hat eine befriedigende Antwort gefunden.[2] Was dagegen in V. 46—48 noch folgt, verrät sich schon rein äusserlich, durch das dreifache וגם *"und auch"*, als Nachtrag.[3] In dem entsprechenden Bericht V. 38—40 verlautet nichts von den in V. 46—48 genannten Vorgängen, deren Erwähnung ausserdem an ihrer jetzigen Stelle verfrüht ist. Freilich haben V. 46 und 47 ihre Entsprechung in Davids Anweisungen in V. 35a und in Benajas Akklamation in V. 36—37, aber es ist nicht sicher, dass V. 35—37 ein ursprünglicher Bestandteil der Erzählung ist. An sich könnte der Befehl Davids in V. 34 mit ואמרתם יחי המלך שלמה *"und ihr sollt sagen: Es lebe der König Salomo!"* als einer pointierten Gegenaussage zu V. 25 gut enden, wie es ja ähnlich auch in dem Bericht über die Ausführung des Befehls der Fall ist (V. 39). Warum soll und wie kann David vorher wissen — noch weniger: bestimmen — was nach der Salbung und Königsakklamation geschieht? Die Vermutung liegt nahe, dass V. 35aα ועליתם אחריו *"und ihr sollt hinter ihm hinaufziehen"* in Analogie zu V. 40aα und 45aβ gebildet wurde.[4] Das macht die Echtheit auch der übrigen Teile von V. 35 fraglich. In V. 35aβ wird ähnlich wie in V. 46 vorausgesetzt, dass Salomo, *während sein Vater David noch lebt,* den Thron besteigt.[5] Dieselbe Auffassung kommt in V. 35aγ durch die *praep.* תחתי *"an meiner Stelle"* zum Vorschein, die sonst nur noch in V. 30 vorkommt; in den übrigen Teilen des Kapitels dagegen wird die *praep.* אחרי(ו) *"nach mir (ihm)"* verwendet (V. 13.17.20.24.27), die die Thronbesteigung eindeutig in die Zeit nach Davids Tod verlegt.[6] In V. 35b ist auffallend die Differenzierung zwischen Israel

---

[1] Die Übersetzung nach Noth 1968, 3.

[2] Anders z.B. Montgomery 1951, 80, dessen Meinung nach der Höhepunkt der Rede Jonathans erst in V. 46—48 liegt.

[3] Man versucht das dreifache וגם als Ausdruck der Hastigkeit des Boten zu rechtfertigen, s. Benzinger 1899, 8; Šanda 1911, 24; Noth 1968, 28.

[4] Stade-Schwally 1904, 62; Šanda 1911, 20.

[5] Auf die Singularität dieses Vorgangs macht Mildenberger 1962, 77, mit Recht aufmerksam.

[6] Nach Schmidt 1970, 161², wurde Salomo tatsächlich zu Lebzeiten Davids inthronisiert, weswegen in V. 35 תחתי statt אחרי stehe; ähnlich u.a. auch Boyd PThR 1927, 223. Wie erklärt sich dann das häufigere אחרי(ו)?

und Juda gegenüber der sonst einheitlichen Terminologie "Israel" (V. 20.34).[7] Das spricht alles dafür, dass V. 35 im ganzen einem späteren Stadium angehört.[8] Die göttliche Bestätigung ausdrückende Akklamation von Benaja, der sonst als Henker tätig ist (1Kön 2:25.34.46)[9], ist in V. 36—37 verfrüht, weil sie nämlich schon den erfolgreichen Ausgang des Gegenkomplotts voraussieht, obwohl eben erst die taktischen Anweisungen gegeben worden sind.[10] Die ganze Erzählung würde viel an Straffheit gewinnen, wenn V. 38 die unmittelbare Fortsetzung von V. 34 wäre. V. 48 vertritt genau wie V. 35 und 46 die Vorstellung, dass Salomo noch am gleichen Tag voll inthronisiert worden sei; David habe es noch mit eigenen Augen gesehen. Ausserdem wurde schon festgestellt, dass der Vers — ebenso wie auch V. 46—47 — nichts mit der ursprünglichen Frage Joabs in V. 41 zu tun hat.[11] Auf Grund der bisher gefundenen Ungereimtheiten müssen in 1Kön 1 die Verse 35—37.46—48 als spätere Zutaten bezeichnet werden.

Es hat sich oben erwiesen, dass V. 30 durch תחתי mit den späteren Erweiterungen in Verbindung steht. Doch ist die Schlussfolgerung nicht erlaubt, der ganze Vers sei deshalb sekundär, denn in irgendeiner Form ist ein von David geleisteter Schwur schon in der alten Erzählung unentbehrlich (vgl. V. 13.17). Fraglich ist nur, ob V. 29—30 als Ganzes ursprünglich ist. Syntaktisch macht die Konstruktion mit dreifachem כי einen überladenen Eindruck. Dies ist durch das Ineinander von zwei Schwuraussagen verursacht. In dem einen dieser Schwüre wird der Gottesname יהוה, in dem anderen die erweiterte Form יהוה אלהי ישראל gebraucht. Ausserdem wird in V. 30 die sofortige Thronbesteigung Salomos postuliert (vgl. תחתי und היום הזה "heute"), was nach dem bisher Gesagten ein sekundärer Zug der Erzählung ist.[12] Besonders auffällig ist die Kontamination der divergierenden Anschauungen in den nebeneinanderstehenden Sätzen von V. 30a כי שלמה בנך ימלך אחרי "dein Sohn Salomo soll nach mir König sein" und והוא ישב על כסאי תחתי "und er soll auf meinem Thron an meiner Stelle sitzen". Wo der letztgenannte Satz früher vorkommt (V. 13.17), da steht er ohne תחתי. Man muss in V. 29—30 mit einer teilweisen Überarbeitung des alten Textes rechnen. So könnte der ursprüngliche Schwur etwa folgendermassen gelautet haben:

[7] Für Alt 1953, 44, ist die Stelle ein Beweis für die Theorie, dass Israel und Juda auch in der Zeit Davids und Salomos nicht als eine staatliche Einheit empfunden wurden.

[8] V. 35b wird (hauptsächlich wegen des *nāgīd*-Titels) von Stade-Schwally 1904, 2; Šanda 1911, 20; Nübel 1959, 98f. und anscheinend der ganze Vers von Carlson 1964, 53, als redaktionell betrachtet.

[9] Noth 1968, 25, hält V. 36—37 für echt, bemerkt aber zutreffend, dass Benajas "Amen" in dieser Situation "frivol" wirkt. Delekat 1967, 33f., meint hier bewusste Ironie des Verfassers der Thronfolgegeschichte finden zu können; ähnlich Würthwein 1974, 16.

[10] Vgl. Stade-Schwally 1904, 2, die V. 37 als Zusatz betrachten. Nübel 1959, 99, schreibt auf Grund der *Beistandsformel* (V. 37a) V. 36—37 dem *"Bearbeiter"* zu.

[11] Šanda 1911, 48, äussert die Vermutung, V. 48 sei vielleicht redaktionell: "R(edaktor) pflegt sich nämlich gern auf ein früheres von Jahve David gegebenes Versprechen zu beziehen."

[12] Gressmann 1921², 187, scheint sich des Widerspruches bewusst zu sein, da er glättend übersetzt: "(und er soll) *einst* an meiner Statt den Thron besteigen".

וישבע המלך ויאמר חי יהוה אשר פדה את נפשי מכל צרה כי שלמה בנך
ימלך אחרי והוא ישב על כסאי

Da schwor der König und sagte: So wahr Jahwe lebt, der mein Leben aus aller Not erlöst hat: Dein Sohn Salomo soll nach mir König sein und er soll auf meinem Thron sitzen!

Die ursprüngliche Pointe der Erzählung bestand nach diesem Wortlaut darin, dass der altersschwache David jetzt, natürlich ohne es zu bemerken, den ihm von Nathan und Bathseba eingeredeten Schwur leistet (vgl. V. 13.17) — eben deswegen wird Bathseba extra herbeigeholt (V. 28) — und den Anhängern Salomos den entscheidenden Trumpf in die Hand gibt. Nach dem Bearbeiter von V. 30 zitiert David dagegen in diesem Augenblick einen schon früher abgelegten Schwur. Das muss nicht unbedingt im Widerspruch mit der älteren Fassung sein, wenn man nur im Auge behält, dass David den Schwur in Wirklichkeit wohl nie ausgesprochen hat.[13] Ob der Bearbeiter von V. 30 jedoch ähnlich gedacht hat, muss bezweifelt werden. Eher wollte er den Vorgängen den Geschmack einer Palastintrige nehmen und liess deswegen David in V. 30 einen früher seiner Meinung nach *tatsächlich* geleisteten Schwur wiederholen, den Bathseba ihm jetzt nur in Erinnerung ruft.

Die literarische Analyse hat deutlich gemacht, dass 1Kön 1 in V. 30.35—37.46—48 spätere Zusätze enthält.[14] Die gemeinsame Herkunft der Zusätze ist in V. 35—37/46—48 durch das Korrespondenzverhältnis dieser Verse gesichert, und die Überarbeitung in V. 30 verrät ihre Zugehörigkeit zu ihnen durch die gleiche Anschauung von Salomos Thronbesteigung noch an demselben Tag. Es handelt sich hier also nicht um diverse Einzelzusätze, sondern um eine in sich zusammenhängende Bearbeitungsschicht. Die Aussageintention dieser Bearbeitung tritt klar hervor, wenn man die von ihr vorgenommenen Erweiterungen mit der älteren Erzählung von 1Kön 1 vergleicht. Hier listen Nathan und Bathseba dem altersschwachen David schlau einen Schwur ab, womit sie den offiziellen Kronprinzen Adonia zugunsten ihres Protegés Salomo verdrängen können[15], während dort der fromme König David sich vor Jahwe beugt und ihm dafür dankt, dass *er* ihm den Thronnachfolger gegeben habe, und dass er dies noch mit eigenen Augen sehen dürfe. Kurzum, es geht in der Bearbeitung um die theologische Legitimierung der Daviddynastie.[16]

---

[13] Den Schwur hinter der Angabe von 2Sam 12:25 zu vermuten (Ahlström VT 1961, 123), ist durch nichts begründet.

[14] Häufig wird gerade aus V. 36—37.46—48 die Tendenz der Thronfolgegeschichte erschlossen, die in der theologischen Rechtfertigung des Königsanspruches von Salomo bestünde, so Rost 1926, 128; Mildenberger 1962, 97f.; Whybray 1968, 51f. Kritisch zu dieser Wesensbestimmung Jackson CJT 1965, 185; Delekat 1967, 26—36 und vor allem Würthwein 1974.

[15] Vgl. Würthwein 1974, 11—15, der die antisalomonische Tendenz von 1Kön 1 stark betont, dabei allerdings den sekundären Charakter der Verse 35—37.46—48, die direkt gegen seine Interpretation sprechen, nicht gespürt zu haben scheint.

[16] An dieser Stelle kann ich Lauha SEÅ 1947, 170, nicht restlos zustimmen, wenn er allgemein im Blick auf die im AT berichteten Hofintrigen und Umstürze sagt: "Das AT will diesen unrechtmässigen Vorgängen nicht das Gepräge von Göttlichkeit geben!"

2.2 1KÖN 2

Aussonderung sekundärer Elemente

Auch 1Kön 2 birgt in sich Spannungen und Doppelungen, die auf spätere Bearbeitungstätigkeit hinweisen. Dass in V. 5—9 und in seinen Pendants V. 31b—33.44—45 sekundäre Auffüllungen vorliegen, ist so evident, dass es eigentlich keiner Beweisführung mehr bedürfte.[17] Weil aber dieser Umstand immer wieder ignoriert[18] oder durch neuartige Theorien über die Entstehung des Kapitels ersetzt wird[19], sollen die wichtigsten Gründe, die für die Nachträglichkeit dieser Verse sprechen, kurz erwähnt werden.

In V. 5—6 gibt David dem Salomo die Anweisung, Joab zu töten, weil dieser im Zustand des Friedens zwei Heerführer, Abner und Amasa, ermordet und dadurch David selbst mit Schuld befleckt habe.[20] Ganz anders wird das Ende Joabs im Duktus der Erzählung geschildert: Joab hat sich an Adonia angeschlossen (1Kön 1:7), Salomo lässt den besiegten Thronprätendenten Adonia töten (2:24—25) und droht seinem Anhänger Ebjathar (1:7) das gleiche Schicksal an (2:26a). Daraufhin sucht Joab als Parteigänger Adonias und Ebjathars schleunigst Zuflucht in dem Asylschutz des Heiligtums (V. 28), wo Salomo ihn jedoch bedenkenlos umbringen lässt (V. 29—31a.34). Anders werden die Dinge wiederum in V. 31b—33 gesehen, wo den Ereignissen eine *theologisch-moralische Begründung* gegeben wird, die sich mit Davids Anweisungen in V. 5—6 deckt.[21] Darüber hinaus zeigen beide Stellen einen literarischen Horizont, der weit über die Erzählung, teilweise sogar über die Thronfolgegeschichte hinausgreift (2Sam 3:22—39; 2Sam 20:4—13).

Ähnlich wie Davids Anweisungen über Joab kollidieren auch seine letzten Vorschriften über Simei in V. 8—9 und ihre Rekapitulierung in V. 44—45 mit dem Grundbestand der Erzählung. V. 9 enthält den unzweideutigen Auftrag, Simei aus der Welt zu schaffen, wozu V. 8 mit dem Hinweis auf den von Simei aus-

---

[17] S. Gressmann 1921², 189—191; Mildenberger 1962, 188f.; Würthwein 1974, 16; vgl. auch Eissfeldt 1931, 48—50, der allerdings vorschnell die Beobachtung zugunsten seiner Quellentheorie auswertet.

[18] S. u.a. Rost 1926, 90f.; Montgomery 1951, 88; Fichtner 1964, 52—54; Weinfeld 1972, 11. Schulte 1972, 174, verwendet V. 9 sogar zu chronologischen Berechnungen: Als "weiser Mann" könne Salomo damals nicht mehr Kind gewesen sein!

[19] Noth 1968, 9—11, erklärt den Werdegang von 1Kön 2 als Addition von drei Nachträgen in der Reihenfolge V. 5—9; 13—35; 36—46. Ihm folgt im wesentlichen Gray 1970², 16.

[20] Der Text von V. 5 ist wohl nicht ganz in Ordnung: Statt des wiederholten מלחמה דמי ist eher in Anlehnung an LXX^AL und *Syr* דם נקי zu lesen (vgl. zum Ausdruck Dt 21:8). In V. 5a bleibt לי unverständlich, wenn nicht die *suff.* in V. 5b in *1. pers. sg.* geändert werden (so LXX^L und *Lat*), vgl. Benzinger 1899, 9; Šanda 1911, 31; Gressmann 1921², 189; Montgomery 1951, 89; BHK; Ehrlich 1968 VII, 218; Gray 1970², 98.

[21] Rost 1926, 88 f., meint, eine neue Begründung sei in V. 31b—33 deswegen notwendig, weil Joab im Heiligtum nur unter Missachtung des Asylrechts getötet werden konnte; ähnlich noch Noth 1968, 36. Die Erklärung wirkt recht gezwungen, denn V. 31b—33 geht auf dieses Problem in keiner Weise ein.

gesprochenen unheilvollen Fluch²² die Motivierung bietet. Demgegenüber gibt Salomo nach der ursprünglichen Erzählung Simei einen Befehl (V. 36—37), der nicht von vornherein auf dessen Tötung zielt; erst das ihm untersagte Verlassen Jerusalems bringt Simei die Todesstrafe ein (V. 41—42).²³ Freilich, dies wird durch V. 44—45 wieder mit den Anweisungen V. 8—9 in Einklang gebracht, aber der Zusatzcharakter dieser Verse tritt schon durch die unmotiviert wiederholte Redeeinleitung in V. 44 klar hervor²⁴. Auch die Simei betreffenden Verse haben einen ausserhalb des nächsten Kontexts liegenden Horizont (2Sam 16:5—13; 2Sam 19:17—24).

Da V. 5—6 + 31b—33 und 8—9 + 44—45 Fremdkörper in 1Kön 2 sind, kann nicht für V. 7 allein Ursprünglichkeit angenommen werden. Auch dieser Vers bezieht sich weit zurück in die Vergangenheit (2Sam 17:27—29; 2Sam 19:32—41), und seine Funktion ist es, das jetzige Schicksal bestimmter Personen mit ihrem früheren Verhalten David gegenüber zu begründen.²⁵

Die eben besprochenen Textpassagen fallen nicht nur, wie gezeigt, durch ihre Aussageintentionen aus dem Kontext; auch in ihrer *theologisch-moralisch wertenden Sprache* heben sie sich unverkennbar von der profan gehaltenen alten Erzählung ab.

Nach dieser Grundlegung können jetzt auch noch kleinere Unebenheiten in 1Kön 2 ins Auge gefasst werden, die mit den behandelten Stellen in Verbindung stehen. Salomos Befehl an Simei schliesst in V. 37b mit den Worten דמך יהיה בראשך *"dein Blut soll über deinem Haupte sein"*. In V. 42, wo Salomo nach der Übertretung des Befehls durch Simei seine Worte wiederholt, fehlt diese Drohung. Derselbe Ausdruck kommt zwar, leicht variiert, noch dreimal in 1Kön 2 vor, aber ausschliesslich in den oben als sekundär bezeichneten Teilen (V. 32.33.44), was auch V. 37b als Zusatz ausweist. Als neues Element dem alten Befehl V. 36—37 gegenüber taucht in seiner Rekapitulierung V. 42—43 der zweimalige Hinweis auf einen Schwur auf, den Salomo Simei bei Jahwe habe schwören lassen. Vorher war von einem solchen Schwur jedoch keine Rede. Sonst kennt das Kapitel einen im Namen Jahwes geleisteten Schwur in dem sekundären V. 8 und in V. 23, wo er ursprünglich sein dürfte. Da in V. 42.43 das oben erwähnte Kriterium eher für die Unechtheit des Schwures spricht, muss man ihn als eine nachträgliche Auffüllung des Textes beurteilen, die zur *moralischen Rechtfertigung* des un-

---

[22] Die Bedeutung von נמרצת *"unheilvoll"* in der vorliegenden Redewendung lässt sich direkt aus ihrer häufig vorkommenden akkadischen Entsprechung *"erretam maruš/ṣtam arāru(m)"* (s. AHw 244) erschliessen. Sicher falsch ist die Übersetzung von Noth 1968, 31, *"kraftlos"*.

[23] Rost 1926, 90f., behauptet, ohne V. 8—9 würde Salomos Vorgehen gegen Simei jede Begründung fehlen. Daraus folgt jedoch nicht die Echtheit der betreffenden Verse, wie Mildenberger 1962, 188²¹, richtig erkannt hat, denn "Rost vermischt hier in unzulässiger Weise historische und literarkritische Fragen".

[24] Vgl. Cook AJSL 1899/1900, 174; auch Noth 1968, 38.

[25] Die Vorschrift über die Söhne Barsillais wurde anscheinend deswegen beigefügt, damit man nicht den Eindruck bekommt, der sterbende David habe seinen Sohn ausschliesslich mit Racheakten beauftragt, Noth 1968, 30.

durchsichtigen Loses von Simei dient, also ganz auf der Linie der nachfolgenden sekundären Verse 44—45 liegt.

In V. 26a erteilt Salomo dem Ebjathar einen barschen Befehl: *"Gehe nach Anathoth auf dein Landgut, denn du bist ein Kind des Todes!"*[26] Dieser harte Befehl wird jedoch gleich in V. 26b durch den Satz *"aber am heutigen Tage will ich dich nicht töten"* abgeschwächt[27], wozu die Fortsetzung eine *geschichtstheologische Begründung* bietet: *"weil du die Lade des Herrn Jahwe vor meinem Vater David getragen und alles mitgelitten hast, was mein Vater gelitten hat"* (vgl. 1Sam 22:20—23; 2Sam 15:24—29).[28] Die Ähnlichkeit zu den Vorschriften Davids in V. 5—9 mit ihren geschichtlichen Begründungen ist offensichtlich. Weiter wird in V. 27a festgestellt, dass Salomo Ebjathar vom Priesteramt ausgeschlossen habe; das also war der "richtige" Sinn der harten Rede von V. 26a. Hier schreibt zweifellos ein Späterer, der wusste — oder meinte zu wissen — dass das Todesurteil von V. 26a nicht vollstreckt wurde. Ausserdem wird die Ausschliessung Ebjathars vom Priesteramt in V. 27b unter Hinweis auf die prophetische Weissagung von 1Sam 2:27—36 theologisch legitimiert.[29] Diese Weissagung kündigte aber, neben der Verwerfung der Eliden, an, dass Jahwe sich nach deren Verbannung einen *"treuen Priester"* (כהן נאמן) erstehen lasse, der alle Tage vor Jahwes Gesalbtem wandeln werde (1Sam 2:35). Mit ihm ist sicherlich Zadok gemeint[30], der in 1Kön 2:35b an die Stelle Ebjathars gesetzt wird. In Wirklichkeit rangierte Zadok schon längst neben Ebjathar als Priester (2Sam 8:17[31]; 15:24.29.35; 17:15; 19:12; 20:25). Das bedeutet, dass auch V. 35b eine Fiktion des jüngeren Verfassers von V. 26b—27 ist.[32]

---

[26] Vermutlich wollte Salomo den Priester nicht in Jerusalem selbst töten. Es ist aber auch denkbar, dass sein Befehl nur eine Drohung bedeutet.

[27] Die empfundene Härte hat gelegentlich Anlass zu Textänderungen gegeben. So konjiziert Ehrlich 1968 VII, 219, וברים הזה zu עם זה *"aber trotzdem, dessenungeachtet"* und Rudolph ZAW 1951, 201, zu ובזה *"aber trotzdem"*; dagegen Noth 1968, 35.

[28] Es besteht kein Grund, in V. 26 אפור statt ארן zu lesen, wie Benzinger 1899, 12; Šanda 1911, 40; Montgomery 1951, 100 u.a. meinen; s. u. S. 44.

[29] V. 27 wird im ganzen u.a. von Benzinger 1899, 12; Stade-Schwally 1904, 3; Šanda 1911, 40f.; Hölscher 1952, 380; Wellhausen 1963⁴, 259 und Gray 1970², 109, als Zusatz betrachtet; ähnlich auf V. 27b beschränken sich Gressmann 1921², 190; Montgomery 1951, 93 und Noth 1968, 8.

[30] Vgl. z.B. Grønbaek 1971, 133; Zimmerli 1972, 80.

[31] S. BHK.

[32] Vgl. Eissfeldt 1931, 49⁷, "V. 35b klappt nach und ist wohl ein sekundärer Zusatz". — Šanda 1911, 43f., hat auf den LXX-Zusatz καὶ ἡ βασιλεία κατωρθοῦτο ἐν Ἰερουσαλημ in V. 35 aufmerksam gemacht, wo er ἐν Ἰερουσαλημ = בירושלם aus ביד שלמה ableiten will. Noth 1968, 7f., hat diese Beobachtung aufgenommen und meint, dass der Satz — weil an einer so unpassenden Stelle — nicht ein willkürlicher Zusatz sein könne, sondern den echten Wortlaut wiedergebe. Von da her kommt Noth zu seiner oben erwähnten Additionstheorie von den drei Nachträgen (V. 5—9; 13—35; 36—46), wobei die Schlussformel (V. 12b.35LXX.46b) immer das Ende des jeweiligen Nachtrags kennzeichne (Noth 1968, 9—11). Diese Lösung stützt sich jedoch auf zu viele Hypothesen, um überzeugen zu können. Šanda 1911, 43, meinte nur, der LXX-Zusatz in V. 35 sei aus V. 46b eingedrungen. Wevers OTS 1950, 307, beurteilt den LXX-Zusatz als einen "midraschartigen Kommentar". Negativ zu Noths Theorie jetzt auch Würthwein 1974, 13.

Wie V. 26b—27 gibt auch der Vers 24 eine *theologische Begründung* zu einem vorgegebenen Tatbestand, indem er diesen als Erfüllung einer Jahwe-Zusage hinstellt (כאשר דבר *"wie er gesagt hatte"*). Salomo deutet seinen Herrschaftsanspruch als eine göttliche Setzung ähnlich wie in V. 45. Der Horizont der Aussage liegt auch in diesem Fall ausserhalb der Erzählung, etwa in 2Sam 7, wo mit vollen Worten die Dynastiezusage erteilt wird.[33] V. 24 lässt sich leicht aus dem Kontext herauslösen: Es handelt sich um eine klare Doppelung zu dem Schwur von V. 23; die Einleitung ועתה *"und nun"* dient hier wie auch sonst oft der Anknüpfung einer sekundären Erweiterung.[34]

Bis jetzt sind die Anfangsverse 1—4 noch unerwähnt geblieben. Es liegt auf der Hand, dass V. 5—9 eine Art Einleitung vor sich nötig hat. V. 1 allein reicht dafür nicht aus[35], wie die Konjunktion וגם zu Beginn von V. 5 deutlich zeigt. Man kann aber auch kaum den gesamten Passus V. 2—4 hinzunehmen, weil sich in ihm mehrere Doppelungen und syntaktische Brüche beobachten lassen[36]: V. 3 erläutert die Mahnung von V. 2b; in V. 3b/4 liegt eine zweifache Folge vor, beidemal durch למען *"damit"* eingeleitet, und in V. 4b steht ein syntaktisch unmotiviertes לאמר *"mit den Worten"*. Den überfüllten Text kann man leicht in Ordnung bringen, indem man den Vers 3, der Doppelungen hervorruft, und den damit terminologisch zusammenhängenden Satz 4aβ auslässt; dadurch entsteht ein glatter Zusammenhang: V. 1.2.4aα.4b. In der solchermassen reduzierten Einleitung ist V. 4b inhaltlich eng verwandt mit V. 24 und 45b. An allen drei Stellen handelt es sich um die göttliche Legitimation der Daviddynastie. Darüber hinaus ist die Verbindung von V. 1.2.4aα.4b zu V. 5—9 durch die an *geprägten Wendungen reiche, theologisch gefärbte Sprache* gewährleistet. Die *nomistische* Terminologie hingegen, die in den vorhin abgehobenen Sätzen V. 3.4aβ vorherrschend ist, hat keine Entsprechung in anderen Partien von 1Kön 2.

In der von Zusätzen befreiten Gestalt von 1Kön 2 enthält jetzt nur noch V. 15bγ eine theologische Begründung zu Salomos Königsanspruch. Da gibt selbst der aus dem Felde geschlagene Thronprätendent Adonia zu, dass das Königtum

---

[33] Statt לי ist in V. 24 wohl לו zu lesen, denn die Rede von der Dynastie *Salomos* ist zu diesem Zeitpunkt verfrüht. לי kann leicht unter dem Einfluss der vorangehenden *suff.* von *1. pers. sg.* entstanden sein, vgl. Klostermann 1887, 271; Benzinger 1899, 11; Gressmann 1921[2], 190; Ehrlich 1968 VII, 219; Gray 1970[2], 106.

[34] Vgl. Šanda 1911, 40, der mit einer teilweisen Überarbeitung von V. 24 rechnet: "Übrigens macht 24aβ von ואשר an den Eindruck einer nachträglichen Einfügung durch R(edaktor)"; ähnlich Gressmann 1921[2], 190. Anders Rost 1926, 54, der V. 24 als Beweis für die Historizität der Dynastieverheissung nimmt; auch Mildenberger 1962, 98f., findet in V. 24 "präzise die theologische Anschauung des Erzählers (der Thronfolgegeschichte)"; ähnlich Amsler 1963, 34.

[35] Noth 1968, 29, rechnet nur V. 1a zum Grundbestand; daran angeschlossen habe V. 10. Doch fordert V. 1a mehr als nur V. 10 als Fortsetzung (vgl. Dt 31:14).

[36] Eben deshalb ist es auch kaum richtig, wenn V. (1)2—4 häufig pauschal als *ein* (dtr) Zusatz bezeichnet wird, s. Benzinger 1899, 8: V. 2—4; Rost 1926, 89f.: V. 3—4; Montgomery 1951, 87: V. 3—4; Mildenberger 1962, 78[14]: V. 1—4 (S. 187: V. 2—4); Noth 1968, 8: V. 2(?)3—4; Gray 1970[2], 15:V. 1—4; Schulte 1972, 163[103]: V. 2—4; Weinfeld 1972, 11: V. 3—4.

letzten Endes doch von Jahwe dem Salomo zuteil geworden sei — ein in diesem Zusammenhang ebenso gewichtiges wie auffälliges Bekenntnis. Im Unterschied zu den oben erörterten Stellen lässt sich dieser Satz jedoch nicht mit literarkritischen Mitteln als eindeutig sekundär erweisen; sichere Kriterien dazu fehlen.[37] Auf diese Reflexionsbemerkung müssen wir später zurückkommen.[38] Freilich, dies kann schon jetzt festgehalten werden, dass V. 15bγ mit den sonstigen sekundären Teilen des Kapitels gut harmoniert.

1Kön 2:10—11 unterscheidet sich durch seinen *informatorisch-chronologischen* Gehalt von dem Erzählungsstil in 1Kön 1—2. V. 10 gibt die normalen dtr Rahmenangaben über den Tod des Königs und seine Grabstelle.[39] V. 11 wiederholt die chronologischen Daten von 2Sam 5:4—5 über die Regierungsdauer Davids. Obwohl V. 10—11 nicht genau nach dem bei den späteren Königen regelmässig wiederkehrenden Schlussrahmen formuliert ist[40], kann sein dtr Gewand nicht ernsthaft in Zweifel gezogen werden.[41] Das gilt aber nicht ohne weiteres für V. 12, denn die Angaben über den Nachfolger des Königs sind nirgendwo in den dtr Rahmungen in die Form *"und NN setzte sich auf den Thron seines Vaters NN"* gefasst wie in V. 12a, sondern lauten stets *"und NN (sein Sohn) wurde König an seiner Stelle"*[42]; es gibt allerdings eine Ausnahme in 2Kön 13:13, wo der Satz V. 13aβ aber ein nachdtr Zusatz ist[43]. Die Annahme einer späten Herkunft von V. 12 wird auch durch die zweite Vershälfte gestützt, die inhaltlich V. 46b, wo man herkömmlich das Ende der Thronfolgegeschichte sieht[44], vorwegnimmt[45], dabei aber für *"Königsherrschaft"* die für die *nachexilische* Zeit typische Abstraktbildung[46] מלכות statt des älteren ממלכה (V. 46b) verwendet. Alle diese Indizien sprechen am ehesten für einen *nachdtr* Ursprung von V. 12.

Abgesehen von kleineren Glossen[47] liess sich somit aus 1Kön 2 eine umfangreiche Bearbeitung mit zwei Stufen, von denen zu *der älteren* V. 1—2.4aαb. 5—9. 24.26b—27.31b—33.37b. *42a. *43a.44—45 und *der jüngeren* V. 3.4aβ gehören, herausschälen. Ausserdem stellten sich V. 10—11 als dtr Rahmung und V. 12 als ein *nachdtr* Zusatz heraus. Das gegenseitige Verhältnis dieser Stufen kann vorläufig noch offen bleiben.

[37] Vgl. jedoch Cook AJSL 1899/1900, 172, der die Stelle für dtr hält.
[38] S. u. S. 93.
[39] Zu diesen Rahmenangaben s. z.B. Steuernagel 1912, 344f.
[40] Gewöhnlich wird die Regierungsdauer des Königs am Anfang seiner Herrschaft angegeben, vgl. jedoch 1Kön 11:42; 14:20.
[41] Vgl. Benzinger 1899, 10; Šanda 1911, 37; Gressmann 1921², 189; Mildenberger 1962, 78¹⁴; Wellhausen 1963⁴, 258f.; Gray 1970², 15. Rost 1926, 91 und Noth 1968, 8, schreiben nur V. 11 dem Dtr zu (anders noch Noth 1967³, 66¹, wo er den Vers als einen nachdtr Zusatz betrachtete).
[42] 1Kön 11:43; 14:31; 15:8.24; 16:6 u.ö.
[43] Noth 1967³, 84⁵.
[44] Rost 1926, 89; Jackson CJT 1965, 195.
[45] Schon aus diesem Grund kann man den Vers schwerlich dem Verfasser der Thronfolgegeschichte zumuten (so Rost 1926, 91 und Montgomery 1951, 90f.).
[46] Noth 1968, 32.
[47] Als solche sind die nachhinkenden Sätze V. 22b und V. 28aβ zu nennen.

Zuerst soll die Möglichkeit geprüft werden, ob das Kapitel ohne die eben als sekundär bezeichneten Stücke zu verstehen ist; diese *Gegenprobe* kann unsere Analyse von der anderen Seite her bestätigen. Wenn V. 1—12 ausscheidet, schliesst die Erzählung über Adonia in V. 13ff. näher an ihre Vorbereitung in 1Kön 1:50—53 an.[48] Eine unmittelbare Fortsetzung zu 1Kön 1:53 ist die Adonia-Erzählung jedoch kaum gewesen, weil Adonia und Bathseba in V. 13 neu vorgestellt werden (vgl. 1Kön 1:5.11), und weil die in V. 13ff. berichteten Vorgänge sich zeitlich in einigem Abstand von 1Kön 1 abspielen. Freilich, was in dieser Zwischenzeit — abgesehen natürlich von Davids Tod — geschah und was davon eventuell in der Thronfolgegeschichte stand, entzieht sich unserer Kenntnis. Die Entfernung von V. 1—9 beseitigt den psychologischen Widerspruch, der zwischen dem völlig vitalen David dieser Verse und dem altersschwachen Greis von 1Kön 1 besteht. Nun zu den anderen Zusätzen: Lässt man V. 24 fallen, bleibt eine straffe Konstruktion mit einem einfachen Schwur in V. 23 übrig, wozu V. 25 eine fugenlose Fortsetzung bildet. Die Beseitigung von V. 26b—27 macht erst recht die sofortige Flucht Joabs in den Asylschutz des Heiligtums verständlich. Sonst bleibt unklar, worauf sich השמעה *"die Kunde"* in V. 28 bezieht. Sie kann kaum zu ihrem Inhalt das Wissen davon haben, dass Ebjathar von seinem Priesteramt ausgeschlossen (V. 26b—27), sondern eher davon, dass Adonia gewaltsam ums Leben gebracht worden war (V. 25), und dass der Parteigänger Ebjathar jetzt vor demselben Schicksal stand (V. 26a) — wahrhaftig Grund genug für Joab, im Heiligtum Zuflucht zu suchen! Nach der Entfernung von V. 31b—33 fügt sich der Befehl von V. 31a nahtlos an seine Durchführung in V. 34. Nimmt man V. 35b heraus, löst sich die Schwierigkeit, die durch die verspätete Stellung des Versteils verursacht ist — Ebjathars Schicksal wurde ja schon in V. 26a berichtet — während V. 35a nach V. 34 seinen sachgemässen Ort hat. V. 37b ist für den Erzählungsfortgang indifferent, sein Fehlen bereitet jedenfalls keine Lücke. In V. 42 und 43 lässt sich die Nennung des bei Jahwe geleisteten Schwures ohne Schaden entbehren.[49] Die Auslassung von V. 44—45 ist eine stilistische Besserung: Die erneute Einleitung in V. 44 verschwindet, und V. 46a schliesst lückenlos an V. 43 an. Die Gegenprobe hat die literarkritischen Entscheidungen bestätigt.

Aussage der Bearbeitung

Die Aussageintention der abgetrennten Bearbeitungsschicht — abgesehen zunächst von den noch späteren Interpretamenten in V. 3.4aβ — tritt wiederum

---

[48] Vgl. damit die Erzählung über Simei in 1Kön 2:36—38/39—43.46a. — Die Behauptung, dass 1Kön 1:50—53 überhaupt keine Fortsetzung in der ursprünglichen Thronfolgegeschichte gehabt habe (so Noth 1968, 9—11 und Gray 1970², 16), ist kaum richtig, denn 1Kön 1:50—53 geradezu "schreit" nach einer Fortsetzung (Rost 1926, 86f.).

[49] Freilich, in V. 42a macht die Streichung von ביהוה השבעתיך die Änderung des *imperf. cons.* ואעד zum *perf.* העידתי notwendig, was nicht gegen unsere Analyse, sondern für das Geschick des Bearbeiters spricht.

am klarsten zutage, wenn man die sekundären Stellen mit der Erzählungsgrundlage von 1Kön 2 vergleicht. Das Kapitel bietet in seiner älteren Fassung einen ungeschminkten Bericht darüber, wie Salomo nach seiner Thronbesteigung mit seinen nächsten politischen Gegnern fertig wird.[50] Einer nach dem anderen werden sie liquidiert — ungeachtet des Asylschutzes (Joab) und ohne durchsichtige Gründe (Simei)[51]. Mit Ausnahme von V. 15bγ, dessen Zugehörigkeit zu dem Grundbestand der Erzählung aber nicht sicher ist, wird Salomos brutales Vorgehen nirgendwo theologisch gedeutet oder moralisch gerechtfertigt. Dies geschieht erst in der Bearbeitung, die vor allem von zwei zentralen Themen beherrscht ist, nämlich dem Nachweis der Unschuld Salomos und des göttlichen Wohlgefallens an der davidischen Dynastie. Salomos Unschuld wird herausgestellt, indem seine Mordtaten auf den letzten Willen seines Vaters David zurückgeführt werden (V. 1—9). Jedoch nicht so, dass jetzt David dafür die Verantwortung trüge[52]; vielmehr haben die jeweiligen Opfer durch ihr früheres böses Verhalten David gegenüber ihr Schicksal selbst heraufbeschworen. Jahwe lässt die Bosheit dieser Menschen auf ihr Haupt zurückfallen (V. 44, vgl. auch die mehrfach wiederkehrende Wendung *"sein Blut soll auf seinem Haupte sein"*, V. 32.33.37[53]).

Zugleich werden die fragwürdigen Massnahmen Salomos dadurch in ein positives Licht gerückt, dass sie als notwendig für die Sicherung der göttlich legitimierten Daviddynastie hingestellt werden. Als ganzer Mann soll Salomo sich erweisen, damit Jahwe seine Dynastieverheissung erfüllen kan (V. 2b.4aab). Weil Jahwe Salomo seiner Zusage gemäss auf den Thron Davids gesetzt hat, soll der ohne göttliche Befugnis kandidierende Rivale Adonia sterben (V. 24) und müssen Joab und Simei sein Schicksal teilen, damit die Folgen ihrer boshaften Taten die Zukunft der gottgewollten Dynastie nicht etwa belasten, sondern Salomo gesegnet und der Thron Davids vor Jahwe befestigt sei für immer (V. 33.45).

Andere Akzente werden wieder durch die *nomistischen* Zufügungen in V. 3.4aβ gesetzt. Sie stehen nicht mehr in Verbindung mit den konkreten Ereignissen, auf die sich die letzten Anweisungen Davids in der älteren Bearbeitungsschicht beziehen, sondern sprechen ganz allgemein von Jahwes *Satzungen, Geboten* und

---

[50] Die Erzählung 1Kön 1—2 macht keineswegs den Eindruck, als sei sie im Auftrag des Königs Salomo und zu seinem Ruhm niedergeschrieben worden. Allein das spricht gegen die auch sonst unwahrscheinliche Theorie von Mowinckel ASTI 1963, 11—13, wonach 1Kön 1—2 nicht der Thronfolgegeschichte, sondern einer besonderen, Salomo verherrlichenden *"Salomo-Saga"* angehöre, die jetzt, angereichert um kleinere Zusätze, in 1Kön 1—10 zu finden sei.

[51] Simei wird in 1Kön 1:8 sogar unter den Anhängern Salomos genannt, worauf 1Kön 2:8 (עמי) eine Bezugnahme sein könnte; 1Kön 1:8 ist jedoch textlich nicht sicher, s. Komm.

[52] So etwa Fichtner 1964, 53.

[53] Es handelt sich hier um eine Formel des sakralen Rechts zur Feststellung der Eigenschuld des Opfers (Reventlow VT 1960, 311—327; dazu Koch VT 1962, 396—416), die konkret besagen will, dass das Blut des Getöteten nicht etwa erneute Rache fordert, das Konto ist sozusagen ausgeglichen (s. Benzinger 1899, 13).

Rechten, die im *"Gesetz Moses"* niedergeschrieben seien und von deren Befolgung der weitere Bestand der Dynastie abhänge.

2.3 DER GESCHICHTLICHE ORT DER BEARBEITUNG VON 1KÖN 1—2

Sowohl in 1Kön 1 als auch in 1Kön 2 ist je eine in sich zusammenhängende Bearbeitungsschicht sichtbar geworden. Ob sie in beiden Kapiteln von ein und derselben Hand herrührt, ist die nächste Frage, die eine Antwort fordert. Für die positive Beantwortung gibt es folgende Anhaltspunkte:

Auf die Sprache gesehen, ist es bemerkenswert, dass das Wort כסא *"Thron"* in den sekundären Erweiterungen beider Kapitel — und nur da — in dem übertragenen Sinne von *"Königtum"* bzw. *"Dynastie"* verwendet wird (1:37.47; 2:33.45). Ein verbindendes Element ist auch das Motiv des bei Jahwe geleisteten Schwurs (1:30a; 2:8.42a.43a), das allerdings nicht immer sekundär ist (vgl. 1:17; 2:23); zweimal wird ein solcher Schwur durch einen zweiten fortgeführt, so dass ein Doppelschwur entsteht (1:29/30; 2:23/24). Auffällig ist ferner die Differenzierung zwischen Israel und Juda in 1:35 und 2:32, die in den beiden Kapiteln nur hier begegnet. Das dreifache וגם in 1:46.47.48 schliesslich hat eine Entsprechung in 2:5.

Hinsichtlich der Kompositionstechnik ist wahrzunehmen, wie die Erweiterungen immer wieder mit gleichen Mitteln in den älteren Kontext eingebracht werden. Vorwiegend handelt es sich um *Reden,* die sich in den meisten Fällen an eine schon vorhandene Redeeinheit anschliessen (1:35; 1:46—48; 2:24; 2:26b; 2:31b—33), gelegentlich auch als neue Einheit neu eingeleitet werden (1:36—37; 2:1—9; 2:44—45). Charakteristisch für diese Reden ist es, dass sie inhaltlich sehr bald das konkrete politisch-historische Thema der alten Erzählung verlassen und ganz neue Sachverhalte in den Vordergrund stellen.

Das letzte und stärkste Indiz für die gemeinsame Verfasserschaft ist das durchgehend gleiche theologische Ziel der Erweiterungen: Es geht darum, nachzuweisen, dass die davidische Dynastie eine dem göttlichen Willen entsprechende Institution ist (1:36—37.47—48; 2:4b.33b.45). Wenn daneben auch andersartige Aspekte zu Wort kommen — etwa die Betonung der vollen Inthronisierung Salomos noch zu Lebzeiten Davids in 1Kön 1 und der Unschuld Salomos in 1Kön 2 —, so ist dies keineswegs ein Zeichen für Inkonsequenz des hier postulierten oder gar für die Hand eines zweiten Bearbeiters; vielmehr sind solche scheinbar an der Historie orientierten Züge lediglich der Tribut, den unser Verfasser dem alten Erzähler zollen musste, wenn er dessen tendenziell antisalomonische Darstellung der von ihm verfolgten prodynastischen Tendenz dienstbar machen wollte. Damit dürfte die Herkunft der Zusätze in 1Kön 1 und 2 von ein und derselben Hand gesichert sein.

Als zweites, redaktionsgeschichtliches Problem taucht die Frage auf, ob sich die aufgewiesenen Spuren einer planvollen Bearbeitung in 1Kön 1—2 einem grösseren Rahmen redaktioneller Tätigkeit zuordnen lassen. Präziser ausgedrückt: Handelt es sich um die dtr Redaktion oder um irgendeine andere, ihrer Herkunft nach unbekannte Bearbeitung?

Der Sprachgebrauch kann die ersten Hinweise liefern. Unbestritten dtr ist die Sprache der nomistisch gefärbten späteren Schicht in V. 3.4aβ, so dass sich der Einzelnachweis erübrigt.[54] Aber schon die ältere Bearbeitungsschicht enthält dtr Sprachmerkmale. Das zweimal in 1Kön 1 vorkommende תחתי statt des älteren אחרי (V. 30.35) begegnet regelmässig in den Rahmenangaben des dtr Geschichtswerkes in der Form וימלך תחתיו *"und er wurde König an seiner Stelle"*[55]. Gerade das Fehlen dieser Angabe bei Dtr in 1Kön 2:10—11 erklärt sich leicht, wenn man für die Bearbeitung von 1Kön 1 die dtr Verfasserschaft annimmt: Weil Dtr in 1Kön 1 mit grosser Anteilnahme die volle Inthronisierung Salomos schon zu Lebzeiten Davids herausgearbeitet hat, kann er in 1Kön 2 nicht mehr die normale Rahmenangabe bringen. Allerdings, ein Späterer, der die Absichten des Dtr nicht mehr richtig erkannt hat, fügte sie mit seiner eigenen Terminologie in V. 12 ein. Andere unverkennbar dtr Ausdrücke in 1Kön 1—2 sind: 1:48 אשר נתן היום ישב על כסאי *"der heute einen eingesetzt hat, der auf meinem Throne sitzt"*[56]; 1:48 ועיני ראות *"und meine Augen sehen (es)"*[57]; 2:2 אנכי הלך בדרך כל הארץ *"ich gehe den Weg aller Welt"*[58]; 2:4 למען יקים יהוה את דברו *"damit Jahwe sein Wort erfülle"*[59]; 2:4 die *"Unaufhörlichkeitsformel"* לא יכרת לך איש מעל כסא ישראל *"es soll dir niemals fehlen an einem Mann auf dem Thron Israels"*[60]; 2:27 למלא את דבר יהוה *"und dadurch erfüllte er*[61] *das Wort Jahwes"*[62]; der Ausdruck von 2:2 וחזקת והיית לאיש *"sei stark und mannhaft"* ist sonst nur aus den Quellen des Dtr bekannt[63].

Als zweiter Ansatzpunkt kommen die dtr Rahmenangaben in 1Kön 2:10—11 in Frage, die zwar *eo ipso* nicht beweisen, dass auch das unmittelbar vorangehende

---

[54] Vgl. z.B. das Material in der Tabelle bei Weinfeld 1972, 333—338.

[55] S. o. S. 23.

[56] Vgl. 1Kön 3:6bβ; dazu Noth 1968, 51, der meint, Dtr habe den Satz aus der Thronfolgegeschichte übernommen.

[57] Vgl. Dt 28:32; 2Sam 24:3 (s. u. S. 111); Jer 20:4 (dtr); sonst nur in Gen 45:12, wo der Ausdruck noch nicht formelhaft gebraucht wird. In leicht veränderter Form begegnet die Wendung, versehen a. mit *obj.* in Jes 30:20 (nachjes) und Jer 42:2 b. mit *obj.* und Art. in Dt 3:21; 4:3; 11:7; vgl. auch Weinfeld 1972, 173.357.

[58] Vgl. Jos 23:14.

[59] Vgl. Dt 9:5; 1Sam 3:12 (s. u. S. 38); 2Sam 7:25 (s. u. S. 75); 1Kön 6:12; 8:20; 12:15; Jer 29:10 (dtr). Die übrigen Belege sind eindeutig jünger (Jer 33:14; Dan 9:12; Neh 9:8; 2Chr 6:10; 10:15) oder fehlerhaft überliefert (1Sam 1:23, s. BHK).

[60] 1Kön 8:25; 9:5; sonst nur in den jüngeren Schichten des Jeremiabuches (Jer 33:17.18; 35:19).

[61] Die epexegetische Deutung des *inf.* nach Soisalon-Soininen VT 1972, 89.

[62] Vgl. 1Kön 8:15.24.

[63] 1Sam 4:9 (Ladeerzählung), wo חזק im *hitp.* steht.

"Testament Davids" von derselben Hand stammt, die durch ihre Stellung und Gestalt diese Vermutung aber doch nahelegen.

Für eine mit grossen literarischen Komplexen arbeitende Redaktion spricht der weite Horizont der Bearbeitung, der deutlich über die Grenzen der Thronfolgegeschichte hinausweist, rückwärts bis in die Aufstiegsgeschichte Davids (1Kön 2:5.32 vgl. 2Sam 3:22—39) und die Samuel-Überlieferungen (1Kön 2:27 vgl. 1Sam 2:27—36), vorwärts auf jeden Fall bis in die Salomogeschichten (1Kön 3ff.), wie man auf Grund der schon stereotyp anmutenden Bezugnahme auf die Weisheit Salomos in 2:6.9 folgern darf.[64]

Den vierten und wichtigsten Grund zugunsten der Identität der Bearbeitung von 1Kön 1—2 mit der dtr Redaktion liefert die eigentümliche *Struktur* von 1Kön 2:1—9. Zunächst ohne Berücksichtigung der sekundären Teile V. 3.4aβ lässt sich das "Testament Davids" folgendermassen aufgliedern:

Davids Rede an Salomo bei dessen Amtsantritt 1Kön 2:1—9
1. Die äussere Voraussetzung für die nachfolgende Rede (Davids heranrückender Tod V. 1a) + Redeeinleitung V. 1b
2. Die Rede V. 2—9
   a. eingeleitet durch die oben genannte äussere Voraussetzung V. 2a
   b. Paränese V. 2b.4aab
      — Mahnung (וחזקת והיית לאיש) V. 2b)
      — Dynastieverheissung V. 4aab
   c. die praktischen Anweisungen V. 5—9, eingeleitet mit וגם

Für diese Struktur gibt es eine sehr enge Entsprechung in der sicher dtr formulierten[65] Rede Gottes an Josua in Jos 1:1—6[66]:

Gottes Rede an Josua bei dessen Amtsantritt Jos 1:1—6
1. Die äussere Voraussetzung für die nachfolgende Rede (Moses Tod V. 1a) +Redeeinleitung V. 1b
2. Die Rede V. 2—6
   a. eingeleitet durch die oben genannte äussere Voraussetzung V. 2a
   b. die praktischen Anweisungen V. 2b—5, eingeleitet mit ועתה
   c. Paränese V. 6
      — Mahnung (חזק ואמץV. 6a)
      — Landverheissung V. 6b

Die kleinen Unterschiede zwischen diesen zwei Texten können nicht darüber hinwegtäuschen, dass an beiden Stellen dieselbe Hand die Feder führt.[67] Da 1Kön 2:1—9 aber einen integrierenden Bestandteil der aufgedeckten Bearbeitungsschicht von 1Kön 1—2 bildet, ist der dtr Ursprung der Erweiterung eine plausible

---

[64] Vgl. Jepsen 1956², 19.
[65] S. Steuernagel 1923², 209f.; Noth 1953², 27.
[66] Zur Stelle s. Smend 1971, 494—500.
[67] Als dtr betrachten 1Kön 2:1—9 auch Stade-Schwally 1904, 2f.; Gressmann 1921², 189; Hölscher 1952, 380; Jepsen 1956², 19; Wellhausen 1963⁴, 258.

Annahme.⁶⁸

Offen ist jetzt nur noch die Herkunft der traditionell als dtr bezeichneten Intepretamente V. 3.4aβ. Sie sind in die Paränese eingefügt worden, und zwar im Anschluss an die Mahnung, die sie mit ושמרת *"und halte"* weiterführen und inhaltlich durch den Hinweis auf die durch Mose gegebenen Gebote erweitern. Die Folge gesetzestreuen Verhaltens wird in die Form der recht allgemeinen Zusage gefasst: ...למען תשכיל את כל אשר תעשה *"damit du Glück habest in allem, was du tust..."*. Weiter wird die ältere Dynastieverheissung in V. 4aβ durch einen Bedingungssatz in einem ähnlich *nomistischen* Ton eingeschränkt. Auch für diese Ergänzung gibt es eine sehr enge Parallele in der oben besprochenen Rede Gottes an Josua. Dort wird nämlich ebenfalls die Paränese nachträglich in V. 7 *nomistisch* weitergeführt⁶⁹: Die Anknüpfung an den älteren Text wird durch רק *"nur"* und Wiederaufnahme von חזק ואמץ (מאד) *"sei stark und (sehr) mutig"* gewonnen; darauf folgt ein לשמר *"dass du hältst"*, dessen Objekt das durch Mose Gebotene ist⁷⁰. Die Folge der erfüllten Bedingung ist fast die auch in 1Kön 2:3 angegebene: למען תשכיל בכל אשר תלך *"damit du Glück habest auf allen deinen Wegen"*. Es kann kein Zweifel darüber bestehen, dass es sich in den beiden Zusätzen um dieselbe *nomistische* Stufe der dtr Redaktion (DtrN) handelt.⁷¹ Diese Schicht ist bereits Interpretation einer der vorliegenden, die von *dem eigentlichen dtr Geschichtsschreiber* (DtrG) stammt.

2.4 DER WEITERE HORIZONT DER BEARBEITUNG VON 1KÖN 1—2

Es hat sich oben herausgestellt, dass der erste dtr Bearbeiter von 1Kön 1—2 in seinen interpretierenden Erweiterungen öfters über den näheren Erzählungszusammenhang hinaus auf weit zurückliegende Partien der geschichtlichen Überlieferung Bezug nimmt und sie als Material für die Deutung der in 1Kön 1—2 geschilderten Vorgänge verwendet. Die Textbasis, auf die jeweils zurückverwiesen wird, ist in den meisten Fällen aufgrund der deutlichen Anklänge mühelos zu finden; das betrifft die Anweisungen in "Davids Testament" 1Kön 2:5—9, welche die Ereignisse um Abner 2Sam 3:22—39, um Amasa 2Sam 20:4—13, um Simei 2Sam 16:5—13; 19:17—24 und um Barsillai 2Sam 17:27—29; 19:32—41 in Erinnerung rufen; es betrifft ebenso die Aussagen über Ebjathar in 1Kön 2:26b—27, die auf 1Sam 2:27—36; 22:20—23; 2Sam 15:24—29 hinweisen. Einen grösseren Spielraum lassen hingegen jene Sätze, die sich auf eine göttliche Zusage an die davidische Dynastie berufen (1Kön 2:4.24 vgl. 1Kön 1:48; 2:33.45), ohne dabei einen kla-

---

⁶⁸ Vgl. noch die *zweigliedrige Beistandsformel* in 1Kön 1:37 und Jos 1:5.
⁶⁹ S. Smend 1971, 494—496. — V. 8, der wiederum V. 7 interpretiert, kann in diesem Zusammenhang ausser acht gelassen werden.
⁷⁰ כל התורה ist eine spätere Einfügung, s. BHS.
⁷¹ Näheres über DtrN bei Smend 1971, 494—509; vgl. o. S. 13.

ren Orientierungspunkt zu nennen. Offensichtlich ist aber, dass die Aussagen dieser Gruppe auf diese oder jene Weise mit der Grundverheissung der davidischen Dynastie, 2Sam 7, in Verbindung stehen. Vorläufig können noch 2Sam 7 und die damit zusammenhängenden Texte unberücksichtigt bleiben. Stattdessen sollen zuerst die Texte der ersten Gruppe, bei denen sofort ersichtlich ist, worauf sie anspielen, unter der Fragestellung ins Auge gefasst werden, ob der dtr Verfasser bloss auf vorgegebenes, von ihm nicht verändertes Material verweist, oder ob er etwa schon die Vorlage im Blick auf ihre spätere Benutzung in 1Kön 1—2 umgestaltet hat. Vielleicht werden von da aus seine Absichten noch deutlicher.

2.4.1 2SAM 3:22—39

Schon auf Grund formaler Indizien lässt sich sagen, dass 1Kön 2:5—6.31b—33 von 2Sam 3:22—39 literarisch abhängig ist.[72] Doch finden sich dort auch Anklänge an die dtr Terminologie von 1Kön 2:5—6.31b—33, und zwar vor allem in V. 28—29: V. 28 נקי אנכי וממלכתי מעם יהוה עד עולם מדמי אבנר בן נר *"Ich und mein Königtum sind für immer unschuldig vor Jahwe an dem Blute Abners, des Sohnes Ners"*, vgl. נקי und דמי in 1Kön 2:5; מעם יהוה und עד עולם in 1Kön 2:33; V. 29a יחלו על ראש יואב ועל[73] כל בית אביו *"Es falle zurück auf das Haupt Joabs und auf das ganze Haus seines Vaters!"*, vgl. die nahe verwandte Formulierung in 1Kön 2:33a (auch V. 32.37)[74]; zu V. 29b ואל יכרת מבית יואב... *"Es soll niemals im Hause Joabs fehlen an..."* vgl. die *"Unaufhörlichkeitsformel"* in 1Kön 2:4b[75].

Angesichts dieses Befundes liegt die Vermutung nahe, dass V. 28—29 von DtrG selbst formuliert ist. Diese Verse stehen auch merkwürdig isoliert in ihrem Kontext, an den sie mit dem recht allgemeinen מאחרי כן *"hernach"* anknüpfen. Mit wem spricht David überhaupt? Eine konkrete Situationsangabe mit Nennung von Gesprächspartnern folgt erst in V. 31[76]; dieser Vers jedoch scheint Davids Reaktion in V. 28—29 in nichts vorauszusetzen. Inhaltlich legt V. 31ff., ähnlich wie V. 26b, darauf Wert, dass David mit dem Totschlag ursächlich nichts zu tun hatte (V. 37), ohne dass dabei Joabs Recht zur Blutrache bestritten würde[77]; in V. 28—29 dagegen wird der Fall kriminalisiert und als Grund für eine wohlverdiente

---

[72] Von Grønbaek 1971, 236[50], wird das bezweifelt.
[73] S. BHK.
[74] Auch die V. 29a am nächsten stehende Parallele ist jung: Jer 23:19 (= Jer 30:23).
[75] Andere Belege o. S. 27[60].
[76] V. 30 ist anerkanntermassen eine späte Glosse, die mit V. 27bβ konkurriert, s. Wellhausen 1871, 159; Budde 1902, 213; Driver 1913[2], 251; Gressmann 1921[2], 125; Eissfeldt 1931, 27; Smith 1951[4], 281; Grønbaek 1971, 236[49].
[77] Joab hatte im vorliegenden Fall wirklich dieses Recht (2Sam 2:22; 3:27b), vgl. Budde 1902, 213; Gressmann 1921[2], 129; Pedersen 1926, 388; Hertzberg 1968[4], 213.

Strafe ausgegeben, ganz ähnlich wie dann später in 1Kön 2:5—6.31b.33[78]. Es handelt sich demnach um einen Zusatz[79] des DtrG, der schon hier die Unschuld des davidischen Königtums und die moralische Verkommenheit Joabs gegeneinandergestellt hat.

Es scheint, als hätte sich DtrG mit der Einfügung von V. 28—29 nicht begnügt, denn in V. 31ff. ergreift David mehrfach das Wort, ohne dass eine einzige Gegenrede vorkomnt. V. 37 scheint bereits eine Art Schlussbemerkung zu sein[80], die die Hauptabsicht des vorangehenden Abschnitts V. 31—36 bündig zusammenfasst: es war nicht Davids Wille, dass Abner getötet wurde. In V. 38—39 redet David jedoch noch *"seine Diener"* an; er lobt dabei Abner (V. 38) und bedauert, dass er heute noch, wo er schon König sei, den gewalttätigen Zeruja-Söhnen machtlos gegenüberstehe[81], gibt aber seiner Zuversicht Ausdruck, dass Jahwe dereinst dem Verbrecher gemäss seinem Verbrechen vergelten werde (V. 39)[82]. Anders als in V. 31—37 wird hier also Joabs Rache an Abner als ein Verbrechen (הרעה) bezeichnet, das Vergeltung fordert, ähnlich wie in V. 28—29.[83] Ausserdem lenkt die in V. 39 gegebene Begründung für die Nichtbestrafung des Verbrechers den Blick in die Zukunft: es wird die Zeit kommen, da David stark genug sein wird, über Joabs Schicksal frei zu verfügen (1Kön 2:5—6).[84] In V. 38—39 liegt also ein Joabs Ende vorbereitender Zusatz des DtrG vor.[85]

Insgesamt verraten die dtr Erweiterungen V. 28—29.38—39 ähnliche Tendenzen wie schon die Bearbeitung von 1Kön 1—2. Ihr Hauptanliegen besteht ohne Zweifel in der Betonung der Unschuld der Davididen. Im vorliegenden Fall ist dies nicht völlig aus der Luft gegriffen, denn schon die Vorlage in V. 22—27.31—37 enthält eine — offenbar schon früh als notwendig empfundene — Apologie Davids. Neu ist in V. 28 die Ausdehnung dieses Gesichtspunktes auf die Dynastie; denn hier wird eigentlich nicht David reingewaschen, sondern Salomo, der Mörder Joabs. Ganz ungezwungen wirkt die Argumentation des DtrG allerdings nicht, denn er musste zugunsten seiner Theorie die an sich berechtigte Blutrache Joabs kriminalisieren (vgl. 1Kön 2:5)[86] und Joab selbst diskriminieren

---

[78] de Vaux 1961², 159, verweist auf den Zusammenhang zwischen diesen beiden Stellen, hält ihn allerdings irrtümlich für historisch bedingt.

[79] Vgl. Cook AJSL 1899/1900, 149 und Nübel 1959, 70f., die den Zusatzcharakter von V. 28—29(30) erkannt haben.

[80] Vgl. Eissfeldt 1931, 27.

[81] V. 39a ist textlich unsicher; oft wird ממלך רשח statt מלך ומשוח gelesen, s. BHK.

[82] Vgl. 1Kön 2:44b (dtr).

[83] Den Zusammenhang hat Cook AJSL 1899/1900, 149, richtig gesehen.

[84] Sachlich richtig de Vaux 1961², 160.

[85] Vgl. Nübel 1959, 71, der V. 38—39 seinem *"Bearbeiter"* zuschreibt. Auch Schulte 1972, 151—153, sieht in V. 38—39 einen Zusatz, dessen vordtr Herkunft sie aus seinem Sprachgebrauch ableitet; sie räumt allerdings selbst ein, dass die sprachliche Untersuchung "bei solch kurzen Texten auch nicht gerade sichere Beweise bringt" (S. 152).

[86] Koch VT 1962, 412, spürt den Widerspruch, löst ihn aber vorschnell mit der Erklärung, die Blutrache sei in ältester Zeit unter solchen Umständen umstritten gewesen.

(vgl. 1Kön 2:32). Merkwürdig bleibt auch die Vorstellung, *Salomo* sei verpflichtet gewesen, für Joabs Tat Rache zu nehmen. Wäre das nicht die Angelegenheit der Sippenangehörigen Abners gewesen?

Neben der Betonung der Unschuld der Davididen lassen sich in V. 28—29 und 38—39 noch zwei weitere Akzentsetzungen erkennen: in V. 28 der Glaube an den "*ewigen*" Bestand der Dynastie (Stichwort עד עולם, vgl. 1Kön 2:33.45) und in V. 39 die Vorstellung von dem demütigen David[87], der seine Zuversicht auf die gerechte Vergeltung durch Jahwe setzt (vgl. 1Kön 1:47b—48).

2.4.2 2SAM 20:4—13

Die Erzählung von Joabs Mord an Amasa lässt keine terminologischen Verbindungslinien mit 1Kön 2 erkennen, und auch sonst besteht kein Anlass zu der Annahme, DtrG habe schon die Vorlage für seine Zwecke überarbeitet; denn in 2Sam 20:4—13 werden die Geschehnisse in einem anderen Licht dargestellt, als DtrG sie später gedeutet hat: Wegen der verspäteten Rückkehr des zuerst mit dem Aufgebot des judäischen Heerbannes beauftragten Amasa (V. 5—6) setzt David Abisai[88] mit den Söldnern auf den rebellierenden Seba an. Bei Gibeon trifft Amasa auf diese Truppe — und wird von Joab meuchlings ermordet (V. 8—10). Joabs Tat wird nicht verurteilt, sondern eher als eine Art "bedauerlicher Zwischenfall" geschildert. Auch klingt nicht an, dass David dafür irgendwie verantwortlich gewesen sei, wie DtrG in 1Kön 2:5[88a] meint.[89]

2.4.3. 2SAM 17:27—29; 19:32—41

Die Anspielung in 1Kön 2:7 stimmt nur ungefähr mit den betreffenden Passagen der Thronfolgegeschichte überein. In 2Sam 17:27—29 wird berichtet, wie der Gileaditer Barsillai zusammen mit einigen anderen David Wohlgesonnenen den vor Absalom geflüchteten König und sein Gefolge verpflegt. Nachdem der Aufstand Absaloms niedergerungen ist, bietet David Barsillai als Belohnung für seine Hilfe freien Aufenthalt bei Hofe an, worauf Barsillai jedoch unter Hinweis auf sein hohes Alter verzichtet (19:32—41). Nirgendwo wird von den *Söhnen* Barsillais geredet, denen DtrG in 1Kön 2:7 die Wohltat und ihre spätere Belohnung zuschreibt. In 2Sam 19:38—39.41 wird zwar ein gewisser Kimham erwähnt, den

---

[87] Vgl. Thenius 1864², 156, zur Stelle: "Es hat unstreitig etwas Auffallendes, wenn David hier... seine Schwäche und seine Furcht vor Joab und Abisai bekennt."

[88] Falls in V. 6 nicht Joab statt Abisai zu lesen ist, so Thenius 1864², 246 f.; Wellhausen 1871, 206; Würthwein 1974, 45.

[88a] Zum Text s.o.S.19²⁰.

[89] Sollte die ganze Amasa-Episode 2Sam 20:4.5.8—13 mit ihren Vorbereitungen in 2Sam 17:25; 19:14 Einschub in der Thronfolgegeschichte sein (so Würthwein 1974, 45f.), dann wäre das ein zusätzlicher Beweis für die späte Abfassung von 1Kön 2:5—6.31b—33.

Barsillai mit David nach Jerusalem schickt, aber als Sohn Barsillais wird er nicht vorgestellt. Diese Differenzen machen deutlich, dass DtrG in 1Kön 2:7 nur ungenau auf die vorgegebene Überlieferung zurückgreift.

2.4.4 2SAM 16:5—13; 19:17—24

Der Abschnitt über Simeis Fluch und Davids Reaktion darauf 2Sam 16:5—13 enthält in V. 10/11—12 eine Doppelrede. Vers 10 ist fest im Kontext verankert[90]; er bietet die notwendige Erwiderung Davids auf das vorangehende Anerbieten Abisais, Simei umzubringen (V. 9) — nichts weiter. Anders die zweite Redeeinheit V. 11—12[91]: In ihr ist der Fluch Simeis, von dem mit dem Vokabular von V. 10 noch einmal die Rede ist, nur ein Gesichtspunkt neben anderen. V. 11—12 muss folglich V. 10 gegenüber sekundär sein.[92]

Die interpolierten Verse zeigen auch Berührungen mit den bisher besprochenen dtr Texten. Die Adressaten der zweiten Rede sind neben Abisai *"alle seine Diener"*, die in derselben Funktion auch in 2Sam 3:38 (*"...sprach zu seinen Dienern"*) auftreten. In V. 11 heisst Simei in Davids Mund *"Benjaminit"*, ganz ähnlich wie in 1Kön 2:8.[93] In V. 12a gesteht David seine momentane Ohnmacht ein[94], ähnlich wie in 2Sam 3:39 vor den Zeruja-Söhnen. Mit diesem Bekenntnis will der Verfasser erklären, warum David in diesem Augenblick nichts gegen Simei unternimmt, genau wie in 2Sam 3:39 im Blick auf Joab. Auch diesmal lässt David jedoch hoffnungsvoll die Möglichkeit offen, dass die Lage sich einmal ändern werde. Die Äusserung von V. 12b *"und Jahwe wird mir Gutes schenken statt des Fluches, der mich[95] heute trifft"* ist eine positive Entsprechung zu der negativen Formulierung von 2Sam 3:39 *"Jahwe wird dem, der die Freveltat begangen hat, seiner Bosheit gemäss vergelten"*. Davids demütige Hoffnung findet ihre volle Erfüllung erst in 1Kön 2, wo der Fluch Simeis auf das Haupt seines Urhebers zurückfällt und so vom davidischen Thron nicht nur abgewendet wird, sondern ihm sogar Segen bringt (1Kön 2:44—45).[96]

---

[90] Anders Schulte 1972, 152, die umgekehrt V. 10 als sekundär gegenüber V. 11—12 betrachtet.

[91] Ihre Einleitung *"und David sprach zu Abisai und allen seinen Dienern"* setzt die erste Antwort Davids in V. 10 voraus und erweitert deshalb die Bühne mit *"allen seinen Dienern"*.

[92] Brueggemann Interp 1972, 14—19, hingegen findet gerade in 2Sam 16:11—12 eine zentrale kerygmatische Aussage der Thronfolgegeschichte. — Falls die Vermutung von Würthwein 1974, 44, stimmt, dass schon der erste Wortwechsel V. 9—10 sekundär ist, wäre dies ein Beweis für noch spätere Herkunft von V. 11—12.

[93] Sonst nur noch in 2Sam 19:17. Schulte 1972, 152, hält 1Kön 2:8 für alt und folgert daraus, dass 2Sam 16:11 eben wegen des gleichen Terminus echt sein müsse!

[94] Für בעוני ist ist mit LXX, *Syr* und *Vulg* בעניי zu lesen, vgl. Klostermann 1887, 205; Budde 1902, 276; Dhorme 1910, 387; Gressmann 1921², 167; BHK.

[95] S. BHK.

[96] Vgl. Gressmann 1921², 178, zu 2Sam 16:12: "Jahwe hat das Unglück über ihn gebracht, Jahwe allein kann es wieder von ihm wehren; vielleicht verwandelt er den Fluch in Segen."

In 2Sam 19:17—24 wird dann Simeis Busse vor David wegen seiner Verfluchung erzählt. In dieser Episode verdient der Wortwechsel zwischen Abisai und David (V. 22—23) Aufmerksamkeit: Er ist gewisserweise eine Wiederholung von 2Sam 16:9—10. Ausserdem stellt er in seinem zweiten Teil (V. 23) zusammen mit V. 24 eine stilistisch ungewöhnliche, zweistufige Rede einer Person an zwei verschiedene Adressaten nacheinander[97]. Demnach sind die Verse 22—23 als sekundäre Auffüllung eines Textes zu beurteilen, der auch ohne sie zu verstehen ist.[98]

In 2Sam 16:10 befand sich die *"Lossageformel"*, mit der sich David von den Zeruja-Söhnen distanziert, in einem schon vordtr Zusammenhang. Es ist durchaus möglich, dass DtrG sie in 2Sam 19:23 übernommen hat, zumal er die Zeruja-Söhne ungünstig beurteilt, wie 2Sam 3:38—39 zeigt.[99] Die Tendenz ist dort wie hier die gleiche. In 2Sam 3:39 begründete David seinen Verzicht auf die Rache an den Zeruja-Söhnen mit seiner momentanen Ohnmacht; hier wird Davids Grosszügigkeit mit einem positiven Argument motiviert: er hat nach dem gescheiterten Aufstand Absaloms die Macht heute wieder fest in seinen Händen. Das dreimal vorkommende *"heute"* in V. 23 lässt aber erahnen, dass Simei nicht für alle Zeiten Davids Wohlwollen geniessen wird. Damit ist bereits Simeis düstere Zukunft in ihrer dtr Fassung von 1Kön 2 in das Blickfeld getreten. Für diese Herkunftsbestimmung[100] des Zusatzes spricht auch, dass hier ein Mordvorschlag unter Hervorkehrung einer gewissen Grossmut zurückgewiesen wird, wofür es eine enge dtr Parallele in 1Sam 11:12—13 gibt[101].

Mit diesem Zusatz suchte DtrG den Widerspruch zu glätten, der zwischen Davids eidlich bekräftigtem Verzicht auf die Vollstreckung der Todesstrafe (2Sam 19:24) und Simeis tatsächlicher Liquidierung durch Salomo (1Kön 2:46) besteht.[102] In einer Erklärung, die vollends zur Betonung von Davids Grossmut dient (V. 23), verdrehte er den Sinn des Freispruches (V. 24) zu einem provisorischen und konnte dann dem sterbenden David ruhig eine Vorschrift, die die Bestrafung Simeis befahl, in den Mund legen (1Kön 2:8—9).

Ganz durchsichtig war das Schicksal Simeis allerdings auch für DtrG nicht, da er noch in 1Kön 2:8 ausdrücklich an Davids Eid erinnerte und die ihm offenbar peinliche Diskrepanz dadurch zu bemänteln versuchte, dass er Salomo durch David persönlich von dessen einst abgelegtem Schwur freigesprochen sein liess

---

[97] Vgl. Schulz 1923, 21f.

[98] Schulte 1972, 151f.; vgl. auch Würthwein 1974, 44.

[99] Zwischen 2Sam 3:38—39 und 19:22—23 gibt es auch terminologische Anklänge: 2Sam 3:38 הלוא תדעו כי... vgl. 2Sam 19:23; 2Sam 3:39 הים vgl. 2Sam 19:23 (dreimal).

[100] Anders Schulte 1972, 152—154.213, die die Stelle zu der *"jahwistischen"* Bearbeitung rechnet, und Würthwein 1974, 44, der *"die zweifelhaften Verse"* 22—23 ohne nähere Erörterung in dem Kapitel *"Davidfreundliche und joabfeindliche Überarbeitung"* erwähnt.

[101] Durch 1Sam 11:12—13 wird 1Sam 11:1—11 mit der dtr Version 1Sam 10:17ff. geklammert (vgl. 10:27a und 11:12), vgl. Macholz 1966, 153; Boecker 1969, 57[4].

[102] Hier existiert die Spannung und nicht zwischen 2Sam 19:23 und 1Kön 2:8—9, wie Schulte 1972, 154, meint.

(1Kön 2:9); darüber hinaus stempelte er Simei selbst zum Eidbrecher, indem er ihm in 1Kön 2:42.43 einen Schwur unterschob, die in Wirklichkeit nie geleistet worden war[103]. David dagegen hat sich ja bis zuletzt an seinen Eid gehalten![104] Freilich könnte man den Unterschied zwischen einem regelrechten Eidbruch und der Aufforderung an einen anderen, das zu tun, was man aufgrund eines Eides selbst nicht hat tun dürfen, für allzu formalistisch halten; wenn DtrG dies überhaupt empfunden hat, dann nahm er es für die Ehrenrettung Salomos und damit der Daviddynastie in Kauf.

2.4.5 1SAM 2:27—36; 22:20—22; 2SAM 15:24—29

1Sam 2:27—36

1Kön 2:27, so wurde oben gesagt, ist eine unmittelbare Anspielung auf 1Sam 2:35. Dass das Orakel des anonymen Gottesmannes 1Sam 2:27—36 innerhalb der Kindheitslegenden Samuels 1Sam 1—3 ein sekundärer Einschub ist, darf als bewiesen gelten.[105] Dies muss das ganze Orakel betreffen, denn mit der Annahme einer mehr oder weniger umfangreichen Überarbeitung eines alten Kerns[106] kommt man in erhebliche Schwierigkeiten. Würde hinter V. 27—36 ein altes prophetisches Wort stehen, wäre es doch wohl schlüssiger eingeführt worden, als es in dem völlig unmotivierten Auftreten eines anonymen Gottesmannes V. 27 geschieht[107]. Ausserdem steht die wortreiche prophetische Offenbarung in scharfem Widerspruch zu der gleich folgenden Nachricht 1Sam 3:1b, wonach prophetische Offenbarungen damals eine Seltenheit gewesen seien; auf das eben ergangene Wort wird hier nicht im leisesten Bezug genommen. Darüber hinaus würde 1Sam 3:1b vorzüglich an 2:26 anschliessen.[108]

Eine Frage, die näherer Erörterung bedarf, ist die, ob 1Sam 2:27—36 schon vor DtrG an seine jetzige Stelle gelangt ist, oder ob DtrG es — und dann nicht zuletzt im Blick auf 1Kön 2:27 — selbst formuliert und eingefügt hat. Sprachlich und formal gibt der Text einige Indizien an die Hand, die die zuletzt anvisierte Alternative unterstützen: Die in den Kindheitslegenden Samuels einmalige Gottesbezeichnung יהוה אלהי ישראל (V. 30) begegnet bei DtrG in den schon

---

[103] S. o. S. 20f.
[104] Nicht eben überzeugend urteilt Pedersen 1926, 383, über Simeis Schicksal: "The story shows how necessary vengeance is in order to keep the soul whole and upright."
[105] S. u.a. Kuenen 1890, 46f.; Budde 1902, 22; Dhorme 1910, 51; Hölscher 1952, 364f.; de Vaux 1961², 32; Wellhausen 1963⁴, 237f.; Carlson 1964, 44; Ackroyd 1971, 38.
[106] So u.a. Tsevat HUCA 1961, 191—195; Noth VT 1963, 392—394; Gunneweg 1965, 109—114; Sellin-Fohrer 1965¹⁰, 243; Dus RSO 1968, 183; Stoebe 1973, 86.
[107] Vgl. Ri 6:8, wo ein namentlich nicht genannter Prophet als Sprecher eines dtr Prophetenwortes erscheint (s. Richter 1964, 99f.).
[108] 3:1a ist nach dem Vorbild von 2:11b (vgl. auch 2:18a.26a) formuliert und gehört zum Rahmen von V. 27—36.

untersuchten Texten in 1Kön 1:30.48. Der einschränkend gebrauchte Satz ואיש לא אכרית לך מעם מזבחי *"aber einen will ich dir nicht wegtilgen von meinem Altar"* (V. 33) ist eine aktivisch formulierte Entsprechung zu der passivisch gefassten *"Unaufhörlichkeitsformel"*, die uns bisher schon zweimal bei DtrG begegnet ist (2Sam 3:29; 1Kön 2:4b vgl. 1Kön 8:25; 9:5, beide dtr). Das Stichwort in 1Sam 2:27—36 ist בית *"Haus"* (V. 27 bis.28.30bis.31bis.32.33.35.36), ein auch sonst bei DtrG zentraler Begriff (2Sam 3:29bis; 1Kön 2:24.27.31.33). Instruktiv ist weiterhin V. 30a, wo die Einsetzung des Priesterhauses Eli auf eine in der Vergangenheit ergangene Zusage Jahwes zurückgeführt wird. In ganz ähnlicher Weise beruft sich Salomo in 1Kön 2:24 (dtr) auf eine Jahwe-Zusage, die seines Vaters *"Haus"* begründet haben soll. Die Intention der göttlichen Erwählung des elidischen Priesterhauses ist nach V. 30a das *"ewige"* (עד עולם) Wandeln vor Gott. Zwar ist diese Zielsetzung durch die Treulosigkeit der Söhne Elis zunichte gemacht worden (V. 30b), doch wird sie gleich in V. 35 in ähnlicher Form auf den treuen Priester Zadok übertragen; כל הימים *"alle Tage"* ist hier nur das Synonym für עד עולם. Die analoge Vorstellung vom *"ewigen"* Bestand der davidischen Dynastie wurde bei DtrG schon in 1Kön 2:4b.33b.45 sichtbar. Die sprachlichen Äusserungen eines dynastisch orientierten Denkens sind in beiden Fällen auffallend uniform.

Seinem Inhalt nach ist das Orakel des Gottesmannes von der Gerichtsankündigung gegen die Eliden beherrscht. Diese hat jedoch eine eigenartig komplexe Gestalt, so dass man Schwierigkeiten hat, sofort dahinterzukommen, was mit den einzelnen Ankündigungen gemeint ist. Sofort verständlich ist zunächst nur V. 34, wo der Tod der beiden Söhne Elis, Hophni und Pinehas, angekündigt wird. Dies soll aber nur ein Zeichen für etwas noch Schlimmeres sein: Das ganze Priesterhaus Eli wird verworfen (V. 30b), seine Kraft wird erschöpft sein, so dass keines seiner Glieder mehr ein hohes Alter erreichen wird (V. 31); Eli, d.h. das Geschlecht der Eliden, darf, abgedrängt vom Heiligtum, lediglich mit ansehen, was Jahwe Gutes an Israel tun wird (V. 32).[109] Damit ist eine Art pauschaler Degradierung des elidischen Priestergeschlechts ins Auge gefasst. In V. 33 tritt nun aber ein dritter Topos hinzu: Jetzt wird das Gericht dahingehend spezifiziert, dass Jahwe einen einzigen Vertreter des Hauses Eli *nicht* vom Altar wegreissen wolle — freilich nur, um dann auch seine Augen hinschwinden und seine Seele sich abhärmen zu lassen (V. 33a); die anderen aber werden durch das

---

[109] V. 32a ist textlich kaum in Ordnung. Besser als die u.a. von Gressmann 1921², 3; BHK und Ehrlich 1968 III, 176f., vertretene Korrektur צר עין für צר מעון ist der Vorschlag von de Vaux 1961², 33, צד מעון *"à côté de la Demeure"*. Statt ייטיב ist wohl mit *Targ* איטיב zu lesen, vgl. Klostermann 1887, 9; Budde 1902, 25; Gressmann 1921², 3; de Vaux 1961², 33; BHK.

[110] In V. 33 sind wohl mit LXX die *suff.* in die *3. pers. sg.* zu ändern: עיניו und נפשו (vgl. Klostermann 1887, 9; Thenius-Löhr 1898³, 21; de Vaux 1961², 33); ferner muss בחרב vor אנשים eingefügt werden (vgl. Thenius-Löhr 1898³, 21; Budde 1902, 25; de Vaux 1961², 33; BHK). Zur Übersetzung des Verses vgl. de Vaux 1961², 33.

Schwert umkommen (V. 33b).[110] In V. 36 wird anscheinend wieder von dem einen Übriggebliebenen und mit ihm von seinen Nachkommen gesprochen, die bei dem auserwählten Priester (V. 35) um ihren armseligen Lebensunterhalt betteln müssen.

Worauf nun zielen die einzelnen Ankündigungen in diesem komplexen Orakel? V. 34 bereitet keine Schwierigkeiten; hier geht es um den Tod der beiden Eli-Söhne in der bald folgenden Philisterschlacht (1Sam 4:11). Ebenso klar ist, dass V. 33 auf 1Sam 22:11—23 ausblickt, wo das Massaker der Priesterschaft von Nob geschildert wird.[111] Allein Ebjathar gelingt die Flucht zu David (V. 20—23), bei dem er dann als Priester tätig ist, um endlich von Salomo nach Anathoth verbannt zu werden (1Kön 2:26a).[112] Die Verbannung ist aber eben nach der Meinung von DtrG nicht eine totale Ausrottung, sondern nur eine Art Degradierung (1Kön 2:26b—27), die der elidischen Priesterschaft auch künftig eine beschränkte Existenzmöglichkeit zulässt; das entspricht genau dem ersten Teil der Gerichtsankündigung (1Sam 2:30—32). Eine historische Verankerung für diese Vorstellung ergibt sich aus dem in 1Sam 2:36 entworfenen Zukunftsbild, das man zu Recht mit der Lage in Jerusalem während und nach der Kultreform Josias in Verbindung gebracht hat; damals wurden die amtsenthobenen Höhenpriester — entgegen den Vorschriften des Dt (18:6—8) — zum Altardienst nicht zugelassen (2Kön 23:9).[113] Diese Anspielung auf ein geschichtlich relativ spätes Ereignis sowie überhaupt die genaue Entsprechung zwischen den einzelnen Teilen der Weissagung auf der einen und den später eingetroffenen Umständen, die als ihre Erfüllung angesehen werden, auf der anderen Seite machen es neben der Terminologie unzweifelhaft, dass 1Sam 2:27—36 in seiner Jetztgestalt ein Produkt des DtrG ist.[114]

---

[111] Vgl. Wellhausen 1871, 50; Budde 1902, 21; Bentzen 1931, 40f.; de Vaux 1961[2], 115; Dus RSO 1968, 183; Grønbaek 1971, 133.

[112] Tsevat HUCA 1961, 191—195, folgert vor allem aus V. 33, dass V. 27—33 kein *vaticinium ex eventu* sein könne, weil der in V. 33 bezeichnete Zustand in Wirklichkeit mit der Verbannung Ebjathars (Hinweis auf 1Kön 2:26—27a) zu Ende gekommen sei (im wesentlichen ähnlich Stoebe 1973, 119). Diese Erklärung lässt ausser acht, dass auch nach dem dtr Verfasser von 1Kön 2:26b—27 Ebjathar bis zu seiner Verbannung ein vollberechtigter Priester am Jahwealtar sein durfte, und dass 1Sam 2:33a keine uneingeschränkte Heilszusage an jenen einzelnen Entronnenen enthält.

[113] Kuenen 1890, 46f.; Kittel 1922[4], 413; Tsevat HUCA 1961, 193; de Vaux 1961[2], 32; Wellhausen 1963[4], 237; Hertzberg 1968[4], 28; Ackroyd 1971, 40; Stoebe 1973, 118. Unmöglich ist der Versuch, den Vers mit den Verhältnissen in der Salomozeit oder kurz danach in Verbindung zu bringen (so Segal JQR 1915/16, 560f.; Gressmann 1921[2], 5; Noth VT 1963, 394; Dus RSO 1968, 184).

[114] Im Blick auf die komplexe Gestalt der Gerichtsankündigung in V. 30—34 ist allerdings die Möglichkeit nicht ganz von der Hand zu weisen, dass 1Sam 2:27—36 im Zuge der dtr Redaktionsarbeit in mehreren Stufen entstanden ist (vgl. zur literarischen Schichtung des Orakels Gunneweg 1965, 109—111, in Anlehnung an Steuernagel 1913, 204—212). Nur bleibt die Unterscheidung mehrerer Schichten so lange unbefriedigend, als man diese nicht in einen grösseren Zusammenhang einordnen kann.

1Sam 2:27—36 und 1Sam 3:11—14

Wer die Traumoffenbarung Jahwes an Samuel in 1Sam 3:11—14 nach 1Sam 2:27—36 liest, dem wird nicht entgehen, dass sie nicht unabhängig von dem Orakel des anonymen Gottesmannes existiert haben kann.[115] Die Verbindungen von 1Sam 3:11—14 zu 1Sam 2:27—36 sind derart fest, dass man sie auch durch Textänderungen[116] oder durch die Annahme späterer Überarbeitung eines alten Orakels[117] oder durch das Postulat von Parallelüberlieferungen[118] nicht beseitigen kann: Jahwe lässt Samuel wissen, dass er jetzt an Eli all das in Erfüllung gehen lassen werde, was er über dessen Haus gesagt habe (את כל אשר דברתי), V. 12; er habe es ihm schon früher angekündigt (והגדתי לו), dass er sein Haus richten wolle, V. 13; seinen Beschluss hat er dem Hause Eli eidlich zugesichert (ולכן נשבעתי לבית עלי), V. 14. All diese Rückverweise in 1Sam 3:11—14 sprechen überdeutlich für die Bekanntschaft des Verfassers mit 1Sam 2:27—36. Es gibt grundsätzlich zwei Alternativen, diesen Befund zu erklären. Entweder findet man in 1Sam 3:11—14 eine Bestätigung dafür, dass 1Sam 2:27—36 von ziemlich hohem Alter ist, weil es in 3:11—14 schon vorausgesetzt wird[119], oder man hält 2:27—36 für redaktionell und muss dann 3:11—14 noch später datieren. Im Blick auf die Ergebnisse des vorangehenden Abschnitts kommt nur die zweite Möglichkeit in Frage. Das bringt mit sich die Annahme, dass V. 11—14 ein älteres Orakel verdrängt hat, denn auf die Einführung V. 1b—10 muss eine Offenbarung gefolgt sein, allerdings wohl keine Gerichtsbotschaft, wie sie jetzt in V. 11—14 zu lesen steht, sondern, was vom Kontext her viel näher läge, etwa die Berufung des jungen Samuel.[120]

Die Spätdatierung wird auch durch das Vokabular von V. 11—14 bestätigt. Die Wendung אשר כל שמעו תצלינה שתי אזניו *"jedem, der es hört, sollen seine beiden Ohren gellen"* (V. 11) kommt im AT sonst noch zweimal vor, in 2Kön 21:12 und Jer 19:3, beides dtr Texte.[121] Auch der Ausdruck אקים... את כל אשר דברתי *"ich werde... all das in Erfüllung gehen lassen, was ich gesagt habe"* (V. 12) gehört zum dtr Formelgut, wie bei 1Kön 2:4 gezeigt wurde[122]. Weiter verraten die

---

[115] Vgl. Noth VT 1963, 392; Dus RSO 1968, 184; Willis JBL 1971, 293; Stoebe 1973, 125.

[116] Häufig wird in V. 13 והגדתי לו in והגדת לו geändert und *"und du sollst ihm kundgeben"* oder ähnlich übersetzt, s. Klostermann 1887, 11; Thenius-Löhr 1898³, 24; Budde 1902, 28; Driver 1913², 43; Kittel 1922⁴, 413; Smith 1951⁴, 29.

[117] Mit Überarbeitungen verschiedenen Umfangs rechnen u.a. Wellhausen 1871, 53; Kuenen 1890, 52; Budde 1902, 25; Gressmann 1921², 4; Hölscher 1952, 364; de Vaux 1961², 35; Ackroyd 1971, 43.

[118] Hertzberg 1968⁴, 30.

[119] So z.B. Segal JQR 1915/16, 562f.; Eissfeldt 1931, 5; Smith 1951⁴, 28; Noth VT 1963, 392f.

[120] Vgl. Budde 1902, 25. Hertzberg 1968⁴, 29, vermag die Berufung sogar aus dem jetzigen Wortlaut herauszulesen!

[121] Zu 2Kön 21:12 s. Noth 1967³, 85 und Dietrich 1972, 87; zu Jer 19:3 s. Dietrich 1972, 87 und Thiel 1973, 221f. Dietrich meint allerdings, die Wendung sei in 2Kön 21:12 aus 1Sam 3:11 übernommen, was darauf beruht, dass er ohne nähere Untersuchung 1Sam 3:11—14 für alt hält (Dietrich 1972, 87f.).

[122] Belege o. S. 27⁵⁹.

Vokabeln בית *"Haus"* (V. 12.13.14bis) und עד עולם *"für immer"* (V. 13.14) Zusammenhänge mit den bisher als dtr erwiesenen Texten[123].

Seiner Aussage nach ist 1Sam 3:11—14 nicht so vielschichtig wie das vorangehende Orakel 1Sam 2:27—36; es geht hier vielmehr um eine einzige grosse Gerichtshandlung. Die eben zitierte Wendung von V. 11 steht in 2Kön 21:12 und Jer 19:3 in Verbindung mit der Endkatastrophe Judas und Jerusalems. Dem Ausdruck gehen folgende Drohungen voraus:

2Kön 21:12 (Jer 19:3)	1Sam 3:11
הנני מביא רעה על ירושלם ויהודה (על המקום הזה)	הנה אנכי עשה דבר בישראל
Siehe, ich werde Unheil über Jerusalem und Juda (über diesen Ort) bringen	*Siehe, ich werde in Israel etwas tun*

Die Einleitung lässt in beiden Fällen etwas Einmaliges erwarten, worauf in 1Sam 3:12 zusätzlich noch das ביום ההוא *"an dem Tage"* deutet. Ohne Zweifel hat 1Sam 3:11—14 viel mehr im Blick als den Tod der beiden Söhne Elis (1Sam 4:11). Einzig 1Sam 22:11—19, der Bericht von der Ermordung aller Einwohner der Priesterstadt Nob durch Saul, vermag die harte und pauschale Gerichtsankündigung dieses Textes abzudecken.[124] Wie oben festgestellt, wird auf dieses Ereignis auch in der früheren Weissagung des anonymen Gottesmannes angespielt (1Sam 2:33). Der Unterschied besteht darin, dass 1Sam 2:27—36 darüber hinaus noch die Rettung und zukünftige Tätigkeit Ebjathars voraussagt, während 1Sam 3:11—14 allein das Blutbad von Nob ins Auge fasst. Immerhin, an diesem Punkt überschneiden sich beide Orakel, und dieser auffällige Sachverhalt fordert eine Erklärung.

Zuvor jedoch muss geklärt werden, wie denn der (bzw. die) Verfasser von 1Sam 2:27—36 und 3:11—14 in der Vernichtung der Nob-Priesterschaft die Erfüllung einer Unheilsankündigung sehen konnte(n), die doch gegen die Eliden gerichtet war. Die Bedingung ist natürlich, dass die Priester von Nob als Nachkommen Elis galten. Wie kam diese Identifikation zustande?

Die Eliden und die Priester von Nob

Die Stelle, auf die man die Verbindung zwischen den Eliden und dem in 1Sam 22 namentlich genannten Nob-Priester Ahimelech, dem Sohn Ahitubs (1Sam 22:9ff.) — Ebjathar, der als einziger dem Massaker entkam, war sein Sohn (1Sam 22:20) — gründen kann, ist die in 1Sam 14:3 überlieferte genealogische Notiz, nach der Saul den Priester *"Ahia, den Sohn Ahitubs, des Bruders Ikabods, des Sohnes*

---
[123] Belege o. S. 36.
[124] Vgl. Dus RSO 1968, 184.

Pinehas, des Sohnes Elis, des Priesters Jahwes" als *"Träger des Ephod"* bei sich hatte. Hier fällt neben der Ausführlichkeit der Genealogie Ahias Amtsbezeichnung נשא אפוד *"Träger des Ephod"* auf. Der Ausdruck *"das Ephod tragen"* (נשא) kommt kurz danach noch in V. 18 (LXX)[125] vor, sonst im AT nur in 1Sam 2:28 und 1Sam 22:18. Die Formulierung ist eigenartig, weil das Ephod normalerweise nicht *"getragen"*, sondern *"umgegürtet"* (חגר, 1Sam 2:18; 2Sam 6:14) oder *"herbeigebracht"* wird (נגש hi., 1Sam 14:18 LXX; 23:9; 30:7); da aber der Hebräer nach der alttestamentlichen Terminologie seine Kleider nie *"trägt"* (נשא)[126], kann אפוד hier nicht als Kleidungsstück gedacht sein[127], was es mindestens in den Samuelbüchern sonst zu sein scheint[128]. Diese Beobachtungen legen die Vermutung nahe, dass die Stellen, die vom *"Tragen des Ephod"* reden, in sich zusammenhängen und eine eigenartige, jedenfalls nicht die gängige Vorstellung von jenem Kultgegenstand haben.

1Sam 2:28, der erste dieser Belege, braucht nicht mehr erörtert zu werden, weil seine dtr Herkunft schon oben klar geworden ist. In dem Vers 1Sam 22:18, der den Hergang des Priestermordes in Nob schildert, steht die fragliche Aussage ganz am Ende (V. 18bγ); sie ist dort aber keineswegs fest verankert, denn der Befehl zur Exekution (V. 18aβγ) und der Bericht von seiner Ausführung (V. 18baβ), beide von lapidarer, fast brutaler Kürze, entsprechen einander Wort für Wort, wogegen V. 18bγ, eine Art Bilanz über die genaue Zahl der getöteten Priester, deutlich abfällt. Noch mehr befremdet die Fortsetzung in V. 19, wonach Saul nicht nur die Priester, sondern auch alle anderen Einwohner der Stadt Nob mitsamt dem Vieh töten liess, d.h. einen totalen Bann ausführte. Diese Nachricht passt nicht in den Erzählungszusammenhang, nach dem Saul die Priester von Nob zu sich nach Gibea gerufen hatte (1Sam 22:6.11); dort wurden sie dann auch hingerichtet — fernab von Nob und seiner Einwohnerschaft. Auch weiss der zu David entkommene Ebjathar nur von dem Priestermord zu berichten (V. 21). Es ist sehr

---

[125] V. 18 muss unbedingt nach LXX korrigiert werden: in der a-Hälfte ist הָאֵפוֹד statt אֲרוֹן הָאֱלֹהִים (MT) zu lesen, und die b-Hälfte muss lauten: כִּי הוּא נָשָׂא הָאֵפוֹד בַּיּוֹם הַהוּא לִפְנֵי יִשְׂרָאֵל, weil V. 18 MT in direktem Widerspruch zu V. 3 steht, weil ausserdem die Lade damals in den Händen der Philister war (1Sam 4—6), und weil schliesslich נגש hi. als *terminus technicus* zur Ephod-Terminologie gehört (1Sam 23:9; 30:7), vgl. Wellhausen 1871, 89; Budde 1902, 94; de Vaux 1961², 74; BHK. Anders Gressmann 1921², 49 sowie Hertzberg 1968⁴, 89f. und Stoebe 1973, 260 (die letztgenannten mit dem Argument der *lectio difficilior!*).

[126] van den Born BL, 402. — Als konkretes *obj.* zu נשא begegnet gewöhnlich entweder ein relativ schwerer Gegenstand, wie z.B. Lade (2Sam 6:13), Zelt (Nu 10:17), Kind (2Kön 4:19) o.dgl., der unter Kraftanwendung hochgehoben und zu einer anderen Stelle transportiert wird, oder ein Gegenstand, der längere Zeit im Zustand des Tragens gehalten wird, wie z.B. ein Joch (Thr 3:27), Götterbilder bei der Prozession (Am 5:26), Getreide auf den Lasttieren (Gen 44:1) o.dgl.; zu der zweiten Gruppe kann auch das Fruchttragen der Bäume (Ez 17:8) und des Landes (Ez 36:8) gerechnet werden, vgl. Ges-Buhl s.v. נשא.

[127] Dagegen spricht nur scheinbar 1Sam 22:18, wo בד ein Zusatz ist, der in LXX^B fehlt, vgl. Budde 1902, 154; Gressmann 1921², 89; BHK; van den Born BL, 402.

[128] Vgl. Elliger RGG³ II, 521f.; Smend BHHW I, 420; van den Born BL, 402f.

wahrscheinlich, dass V. 19 von einer dtr Hand herrührt[129], weil ja die vollständige Bannung ganzer Städte eine spezifisch dtr Vorstellung ist[130]: Eine entsprechende Vorschrift findet sich im Dt (13:16f.; 20:15ff.), und sie wird dann nach der dtr Darstellung vor allem von Josua bei der Landnahme praktiziert (Jos 6:21; 10:28.30.32.35.37; 11:14). 1Sam 22:18by.19 muss demnach im ganzen als eine dtr Erweiterung angesehen werden.

Die restlichen Belege für die Wendung vom *"Tragen des Ephod"* stehen in 1Sam 14:3.18. Die lange Genealogie V. 3a lässt sich ohne weiteres aus dem Kontext herauslösen, den sie störend unterbricht.[131] V. 3a ist deutlich hinzugefügt worden, um das Erscheinen Ahias in V. 18 vorzubereiten. Da aber V. 18b unverkennbar den Charakter eines erklärenden Zusatzes hat, der inhaltlich und terminologisch mit V. 3a korrespondiert, muss auch dieser Halbvers als sekundär beurteilt werden. Aber damit nicht genug: auch der Name des Priesters in V. 18a scheint frei erfunden zu sein; denn der Satz *"Da sprach Saul zu Ahia"* (V. 18a) ist ohne die Einführung des Namens Ahia in V. 3a unmöglich. Dazu kommt, dass sonst in 1Sam 14 nur von *"dem Priester"* (הכהן, V. 19bis.36) gesprochen wird, wie überhaupt in dem gesamten Kapitel — abgesehen von dem abschliessenden Summarium V. 47—52, das einen anderen literarischen Charakter hat als V. 1—46 — nur die Hauptpersonen Saul und Jonathan mit Namen genannt werden. All diese Beobachtungen lassen nur den Schluss zu, dass Ahia, Träger des Ephod und Nachkomme Elis, eine dtr Schöpfung ist[132]; durch sie soll augenscheinlich ein geschichtlicher Zusammenhang zwischen den Eliden und den Priestern von Nob hergestellt werden[133], ohne den die Weissagungen in 1Sam 2:27—36 und 3:11—14

---

[129] Vgl. Schulte 1972, 121[41]: "ein Zusatz im Dtr-Stil". Nach Budde 1902, 154 und Hölscher 1952, 372, handelt es sich in V. 19 um ein Fragment aus einer Parallelquelle (E). Hertzberg 1968[4], 152, beurteilt den Vers als Rest einer Sonderüberlieferung.

[130] Vgl. dazu von Rad 1969[5], 13.68f. u.ö. und Stolz 1972, 18f.

[131] Vgl. Hölscher 1952, 367f.; Grønbaek 1971, 132. Nach Budde 1902, 94, ist V. 3a als Vorbereitung für V. 18 notwendig, was an sich richtig ist, aber noch nicht die Echtheit von V. 3a beweist, sondern eher Zweifel an V. 18 weckt. Stoebe 1973, 263, hält V. 3a wegen der eigentümlichen Formulierung für echt!

[132] Häufig wird behauptet, Ahia sei identisch mit Ahimelech (1Sam 22), dessen Name (-mlk) aus religiöser Scheu vermieden worden sei (so u.a. Budde 1902, 91; Hölscher 1952, 368; de Vaux 1961[2], 72; Hertzberg 1968[4], 88; Grønbaek 1971, 132; Stoebe 1973, 258). Dass mit dieser religionsgeschichtlichen Deutung auch die Meinung des dtr Verfassers richtig erfasst würde, ist im Blick auf die ungewöhnliche Aufzählung von 1Sam 14:3a, in der Ikabod, der Bruder Ahitubs, scheinbar überflüssigerweise erwähnt wird, nicht so sicher; denn hiermit dürfte der Verfasser andeuten wollen, dass Ahitub und Ikabod ein ähnliches Brüderpaar waren wie früher Elis Söhne Hophni und Pinehas. Vermutlich soll der Leser bei dem Brüderpaar Ahia-Ahimelech dasselbe assoziieren, vgl. Gressmann 1921[2], 5; Pedersen 1940, 152 und bes. Gunneweg 1965, 107.

[133] Als unhistorisch wird die Genealogie — allerdings nicht der Name Ahia — auch von Gunneweg 1965, 106f. und Grønbaek 1971, 133, eingeschätzt.

unverständlich blieben. Auch von dieser Seite her bestätigt sich also, dass die beiden Orakel nicht vordtr sein können.[134]

Am Rande soll noch eine Erklärung zu der *Herkunft* des auffälligen dtr Ausdrucks נשׂא אפוד versucht werden. Rein auf die Terminologie gesehen, könnte DtrG vom Ephod eine ähnliche Vorstellung gehabt haben, wie man ihr bes. im Richterbuch begegnet, wo es einmal (Ri 8:26f.) eindeutig ein schweres Kultobjekt[135], vielleicht ein Götterbild, darstellt und also durchaus *"tragbar"* wäre. Aber auch im Richterbuch wird das Ephod nie *"getragen"*, sondern lediglich *"genommen"* (לקח), sooft von seinem Transport die Rede ist (Ri 18:17ff.). Ausserdem war das Ephod als Götterbild (?) schon längst kultisch verdächtig geworden (vgl. Ri 8:27; Hos 3:4) und deswegen in dieser Gestalt mit dtr Theologie unvereinbar.

Viel näher liegt es zu fragen, ob DtrG von dem Ephod, das die Eliden seiner Meinung nach *"trugen"*, überhaupt ein konkretes Bild hatte. Er könnte nämlich zu seinem eigentümlichen Ausdruck *"das Ephod tragen"* einfach durch die Ladeterminologie gekommen sein, denn die Lade wird ja nach der allgemeinen alttestamentlichen Terminologie, der auch der dtr Sprachgebrauch folgt, *"getragen"*[136], und zwar nach der dtr Theorie durch die Priester[137], zu denen von DtrG durchaus auch die Eliden gerechnet werden. Daraus ergibt sich, dass DtrG eine Kontamination zwischen Lade und Ephod vollzogen hat; damit suchte er dem Vorkommen des Ephod in der von ihm übernommenen Tradition (1Sam 2:18; 14:18a; 21:10; 23:6.9; 30:7; 2Sam 6:14) gerecht zu werden, zumal es häufig im Zusammenhang mit Ebjathar erwähnt wird (1Sam 23:6.9; 30:7). Er meinte also, das Ephod habe die Lade ersetzt, als diese in Philisterhand gefallen war (1Sam 4—6; 2Sam 6).

Redaktionsgeschichtliche Schlussfolgerungen

Es hat sich oben herausgestellt, dass die Orakel 1Sam 2:27—36 und 3:11—14 insoweit parallel laufen, als sie ihre Erfüllung in 1Sam 22 finden — wenn freilich 2:27—36 auch noch andere Inhalte in sich trägt. Weil beide Orakel nachweislich ein dtr Gepräge haben, muss dieses Nebeneinander problematisch erscheinen, denn einer Person kann man die Formulierung zweier so ähnlicher Weissagungen, die noch dazu fast unmittelbar nebeneinander stehen, schlechterdings nicht zutrauen. Die Annahme von *zwei* verschiedenen dtr Händen bietet sich als wohl einzige akzeptable Lösung an. Der Verfasser von 3:11—14 muss später als DtrG sein, weil er den von diesem verfassten Abschnitt 2:27—36 voraussetzt. Es wird sich hier aber kaum um den oben, im Zusammenhang von 1Kön 2:2—4, sichtbar gewordenen *"Nomisten"* DtrN handeln, sondern vielmehr um den *prophetisch* eingestellten DtrP, dessen Tätigkeit vor allem im Bereich der Königsbücher an vielen Stellen ausfindig gemacht worden ist[138]. Dort hat er u.a. Drohungen gegen israelitische Königshäuser sowie gegen Jerusalem und Juda verfasst[139]; hier liegt

---

[134] Daran scheitert auch der Versuch von Steuernagel 1913, 204—212, aus 1Sam 2:27ff. einen alten Kern herauszuschälen, dessen Spitze in der Ankündigung der Katastrophe von 1Sam 22 bestanden hätte.

[135] Allein das in ihm verarbeitete Gold wog 1700 Schekel (= über 27 kg), Ri 8:26.

[136] Vordtr Belege: 1Sam 4:4; 2Sam 6:3.4.13; 15:24 (s. dazu u. S. 44); 1Kön 8:3.

[137] Jos 3:6.8.13.14.15.17; 4:9.10.18; 6:6.12; 8:33. Bei vielen der genannten Belege ist das Wort *"Priester"* von Dtr dem überlieferten Ausdruck *"Träger der Lade"* hinzugefügt (Noth 1967³, 42).

[138] Dietrich 1972, s. o. S. 13.

[139] 1Kön 14:*7—11; 16:1—4; 21:20bβ—24; 2Kön 9:7—10a; 21:*10—15; 22:*16—17, s. Dietrich 1972, 9—14 u.ö.

eine Drohung gegen das elidische Priesterhaus vor. Es gehört zur literarischen Technik des DtrP, die Rahmung einer älteren Erzählung beizubehalten, ihren Kern aber durch ein selbstverfasstes Stück zu ersetzen[140]; genau dies ist der Fall auch in 1Sam 3:11—14. Im einzelnen sind die Prophetenreden des DtrP immer in einen begründenden und einen ankündigenden Teil säuberlich getrennt, wobei der begründende Teil oft mit יַעַן אֲשֶׁר und der ankündigende Teil mit הִנְנִי oder לָכֵן הִנְנִי mit folgender Partizipialkonstruktion eingeleitet wird[141]; diese Trennung liegt auch in 1Sam 3:11—14 vor: Ankündigung mit הִנֵּה אָנֹכִי + Partizipialkonstruktion und Begründung mit אֲשֶׁר [142] יַעַן. Ein verbindendes Element ist ausserdem die Wendung *"jedem, der es hört, sollen seine beiden Ohren gellen"* in V. 11, die in ähnlicher Position auch in dem von DtrP verfassten Drohwort gegen Jerusalem und Juda in 2Kön 21:12 vorkommt[143]. Demnach dürfte es keinen Zweifel mehr daran geben, dass in 1Sam 3:11—14 DtrP schreibt, in 1Sam 2:27—36 aber DtrG[144], von dem auch 1Sam 14:3a.*18; 22:18by.19 stammen.

Der Unterschied zwischen diesen zwei Deuteronomisten besteht an dieser Stelle darin, dass DtrP offenbar nur die Gerichtsansage gegen die Eliden am Herzen liegt, während DtrG darüber hinaus noch andere, mehr positive Aussagen bietet: zwar werden die Eliden dezimiert, aber über Ebjathar leben sie — wenn auch unter kläglichen Bedingungen — doch fort; vor allem jedoch geht es DtrG im Unterschied zu DtrP um den Aufstieg der Zadokiden und um ihren dauerhaften Dienst vor dem Gesalbten Jahwes (1Sam 2:35). DtrG vertritt hier eine Art Amtstheologie, nach der die göttlich legitimierte Dynastie einen göttlich legitimierten geistlichen Sukzessionsträger zur Seite haben soll (1Sam 2:35, vgl. 1Kön 2:35b).

Auch für das Bild Davids ist die von DtrG vorgenommene Verknüpfung von 1Sam 22 mit 1Sam 2:27—36 nicht ohne Bedeutung: Die Ermordung der Priester von Nob ist jetzt nur mehr die Verwirklichung dessen, was Jahwe lange vorher als seinen Willen kundgetan hat; darum hat es kein Eigengewicht mehr, wenn David nach dem Blutbad dem Ebjathar bekennt: אָנֹכִי סַבֹּתִי [145] בְּכָל נֶפֶשׁ בֵּית אָבִיךָ *"ich bin schuld am Tode aller aus deines Vaters Hause"* (1Sam 22:22).[146]

---

[140] 1Kön 11:29ff.; 2Kön 22:*15—20a und vielleicht auch 1Kön 21:20ff., Dietrich 1972, 62 u.ö.

[141] Dietrich 1972, 64.

[142] בַּעֲוֹן V. 13 wird allgemein zu עָוֹן korrigiert, vgl. BHK; Ehrlich 1968 III, 180; Hertzberg 1968⁴, 29; Ackroyd 1971, 42.

[143] S. Dietrich 1972, 14.87.

[144] Weil Dietrich 1972, 87, 1Sam 3:11—14 für alt hält, kann er ohne eingehende Analyse 1Sam 2:27—36 irrtümlich dem DtrP zuweisen (Dietrich 1972, 132⁹⁵).

[145] Die Lesung nach *Syr* und LXX, vgl. Budde 1902, 154; Driver 1913², 182; Smith 1951⁴, 209; BHK; KBL³ s.v.; Hertzberg 1968⁴, 150. Will man die MT-Lesart beibehalten, ändert sich der Sinn jedoch nicht, vgl. de Boer OTS 1949, 43; Ehrlich 1968 III, 247.

[146] David hatte durch seinen Abstecher bei Ahimelech (1Sam 21:1—10) die Priester von Nob bei Saul in den Verdacht der Kollaboration gebracht (1Sam 22:9ff.).

2Sam 15:24—29

In 1Kön 2:26b begründet DtrG die Verschonung Ebjathars von der unmittelbaren Todesstrafe damit, dass dieser die Lade vor David getragen habe. Bis jetzt sind wir auf keine Stelle gestossen, wo das ausdrücklich gesagt würde. Zwar könnte man sich die Äusserung leidlich so zurechtlegen, dass man sie auf die Nivellierung des Unterschieds zwischen Lade und Ephod im Denken des DtrG zurückführt; doch bevor zu dieser Erklärung Zuflucht genommen wird, soll eine Stelle näher betrachtet werden, die vielleicht eine bessere Lösung bietet.

In 2Sam 15:24 wird berichtet, dass der vor Absalom aus Jerusalem fliehende David *"auch Zadok mit allen Leviten, die die Bundeslade Gottes trugen"* bei sich hatte. Dieser Wortlaut, obwohl textkritisch nicht zu beanstanden, ist mit Sicherheit nicht der ursprüngliche[147], denn in V. 29 treten nicht mehr die Leviten als Träger der Lade auf, sondern da werden nur Zadok und Ebjathar genannt. In der Tat kommt Ebjathar auch in dem fraglichen V. 24 vor — freilich in einem textlich nicht mehr sicher rekonstruierbaren Zusammenhang; weiter weist אתכם *"mit euch"* am Ende von V. 27 darauf hin, dass Ebjathar auch in diesem Vers einmal eine Rolle spielte[148]. Aus diesen Beobachtungen ergibt sich, dass in V. 24 ursprünglich Ebjathar neben Zadok als Träger der Lade erwähnt war[149], später jedoch im Interesse chronistischer Theologie durch die Leviten ersetzt wurde[150]. Demnach hat DtrG ihn noch als Träger der Lade gekannt.

In der vorliegenden Szene verdient auch die unmittelbar nach V. 24 folgende Rede Davids an Zadok genauere Betrachtung (V. 25—26). Sie ist eine offensichtliche Doppelung zu V. 27—28, wo David Zadok nochmals anspricht.[151] Die zweite Rede ist für die folgende Handlung unentbehrlich, die erste nicht. Dazu kommt der unterschiedliche Charakter der beiden Reden: In V. 27—28 fordert David Zadok und Ebjathar auf, mit ihren Söhnen nach Jerusalem zurückzukehren, damit sie ihn über die Lage in der rebellierenden Stadt informieren, wie es dann auch tatsächlich geschieht (2Sam 15:35f.; 17:15—21); dahinter steckt also

---

[147] Dass die Erwähnung der Leviten hier ursprünglich sei, behaupten Ehrlich 1968 III, 313 und Hertzberg 1968⁴, 282; ihre Begründung lautet, dass Zadok zum Transport der Lade doch geschultes Personal gebraucht habe!

[148] Vgl. de Vaux 1961², 206; BHK.

[149] Vgl. Wellhausen 1871, 197f.; Thenius-Löhr 1898³, 173; Budde 1902, 273; Driver 1913², 315; Leimbach 1936, 187; Smith 1951⁴, 344; Caird 1953, 1126f.; Carlson 1964, 174.

[150] Carlson 1964, 172, meint, die Änderung gehe auf eine dtr Hand zurück. Dagegen spricht jedoch einerseits 1Kön 2:26b und andererseits die Terminologie: DtrG spricht nur einmal von *"den levitischen Priestern"* — nicht von *"den Leviten"* — als Ladeträgern (Jos 8:33). Erst in der Chronik sind die Leviten die autorisierten Träger der Lade (1Chr 15ff.), s. von Rad 1930, 99f.

[151] Vgl. Schulte 1972, 160f., die aus diesem Grund V. 25—26 für sekundär hält. Für Eissfeldt 1931, 41, dient die Doppelung zur Quellenscheidung. Nur gezwungen lässt sich die Ursprünglichkeit beider Reden behaupten, vgl. Klostermann 1887, 202, der die doppelte Redeeinleitung damit erklärt, dass *"der Verfasser von der offiziellen, vor allen Leviten gesprochenen Erklärung V. 25.26 das folgende Wort als eine private Verständigung, welche nur dem Zadok gilt, unterschieden wissen will"*.

ein ganz konkreter strategischer Plan[152], und die Lade wird nicht einmal genannt. Einen ganz anderen Ton schlägt hingegen die erste Rede V. 25—26 an: hier ist es vor allem die Sorge um die Lade, die David den Zadok in die Stadt zurücksenden lässt. Weiter fällt auf, dass in V. 25—26 — anders als in V. 27—28 — nur Zadok in Erscheinung tritt. Bemerkenswert ist ferner, wie hier Davids Einstellung zu seinem eigenen Schicksal geschildert wird: Sollte er Gnade in Jahwes Augen finden, sagt David, werde Jahwe ihn zurückbringen und die Lade und ihre Stätte sehen lassen; wenn aber nicht, dann wolle er sich in Jahwes Entscheidung fügen. Kurzum, David legt hier seine Zukunft — ganz im Gegensatz zu dem zielstrebig-schlauen Verhalten, das er in V. 27—28 zeigt — ergeben in Jahwes Hand.[153] Solch frommer Demut Davids sind wir schon früher in 2Sam 3:39 (dtr) und 2Sam 16:11—12 (dtr) begegnet, was eine dtr Herkunft auch dieses Zusatzes nahe legt, zumal das auch im Lichte sprachlicher Analyse möglich erscheint[154]. Die leichte Bevorzugung Zadoks vor Ebjathar, die in diesen Versen sichtbar wird, entspricht vollkommen der dtr Theorie: Ebjathar geht schon seiner Verbannung entgegen, und Zadok ist bereit, an seine Stelle zu treten (1Kön 2:26b—27.35b).[155]

---

[152] Vgl. Gressmann 1921², 177; Caird 1953, 1127.

[153] Nach Hertzberg 1968⁴, 282, beweist das Nebeneinander von politischen Massnahmen und frommen Worten, dass David "klug wie die Schlangen und ohne Falsch wie die Tauben" war. So ähnlich dürfte auch DtrG gedacht haben.

[154] S. die Sprachanalyse bei Schulte 1972, 161, mit dem Ergebnis: V. 25—26 "kann zu den Zusätzen gehören, die dem alten Text bald hinzugefügt wurden, sie kann aber auch deuteronomistischen Charakter haben". Ohne eingehende literarische Analyse sagt Carlson 1964, 174, der ganze Abschnitt V. 24—29 sei *"deuteronomized"*.

[155] Würthwein 1974, 43, will neben V. 25—26 auch V. 24 und 29 als Zusätze ausscheiden, was nicht unmöglich, aber auch nicht zwingend zu beweisen ist; einem solchen Versuch steht nicht zuletzt die unsichere Textgestalt von V. 24 im Wege. Sicher ist auf jeden Fall, dass man 2Sam 15:25—26 nicht als Beleg für die theologische Aussage der ursprünglichen Thronfolgegeschichte nehmen darf, wie Rost 1926, 130; Amsler 1963, 33 und Brueggemann Interp 1972, 14—19, es tun.

2.5 ZWISCHENERGEBNIS

Die vorangehenden Analysen haben gezeigt, dass der dtr Redaktor nicht nur die geschichtlichen Anspielungen in 1Kön 2 selbst verfasst, sondern in vielen Fällen schon die Vorlage für seine Zwecke umgestaltet hat. Das wurde sichtbar in 2Sam 3:28—29.38—39; 2Sam 16:11—12; 2Sam 19:22—23; 1Sam 2:27—36; 14:3a.*18; 22:18by.19 und 2Sam 15:25—26. Anderswo liess er dagegen die Vorlage unangetastet, so in 2Sam 20:4—13; 2Sam 17:27—29; 19:32—41.[156]

Auf die literarische Technik gesehen, bedient er sich bei seinen Eingriffen in ihm vorgegebene Texte mit Vorliebe des Mittels der direkten Rede. Dreimal hat das zur Entstehung von Doppelreden geführt (2Sam 3:28—29; 15:25—26; 16:11—12 vgl. auch 2Sam 19:22—23). Eine längere Ansprache hat DtrG in 1Sam 2:27—36 einem anonymen Gottesmann in den Mund gelegt. Charakteristisch für alle von ihm formulierten Reden ist, dass sie einen ausgesprochen *theologischen* Ton haben, durch den sie sich meist von ihrem unmittelbaren Kontext deutlich abheben. Am stärksten hat DtrG die Vorgeschichte Ebjathars umgeprägt, indem er ihm einen neuen Stammbaum zulegte (1Sam 14:3a.*18) und ihn auf diese Weise mit den Eliden in Verbindung brachte. Gleichzeitig bereitet er den Leser auf den Aufstieg Zadoks vor und gibt dabei, indem er den kultischen Bereich ganz selbstverständlich dem Prinzip der erblichen Sukzession unterworfen sieht, zu erkennen, wie stark sein Denken an dynastischen Vorstellungen orientiert ist.

Dies wird noch deutlicher an seiner Einstellung zur Daviddynastie. Auch die Einschübe des DtrG in 1 und 2Sam dienen nämlich vorrangig dem Ziel, von dem die DtrG-Schicht in 1Kön 1—2 beherrscht ist: das davidische Königtum als moralisch integer und von Jahwe legitimiert zu erweisen. So unterstreicht DtrG die Unschuld der Davididen (2Sam 3:28—29.38—39), Davids fromme Gesinnung und seine Demut (2Sam 3:38—39; 15:25—26; 16:11—12; 19:22—23) sowie seine Sorge um religiöse Angelegenheiten (2Sam 15:25—26). David ist für ihn *homo religiosus* — und gerade als solcher der ideale König und Dynastiegründer.[157]

---

[156] Neuerdings ist von Würthwein 1974, 46, vorgeschlagen worden, 1Kön 2:5—9 — und damit wohl auch V. 31b—33.44—45 — auf eine ziemlich frühe höfische Bearbeitung zurückzuführen, der auch die gegen Joab und Simei gerichteten 2Sam 18:10—14; 20:4.5.8—13; 2Sam 16:5—14 zu verdanken seien (Würthwein 1974, 43—47). Gegen diese Theorie spricht jedoch einiges: 1. 1Kön 2:5—9 kennt auch das ausserhalb der Thronfolgegeschichte berichtete Schicksal von Abner, weshalb eine nur die Thronfolgegeschichte umfassende Bearbeitung, wie Würthwein sie postuliert, in diesem Punkt als Erklärung nicht ausreicht; 2. Joabs Mord an Absalom (2Sam 18:10—14) findet in 1Kön 2:5—9 kein Echo, während ohne Vorbereitung — und von Würthweins Hypothese her kaum erklärbar — die Söhne Barsillais eingeführt werden; 3. selbst innerhalb der von Würthwein angenommenen Einschübe lässt sich eine noch spätere Stufe finden (V. 11—12 in 2Sam 16:5—14 bzw. 9—12), die eine direkte Beziehung zu 1Kön 2:5—9 aufweist (s. o. S. 33). *Fazit:* 1Kön 2:5—9 gehört zu einem umfangreicheren redaktionellen Kontext (dtr); damit ist allerdings die durchaus plausible Annahme früherer Bearbeitungen der Thronfolgegeschichte nicht in Abrede gestellt.

[157] Zu Aussageintentionen von DtrN und DtrP s. o. S. 25f.43.

3 1SAM 25 UND DAMIT ZUSAMMENHÄNGENDE TEXTE

Eine zweite Linie, die neben den konkreten geschichtlichen Anspielungen in der dtr Bearbeitung von 1Kön 1—2 sichtbar wurde, waren die göttlichen Legitimationsaussagen, die die theologische Rechtmässigkeit der werdenden Daviddynastie unterstreichen sollen (1Kön 1:48; 2:4.24.33.45). Als Orientierungspunkt für sie wurde oben die Nathanweissagung 2Sam 7 vermutet. Sie ist jedoch nicht die einzige Verheissung dieser Art, sondern vielmehr die letzte und vollste Entfaltung eines Themas, das schon früher in den Saul- und David-Überlieferungen in verschiedenen Variationen vorkommt. Die Ankündigung eines *"Hauses"*, d.h. einer Dynastie für David findet sich das erste Mal in 1Sam 25:28, und zwar im Munde der klugen Frau Abigail; so soll dieses Kapitel den Ausgangspunkt zu weiteren Fragen in diesem Bereich bilden.

3.1 1SAM 25

Spuren späterer Bearbeitung

1Sam 25:1—42 wird in der Forschung überwiegend als eine literarische Einheit betrachtet[1], wobei die besonders in der langen Rede von Abigail (V. 24—31) feststellbaren Ungereimtheiten auf das Konto spezifisch femininer Redseligkeit geschrieben werden[2]. Doch erscheint die Beweiskraft einer solchen Argumentation nicht zuletzt deswegen als fragwürdig, weil nicht sicher ist, ob die alttestamentlichen Erzähler dieselben Vorurteile über die weibliche Psyche hegten wie heutige Exegeten.[3] Viel näher liegt es, angesichts der langen und gedanklich verwickelten Rede Abigails an spätere Bearbeitung zu denken.[4]

Nach V. 23b/24aα wirft sich Abigail zweimal nacheinander vor David zur Erde, ohne zwischendurch wieder aufgestanden zu sein. Diese Doppelung ist kaum ursprünglich.[5] In V. 24a nimmt Abigail die Schuld für Nabals Bosheit auf sich, in V. 25f. hingegen betont sie ihre eigene Unschuld und stellt ihren Mann in eine Reihe mit Davids Feinden.[6] Auffällig ist weiterhin, dass Abigail in der ganzen

---

[1] Ausnahmen sind vor allem Niebuhr OLZ 1915, 65—70 und Nübel 1959, 50—53. Vgl. auch Smith 1951⁴, 227, zu Abigails Rede: "It is not improbable that this extended speech is expanded from a simple form."

[2] Budde 1902, 166; Schulz 1919, 362; Tiktin 1922, 33f.; Gressmann 1921², 104; Caird 1953, 1014.

[3] Die Parallele, auf die in diesem Zusammenhang gern hingewiesen wird, ist das langatmige Gespräch des klugen Weibes von Thekoa mit David in 2Sam 14:4—20. Es ist aber zweifelhaft, dass hier die weibliche Zungenfertigkeit dargestellt wird, weil ja nach V. 3 *Joab* die Worte dem Weibe in den Mund gelegt hatte; ausserdem ist eine spätere Erweiterung des Gespräches nicht von vornherein von der Hand zu weisen.

[4] Im allgemeinen sind die Reden in den Samuelbüchern kurz, Schulz 1923, 18.

[5] Vgl. Wellhausen 1871, 134; Niebuhr OLZ 1915, 69; Nübel 1959, 51.

[6] Vgl. Ehrlich 1968 III, 254; seine Schlussfolgerung ist jedoch falsch: er will den Widerspruch durch Textänderungen in V. 24 lösen.

Rede nur in V. 27 für sich selbst die Bezeichnung שפחתך *"deine Sklavin"* gebraucht, sonst immer das bedeutungsgleiche Wort אמתך (V. 24b.25.28.31).[7] Zufällig wird das kaum sein.[8] Ausgehend von dieser Wahrnehmung lässt sich die folgende Hypothese aufstellen: V. 24b.25.28.31 gehören zu einer literarisch jüngeren Schicht als der in der Gesamterzählung unentbehrliche V. 27 (vgl. V. 18.35). Mit jener jüngeren Schicht untrennbar verbunden sind auch V. 26.29.30. Als ursprüngliche Einleitung zu V. 27 muss der Halbvers 24a angesehen werden, der, wie oben festgestellt wurde, mit V. 25f. in Widerspruch steht. Der Einschub setzt mit der unterwürfigen Redeeröffnung in V. 24b ein, vorbereitet durch die überschwengliche Huldigung in V. 23b, die eine Doppelung zu V. 24aα darstellt. Der jüngeren Schicht ("אמתך") gehört zwangsläufig auch die Antwort Davids in V. 32—34 an, in der Ausdrücke der erweiterten Abigail-Rede wiederholt werden. Davids Rede enthält in V. 34b eine wörtliche Bezugnahme auf Davids Schwur in V. 21—22, der als *Nachholung*[9] den Duktus der Erzählung unterbricht. Auch Davids Akklamation in V. 39a (ab ויאמר), die merkwürdig isoliert dasteht, weist terminologische und inhaltliche Nähe zu der jüngeren Schicht auf. Vorläufig nur als Hypothese, die noch von der umgekehrten Seite Bestätigung braucht, werden in 1Sam 25:2—42 die folgenden Verse als sekundär beurteilt: V. 21—22.23b. 24b—26.28—34.39a (ab ויאמר).[10]

Stilistische Gegenprobe

Wenn man die eben ausgegrenzten Verse weglässt, gewinnt die übrigbleibende Erzählung einige nicht unbedeutende Vorteile.

Erstens werden Bestandteile eliminiert, die durch ihre ständigen Wiederholungen dem Kapitel sein eigentümlich überfülltes bzw. redseliges Gepräge geben. [11]

---

[7] In V. 41 stehen beide Termini nebeneinander, aber nicht in gleicher Funktion.

[8] Es stimmt zwar, dass die Unterscheidung zwischen אמה und שפחה als Kriterium für Quellenscheidung nicht brauchbar ist (Jepsen VT 1958, 297); sie hat aber doch ihren relativen Wert in einem Text geringen Umfangs (Richter 1971, 56f.). Anders in diesem Fall Nübel 1959, 53.

[9] Gekennzeichnet durch Inversion + *perf.* in V. 21. Als Stilmittel ist *Nachholung* in den Samuelbüchern eine Seltenheit, Schulz 1923, 11.

[10] Andere Vorschläge hinsichtlich der literarischen Schichtung des Kapitels bieten Niebuhr OLZ 1915, 67—70 und Nübel 1959, 50—53. Niebuhr nimmt eine umfangreiche *"jahwistische"* Glossierungsschicht an; seine Analyse enthält einige beachtenswerte Gesichtspunkte, im ganzen zersplittert er jedoch den Text allzu gewaltsam. Teilweise mit unserer deckt sich die Analyse von Nübel, der dem *Bearbeiter* zuweist: V. 13bβ.23b.*26.28b—30.32—34.*39a.41.

[11] Die sekundären Passagen wiederholen oft Ausdrücke, die schon im alten Text gebraucht waren: V. 21a (vgl. V. 7b.15b); die Zeitbestimmung in V. 22b (die meisten Handschriften bieten auch hier אור wie in V. 34b und 36b, s. BHK). 34b (vgl. V. 36b); V. 23b (vgl. V. 24aα); die erneute **Redeeinleitung** V. 24b (vgl. V. 24aβ). Mehrfach wiederholt sich der Ergänzer auch selbst: V. 22b.34b; V. 26aa(bis בדמים). 33b.34a.39a; V. 32b.33a.39a; V. 26aβ(ab ויהושע). 31a (יד ist nach LXX zu ergänzen, s. BHK). 33b; היום הזה V. 32b.33b.

Zweitens treten mit Aussonderung der angenommenen Bearbeitungsschicht Aussagen, die in ihrer jetzigen Position verfrüht erscheinen oder einen die Erzählung übergreifenden Horizont haben, zurück. Dass David auf die Bitte Abigails eingeht und niemanden tötet, sollte eigentlich erst nach V. 35 klar sein, es wird jedoch erzähltechnisch unschön bereits in V. 26a.33.34 vorweggenommen. Ähnlich beraubt V. 26b die Erzählung ihrer Spannung, indem hier Nabals Tod, der erst in V. 37—38 berichtet wird, als bekannt vorausgesetzt wird.[12] Abigails lange Rede mutet prophetisch an, weil sie Begebenheiten aus Davids ferner Zukunft vorhersagt: die Vernichtung aller seiner Feinde (V. 26b.29), die erst in 2Sam 8 konstatiert wird, die Stabilisierung seines Königtums zu einem *"beständigen Haus"* (בית נאמן), welches Jahwe ihm bauen werde (V. 28), sowie seine *nāgīd*-Stellung (V. 30); all das wirkt wie "eine Nathanweissagung im Kleinen"[13].[14]

In ihrer angenommenen vorredaktionellen Gestalt zeigt die Erzählung einen *kunstvollen Aufbau*. Die *Exposition* (V. 2—3), die als Nominalsatz konstruiert ist, stellt die Hauptpersonen mit ihren Namen und Eigenschaften in *chiastischer* Reihenfolge vor: der Mann hiess Nabal und seine Frau Abigail, die Frau war klug und von schöner Gestalt, der Mann aber roh und bösartig (V. 3).[15] Im eigentlichen *Korpus* der Erzählung (V. 4—42) wird dann das Verhalten des ungleichen Paares David gegenüber geschildert.

Die *erste Szene* (V. 4—13) zeigt Nabal in Konfrontation mit David: Davids Diener ersuchen Nabal im Auftrag ihres Herrn um die materielle Beteiligung an Nabals Schafschurfest (V. 4—9); der jedoch weist sie, seinem Charakterbild entsprechend, höhnisch ab (V. 10—11). David erfährt dies und rüstet sich, ohne

---

[12] Vgl. Wellhausen 1871, 134, der deshalb die Pointe von V. 26b in der Appellativbedeutung des Eigennamens Nabal sucht. Nach Ehrlich 1968 III, 255, zeige V. 26, dass Abigail selber ihren Gatten aus der Welt zu schaffen gedenke!

[13] Mildenberger 1962, 26.

[14] Der übergreifende Horizont von V. 26ff. hat neben Niebuhr und Nübel (s. o. S. 48[10]) auch andere Forscher zur Annahme späterer Bearbeitung in diesen Versen geführt: Nach Mildenberger 1962, 27f., ist 1Sam 25 eine von dem *"nebüstischen"* Redaktor N tradierte Sage; vom Redaktor selber stamme "vielleicht die Verheissung des beständigen Hauses Davids in 1Sam 25:28 und sehr wahrscheinlich seine Würdebezeichnung in V. 30". Schmidt 1970, 121—123, bemüht sich um den Nachweis, dass V. 28 und 30 direkt von 2Sam 7 abhängig und demnach in 1Sam 25 sekundär seien. Gedankengänge des Verfassers der Thronaufstiegsgeschichte Davids findet in V. 26ff, ohne genauere Stellenangaben, Weiser VT 1966, 337f., ähnlich wie Grønbaek 1971, 174 und Amsler 1963, 25[4], in V. 28—30; weiter beurteilt Amsler 1963, 30[2], die Ankündigung des beständigen Hauses in V. 28b als eine spätere Zutat, die mit der individuellen *nāgīd*-Weissagung in V. 30 konkurriere (vgl. Budde 1902, 167; Stoebe 1973, 458). Schulte 1972, 93[44], bestimmt den Umfang des Zusatzes, über dessen Ursprung sie nichts äussert, auf V. 28—31. Allen referierten Lösungen gemeinsam ist, dass in ihnen einige besonders auffallende Bestandteile isoliert betrachtet, dass aber deren breitere Basis und damit die Reichweite der Bearbeitung nicht berücksichtigt werden.

[15] Es ist abwegig, in V. 3—4 (so Thenius 1864[2], 114; dagegen Wellhausen 1871, 131) oder in V. 3 (so Klostermann 1887, 108 und Ackroyd 1971, 196) eine sekundäre Parenthese zu sehen; denn "die Kennzeichnung der beiden Persönlichkeiten begründet den ganzen Verlauf im voraus" (Budde 1902, 164).

viele Worte zu verlieren, mit seinen Männern zu einer Racheaktion (V. 12—13).

Es folgt die *zweite Szene* (V. 14—20.23a.24a.27.35), in der nun Abigail auf David trifft. Eine Überleitung sorgt dafür, dass sie durch einen Diener von Nabals Verhalten in Kenntnis gesetzt und zur Abwendung der drohenden Gefahr aufgefordert wird (V. 14—17); sie ergreift denn auch sofort konkrete Massnahmen und bereitet ein reichliches Geschenk vor, mit dem sie David entgegenreitet (V. 18—19). Die eigentliche Begegnung mit David (V. 20.23a.24a.27.35) wird geschickt in der Form des *Chiasmus* erzählt: Abigail bekennt sich schuldig (V. 24a) und bietet David das von ihr mitgebrachte Geschenk an (V. 27), David nimmt von ihr das Geschenk an (V. 35a) und versichert sie seines Wohlwollens (V. 35b).

Die *dritte Szene* (V. *36—42), in der die Hauptpersonen Nabal und Abigail wieder nebeneinandergestellt werden[16], rundet die Erzählung ab und lässt die Moral der Geschichte sichtbar werden: der böse Nabal stirbt (V. 38), die kluge und schöne Abigail wird Davids Frau (V. 42).

Gemessen an diesem kunstvollen Aufbau der Erzählung können die oben hypothetisch als sekundär bezeichneten Teile des Kapitels in der Tat nur als Fremdkörper erscheinen. Die *Nachholung* in V. 21—22 unterbricht störend eine straff dargestellte Handlungsfolge in einem Augenblick, wo sich, nach der entsprechenden Vorbereitung in V. 13.18—19, alle Aufmerksamkeit auf die Begegnung Davids und Abigails richtet. Die Schicht V. 23b.24b—26.28—34.*39a unterscheidet sich von der älteren Fassung der Erzählung vor allem durch die langen Redepartien, die sich auf einer hohen Abstraktionsstufe bewegen und auf keinerlei Weise die Handlung weiterführen.[17] Im Gegenteil, sie lenken den Blick des Lesers von den Hauptpersonen Nabal und Abigail ab und rücken stattdessen David und seine Zukunft in den Mittelpunkt. Nabals Schicksal ist jetzt nur ein warnendes Beispiel dafür, was alle Feinde Davids zu erwarten haben. Ein ganz neues Problem taucht in dem Gedanken auf, dass Davids Rachepläne, hätte Abigail ihm nicht ihre Ausführung erspart, seine moralische Integrität befleckt hätten (V. 26.33).[18] Abigails Geschenk ist zu einer Nebensache reduziert, die kaum noch einen Einfluss auf den Ablauf des Geschehens hat.[19] Nicht durch materielle Dinge liess sich David besänftigen, sondern darum, weil Jahwe, der Gott Israels,

---

[16] Die geläufige Überschrift *"David und Abigail"* zu 1Sam 25 wird zwar der jetzigen Gestalt des Kapitels gerecht, nicht aber dem älteren Bestand, der *"Nabal und Abigail"* heissen müsste (vgl. de Vaux 1961[2], 123; Stoebe 1973, 451). Zu keiner Gestalt passt die Bezeichnung *"David und Nabal"* (Smith 1951[4], 221).

[17] Auch das Wortspiel über den Namen *Nabal* in V. 25 ist in keiner Hinsicht notwendig (nach Mildenberger 1962, 26[85], liegt hier die eigentliche Pointe der Erzählung), denn Nabals Antwort in V. 10—11 illustriert zur Genüge seinen Charakter, wie er in V. 3 beschrieben ist. Die kaum verhüllte Kongruenz zwischen seinem törichten Verhalten und dem Namen, den er trug, musste sich dem Hörer von selbst aufdrängen; der ausdrückliche etymologische Hinweis wirkt einigermassen plump.

[18] Vgl. Nübel 1959, 53.

[19] Dass das Geschenk keine Belanglosigkeit war, zeigt seine Grösse (V. 18); nach der Berechnung von Hertzberg 1968[4], 164, war es etwa das, was David durch seine zehn Boten hatte holen lassen wollen.

ihm Abigail entgegengesandt und ihn so vor einer Blutschuld bewahrt. Nicht wegen ihrer Schönheit, die in der Exposition ausdrücklich hervorgehoben ist[20], wird Abigail Davids Frau, sondern dank ihrer frommen Gesinnung und prophetischen Begabung. Die Schwerpunkte sind in der Bearbeitung anders gelagert als in der zugrundeliegenden Erzählung. Damit dürfen die oben aufgestellten Vermutungen über die Schichtung von 1Sam 25 als bestätigt gelten.

Die Bearbeitung von 1Sam 25 als Teil der dtr Redaktion

Aufschluss über die *Herkunft* der Bearbeitungsschicht von 1Sam 25 geben der Sprachgebrauch und die Aussageintention. Zuerst sollen die sprachlichen Indizien zusammengestellt werden, die auf eine dtr Verfasserschaft schliessen lassen:

Die Schwureinleitung in der Form כה יעשה אלהים לדוד[21] וכה יסיף *"Gott tue David dies und das"* (V. 22) ist insofern eigenartig, als der Schwörende sich selbst bei seinem Namen nennt (לדוד), während sonst in der Regel ל + *pron. suff.* in dieser Funktion auftritt (1Sam 3:17; 14:44[22]; 2Sam 3:35; 19:14; 1Kön 2:23; 19:2[22]; 20:10; 2Kön 6:31; Rt 1:17). Nur an zwei Stellen gibt es im AT eine ähnliche Schwurformel wie in 1Sam 25:22, nämlich in 1Sam 20:13 und 2Sam 3:9; in beiden Fällen handelt es sich um sekundäre Bildungen.[23]

Die derbe Bezeichnung für Männliches משתין בקיר (V. 22.34) ist sonst nur in dtr Texten belegt (1Kön 14:10; 16:11; 21:21; 2Kön 9:8)[24].

אמה ist das Wort des Dt für *"Sklavin, Magd"*. Es begegnet im Dt insgesamt 8mal (Dt 5:14bis.21; 12:12.18; 15:17; 16:11.14), während שפחה im ganzen dt-dtr Bereich nur in einer jungen Erweiterung des Dt vorkommt (Dt 28:68).

Die Wendung הושיע ידו לו *"sich mit eigener Hand helfen"* (V. 26.31.33) hat ihre wörtliche Parallele in Ri 7:2, also innerhalb eines Abschnitts (Ri 7:2—8a), der sich in seinem Kontext als Zusatz zu erkennen gibt[25] und mit seiner Kriegstheorie deutliche Nähe zur dtr Ideologie des Jahwekrieges aufweist (vgl. Dt 20:8)[26].[27]

---

[20] Ehrlich 1968 III (1910), 253, möchte aus V. 19 sogar folgern, dass Abigail es auf einen Liebeshandel mit David abgesehen habe. Diese wahrscheinlich doch zu weit gehende Behauptung wird von Schulz 1919, 360f., ausführlich widerlegt.

[21] Das in LXX^BA fehlende איבי vor דוד ist ein spät entstandener *Euphemismus,* vgl. Wellhausen 1871, 134; Budde 1902, 166; Nowack 1902, 127; Driver 1913², 199; Caird 1953, 1014; de Vaux 1961², 125; BHK; Hertzberg 1968⁴, 162; Ackroyd 1971, 197.

[22] Hier muss das in MT fehlende ל nach anderen Handschriften ergänzt werden, s. BHK.

[23] S. u. S. 60.84.

[24] Nach Dietrich 1972, 83, stammen alle Belege in den Königsbüchern von DtrP, der die Wendung aus 1Sam 25 übernommen habe.

[25] Richter 1966², 120. — Auch die verwandten Ausdrücke sind literarisch jung (Jes 59:16; 63:5; Ps 44:4; 98:1; Hi 40:14).

[26] Vgl. Hölscher 1952, 355; Stolz 1972, 127.

[27] Im Interesse ihrer Theorie vom *"Jahwisten"* als Verfasser des ganzen Kapitels 1Sam 25 lehnt Schulte 1972, 93, die Verwandtschaft zwischen Ri 7:2 und 1Sam 25:26.31.33 kategorisch ab.

Der Ausdruck מלחמות יהוה נלחם *"Jahwekriege führen"* (V. 28) wird im vorliegenden Zusammenhang formelhaft gebraucht, weil David ja momentan Führer seiner eigenen Söldner ist und keine echten *"Jahwekriege"* führt[28]. Anders liegt der Fall 1Sam 18:17, woher die Wendung in 1Sam 25:28 entlehnt sein könnte. Es geht also nicht um die Wirklichkeit des Jahwekrieges, sondern um seine theoretische Repristinierung, die wiederum ein Kennzeichen des dtr Zeitalters ist[29].

Die Dynastieverheissung von V. 28 כי עשה יעשה יהוה לאדני בית נאמן *"denn Jahwe wird meinem Herrn ein beständiges Haus machen"* hat zwei enge Entsprechungen in den schon untersuchten dtr Texten, nämlich in 1Sam 2:35 und 1Kön 2:24; dazu kommt noch eine einwandfrei dtr Parallele in 1Kön 11:38. Alle anderen Belege, die es überhaupt gibt, finden sich in 2Sam 7 (V. 11.16.26.27) und werden später zur Sprache kommen[30].

Die $n\bar{a}g\bar{\imath}d$-Verheissung in V. 30 וצוך לנגיד על ישראל *"und er wird dich zum $n\bar{a}g\bar{\imath}d$ über Israel bestellen"* hat eine terminologische Parallele in der oben diskutierten dtr Stelle 1Kön 1:35. Dass die Verheissungen über die Dynastie des Königs und über seine $n\bar{a}g\bar{\imath}d$-Würde sich keineswegs gegenseitig ausschliessen[31], zeigen 1Kön 1:35 und 1Kön 2:24, wo DtrG beide Kategorien auf Salomo appliziert. Von da her legt sich die Annahme gemeinsamer Verfasserschaft bei den genannten Stellen nahe.Von den restlichen $n\bar{a}g\bar{\imath}d$-Stellen in den geschichtlichen Überlieferungen sind alle Belege in den Königsbüchern dtr (1Kön 14:7; 16:2; 2Kön 20:5)[32]; in den Samuelbüchern steht der Titel bei David nur in sekundären Zusammenhängen (1Sam 13:14; 2Sam 5:2; 6:21; 7:8)[33], bei Saul ist er hingegen schon in der alten Überlieferung verankert (1Sam 9:16; 10:1)[34].

Selbst die unauffällige Wortverbindung שפך דם חנם *"unschuldiges Blut vergiessen"* (V. 31) hat ihre engste Parallele in dem schon als dtr erkannten Passus 1Kön 2:31b, auch wenn dort *"Blut"* im *pl.* steht. Gewöhnlich wird in diesem Zusammenhang נקי statt חנם für *"unschuldig"* verwendet.[35]

Die Akklamation ... ברוך יהוה אלהי ישראל אשר *"gepriesen sei Jahwe, der Gott Israels, der..."* (V. 32) begegnet vor der Chronik[36] nur an zwei dtr Stellen, in 1Kön 1:48 und 8:15; auch die nächsten Entsprechungen, die den nachfolgenden Relativsatz nicht haben, finden sich in späten Schlussdoxologien der Psalmen[37].

---

[28] Vgl. Smend 1966², 62. Anders Stolz 1972, 201, der in 1Sam 25:28 einen historisch zuverlässigen Beleg für *"Jahwekriege"* findet.

[29] S. von Rad 1969⁵, 68—78.

[30] S. u. S. 74.

[31] Gegen Amsler 1963, 30² und Stoebe 1973, 458.

[32] Vgl. Carlson 1964, 53. Zu 1Kön 14:7 und 16:2 s. Dietrich 1972, 86. Auch der in 2Kön 20:5 verblasst gebrauchte Titel muss spät (wahrscheinlich von DtrN) sein, anders noch Veijola 1971, 73.

[33] S. u. S. 55f.65.68.76f.

[34] S. z.B. Richter 1970, 46f.

[35] Insgesamt 10mal im AT.

[36] 2Chr 2:11≠1Kön 5:21; 2Chr 6:4≠1Kön 8:15.

[37] Ps 41:14; 72:18; 106:48; 1Chr 16:36.

Die kürzere Fassung der Formel ברוך יהוה אשר ... "*gepriesen sei Jahwe, der...*", die in V. 39 begegnet, gibt es in dieser Gestalt sonst nur in jungem Zusammenhang in Ex 18:10[38] und in Rt 4:14 sowie an einer dtr Stelle in 1Kön 8:56; dazu kommen zwei sehr enge dtr Parallelen in 1Kön 5:21[39] und 1Kön 10:9.[40]

Der Satzbau von V. 39 ist in vielem so ähnlich dem von 1Kön 5:21 (dtr), dass auch von daher die gemeinsame Autorschaft wahrscheinlich wird, vgl.:

1Sam 25:39	1Kön 5:21(22)
וישמע דוד	ויהי כשמע חירם
כי מת נבל	את דברי שלמה
	וישמח מאד
ויאמר	ויאמר
ברוך יהוה אשר...	ברוך יהוה היום אשר...
וישלח דוד...	וישלח חירם...
Als David erfuhr,	*Als Hiram die Worte*
Nabal sei gestorben	*Salomos erfuhr,*
	freute er sich sehr
sprach er:	*und sprach:*
Gepriesen sei Jahwe,	*Gepriesen sei heute Jahwe,*
der...	*der...*
Darauf sandte David...	*Darauf sandte Hiram...*

Die abschliessende moralisierende Bemerkung in V. 39a ואת רעת נבל השיב יהוה בראשו "*und die Bosheit Nabals hat Jahwe auf sein Haupt zurückfallen lassen*" (vgl. auch V. 21b) hat Entsprechungen nur in zwei ähnlichen dtr Schlussmeditationen (Ri 9:57[41]; 1Kön 2:44[42]).

Die Zeitbestimmung היום הזה "*heute*" (V. 32.33) ohne strenge zeitliche Bedeutung ist ein fester Bestandteil der dtr Phraseologie.[43]

Diese sprachlichen Indizien dürften den Schluss zulassen, dass die Bearbeitung von 1Sam 25 im Zuge der dtr Redaktion erfolgte.

Es gilt jetzt dieses Ergebnis noch im Lichte der *Tendenz* der Bearbeitung zu betrachten. Ihr Hauptziel besteht zweifellos in der Betonung der Unschuld

---

[38] Nach Noth 1948, 39[138], ist Ex 18:8bβ—11 Zusatz in E; m.E. klingt die Stelle sehr nach Dtr.

[39] Der ganze Passus 1Kön 5:15—26 ist eine dtr Formulierung, Noth 1968, 88.

[40] Im Lichte dieses Befundes reduziert sich die Zahl der alten Belege für die "*bārûk-Formel*" in den David-Salomo-Überlieferungen erheblich: nur in 2Sam 2:5 in Davids Mund (übrigens kann der ganze Abschnitt 2Sam 2:4b—7 Einschub sein), sonst in 1Sam 26:25 und 2Sam 18:28 (V. 28b ist allerdings nicht frei vom Verdacht einer sekundären Doppelung). Dieser Befund macht Scharberts Urteil (BZ 1973, 22), nach dem David und seine Sippe die Formel aus Betlehem oder aus Hebron mitgebracht und in die gehobene Sprache des Hofes eingeführt hätten, unwahrscheinlich.

[41] Nach dem typischen Erzählungsausgang Ri 9:55 ist V. 56—57 "eine Meditation des pragmatischen Nacherzählers" (Seeligmann ThZ 1962, 308f.).

[42] Zu 1Kön 2:44 s. o. S. 19f.

[43] S. Weinfeld 1972, 174f.

Davids. Dieses Thema wird von verschiedenen Seiten her beleuchtet. Durch seinen Schwur, alle Männlichen im Hause Nabals zu töten (V. 21—22.34), gerät David in die Gefahr, sich mit seiner eigenen Hand helfen zu wollen (V. 26.31.33) und unschuldiges Blut zu vergiessen (V. 31), was ihn unter die Blutschuld gebracht hätte (V. 26.33). Das wäre ihm aber später als König — so darf man ergänzen — zum *"Stolpern"* und *"Anstoss des Herzens"* geworden (V. 31), wenn nicht Jahwes Achtsamkeit und Abigails Klugheit ihn davor bewahrt hätten (V. 26.32.34). Endlich hat Jahwe selbst dem Bösewicht Nabal seine Bosheit aufs eigene Haupt zurückfallen lassen (V. 39a) und so für die gerechte Vergeltung gesorgt. Diese Gedankengänge stehen in vollem Einklang mit den Bemühungen des dtr Verfassers in 1Kön 2 und in den damit zusammenhängenden Texten, wo er ebenfalls um den Nachweis der Unschuld Davids und Salomos bemüht ist — nur mit dem Unterschied, dass dort die Sache mehr von der subjektiven Seite, d.h. von dem Dynastieträger her beschrieben wird, hier dagegen von der objektiven Seite, d.h. von Jahwe her, der dem kommenden König in vorausschauender Weise beisteht.

Das zweite Anliegen der Bearbeitung von 1Sam 25 ist die Vorhersage der künftigen Stellung Davids und seines Hauses. Wie Jahwe versprochen hat, Zadok ein *beständiges Haus* zu bauen (1Sam 2:35), so würdigt er jetzt David in Abigails Rede einer ähnlichen Verheissung, deren Erfüllung DtrG dann in 1Kön 2:24 feststellen kann. Auch soll David die *nāgīd*-Würde erhalten, ähnlich wie sie später Salomo durch Davids Machtwort zugesprochen bekommt (1Kön 1:35). All das wird im Rahmen des Schemas Verheissung/Erfüllung gesehen (1Sam 25:30 vgl. 1Kön 2:24), so dass die Geschichte zum Betätigungsfeld des göttlichen Verheissungswortes wird.

In der dtr Bearbeitung von 1Kön 2 und der damit zusammenhängenden Texte war auch die starke Hervorhebung des Gesichtspunktes zu spüren, dass die Gegner des Königshauses ohne das mehr oder minder eigenmächtige Zutun des Königs ihr verdientes Ende erfahren. In 1Sam 25 wird aus dieser Perspektive das Geschick Nabals gedeutet (V. 39a) und zum Paradigma dafür erhoben, wie es allen Feinden Davids ergehen soll (V. 26); Davids Leben dagegen wird *"im Beutel der Lebendigen"* bei Jahwe verwahrt sein (V. 29). Die aufgewiesenen Aussageintentionen dürften endgültig beweisen, dass die Bearbeitung von 1Sam 25 von der Hand des DtrG stammt.[44]

Exkurs: Zu Hannelis Schultes Auffassung über 1Sam 25 als Niederschlag *"jahwistischer"* Königsideologie[45]

Weil in Schultes Darstellung des *"Jahwisten"* als des grossen Geschichtsschreibers der frühen Königszeit das Kapitel 1Sam 25 "die Schlüsselgeschichte für die Samuelbücher" ist[46], fordert ihre Interpretation dieses Textes eine gesonderte Stellungnahme. Ihrer Meinung nach ist das Kapitel — abgesehen von dem Zusatz in V. 28—31 — ein einheitliches, dichterischer Phantasie entstammendes

---

[44] Vgl. Carlson 1964, 47³, ohne Analyse: "Abigail's words in 1Sam 25:24—31 have also probably been subjected to a certain amount of Deuteronomic revision." Der Verfasser der Aufstiegsgeschichte kommt keineswegs in Frage, gegen Amsler 1963, 25⁴; Weiser VT 1966, 337f.; **Grønbaek 1971, 174**.

[45] Schulte 1972, 90—94 u.ö.

[46] Schulte 1972, 212.

literarisches Produkt⁴⁷, das als Gegengewicht zu den düsteren Erzählungen von Michas Götterbild und der Schandtat von Gibea Ri 17—21 konzipiert sei⁴⁸. Weil in ihm eine Art Königsideologie vertreten werde, die in dem Gedanken der Unschuld des Königs ihr Zentrum habe, gehörten auch die anderen diesbezüglichen Retouchierungen in 1—2Sam (1Sam *24; 2Sam 1:5—10.13—16; 2Sam 3:39⁴⁹; 16:10⁴⁹; 19:23⁴⁹) demselben Verfasser.⁵⁰ Auf Grund seiner Darstellungskunst und Sprache folgert Schulte, dass der Erzähler von 1Sam 25 der *"Jahwist"* und dieser dementsprechend ein Königsideologe gewesen sei.⁵¹

Diese Theorie von Schulte hat ihre grösste Schwäche in der unterbliebenen literarkritischen Analyse von 1Sam 25; so kann sie das Kapitel als literarische Einheit betrachten und sich damit den Weg für weitere unhaltbare Hypothesen ebnen: Die altertümlichen Züge in Terminologie und Erzähltechnik — die der ursprünglichen Geschichte tatsächlich nicht abzusprechen sind — werden ebenso für die Kunst des Verfassers aus dem 10. Jahrhundert *("Jahwist")* reklamiert wie die — nur in den dtr Teilen festzustellende — Betonung der Unschuld des Königs für seine angebliche Königsideologie. Selbst wenn 1Sam 25 literarisch einheitlich wäre, könnte man Schultes Interpretation nicht akzeptieren; denn die Behauptung, dass von 1Sam 25 her "die zurückliegende Zeit als Periode der Selbsthilfe, als die rechtlose Zeit" erscheine⁵², ist eine leere Abstraktion, die der Text nicht hergibt.

3.2 1SAM 13:13—14

Die erste Stelle, an der David die *nāgīd*-Würde zugesprochen und damit die Reihe der ihn und seine Dynastie betreffenden göttlichen Legitimationsaussagen eröffnet wird, findet sich in 1Sam 13:14 in Verbindung mit Sauls Verwerfung. Dass die ganze aus dem Zusammenhang fallende Gilgal-Episode 1Sam 13:7b—15a mitsamt ihrer ebenso isolierten Vorbereitung in 1Sam 10:8 ein sekundärer Einschub ist, bedarf keines Nachweises mehr.⁵³ Mit dieser Feststellung sind jedoch noch nicht die Unebenheiten beseitigt, die in diesem Textabschnitt selbst zu beobachten sind. Er will in seiner jetzigen Gestalt offensichtlich die Verwerfung Sauls schildern, tut es aber so, dass die Sympathie des Lesers auf Sauls Seite bleibt.⁵⁴ Nach 10:8 soll Saul nach Gilgal gehen, wohin Samuel ihm zu folgen verspricht, um die Opfer zu verrichten und Saul weitere Anweisungen zu geben. Zuerst soll Saul jedoch in Gilgal sieben Tage lang auf Samuels Ankunft warten. Saul handelt genau nach dieser Vorschrift, aber weil Samuel innerhalb der angegebenen Frist nicht erscheint (13:8), wagt er — von den Feinden bedroht und von seinem eigenen Kriegsvolk im Stich gelassen (V. 8.11) — die Opfer selber vorzunehmen (V. 9f.).

---

⁴⁷ Schulte 1972, 91.
⁴⁸ Schulte 1972, 93.
⁴⁹ S. o. S. 31.33f.
⁵⁰ Schulte 1972, 213.
⁵¹ Schulte 1972, 214—216. — Die *"jahwistische"* Herkunft des Kapitels ist schon früher häufig angenommen worden, u.a. von Budde 1902, 163; Dhorme 1910, 236; Mowinckel 1936, 217 und Hölscher 1952, 376; vgl. auch Niebuhr OLZ 1915, 66, der mit einer starken *"jahwistischen Glossierung"* des Kapitels rechnet.
⁵² Schulte 1972, 93.
⁵³ S. u.a. Wellhausen 1871, 82; Schulz 1919, 182; Gressmann 1921², 51f.; Hölscher 1952, 368; Schunck 1963, 91f.; Noth 1967³, 63¹.
⁵⁴ Hertzberg 1968⁴, 83: "Wir haben hier also einen offenbaren Gegensatz zwischen dem eigentlichen Inhalt des verwendeten Stoffes und dem, was der Verfasser damit ausrichten möchte." Vgl. auch Stoebe 1973, 252f.

Dann kommt Samuel (V. 10), dessen hartes Urteil (V. 13f.) nach dieser Vorgeschichte sehr merkwürdig klingt. Statt weitere Anweisungen zu geben, die er in 10:8 versprochen hat, wirft er Saul vor, er habe *Jahwes* Gebot nicht gehalten, von dem früher allerdings nichts gesagt wurde. Hätte Saul das getan, so hätte Jahwe sein Königtum über Israel für immer (עד עולם) befestigt (V. 13)[55]; jetzt wird sein Königtum aber keinen Bestand haben, sondern Jahwe hat sich schon einen Mann seines Herzens ausgesucht und zum *nāgīd* über sein Volk Israel bestellt (V. 14). Das alles deutet darauf hin, dass der Passus V. 13—14, der ausserdem ungeschickt die ausführlich geschilderte Verwerfung Sauls in 1Sam 15 vorwegnimmt, nicht der ursprüngliche Abschluss der Gilgal-Episode ist, sondern eine spätere Uminterpretation.

Die sekundären Verse 13—14 sind ausser in Davids *nāgīd*-Titel noch in einigen anderen mit den uns schon bekannten dtr Texten verbunden. Von dem ausersehenen *nāgīd* wird anonym als von einem *"Mann nach seinem* (= Gottes) *Herzen"* (איש כלבבו) gesprochen, wie in 1Sam 2:35 von dem treuen Priester, der *"nach meinem* (= Gottes) *Herzen... tun wird"* (כאשר בלבבי... יעשה).[56] Sauls Königtum wird in V. 13 wie selbstverständlich dynastisch aufgefasst[57], nur dass Saul sich die Gelegenheit zum *"ewigen"* (עד עולם) Königtum durch seinen Ungehorsam verscherzte. Das ist unverkennbar die dtr Art zu reden (vgl. 1Sam 2:30.35; 2Sam 3:28; 1Kön 2:4.33.45).[58]

Est ist hier jedoch eine noch nähere Präzisierung erforderlich. Dem Verwerfungsurteil von 1Sam 13:13—14 mangelt ein konkreter Inhalt; die Frage, worin Sauls Sünde eigentlich bestanden habe, wird recht allgemein mit der Nichtbefolgung des Gebotes Jahwes beantwortet. Man wird direkt an die nomistische Interpretation der Dynastieverheissung in 1Kön 2:3.4aβ (DtrN) erinnert. Ein weiterer Fingerzeig in dieser Richtung ist die Parallelität mit dem sicher von DtrN stammenden Vers 1Kön 11:38[59]; hier wird dem späteren "Anti-David"[60] Jerobeam

---

[55] Die einfachste Lösung zu dem syntaktisch problematischen V. 13b bleibt die Änderung der Vokalisation von לֹא zu לְ (vgl. Budde 1902, 87; Dhorme 1910, 111; Gressmann 1921², 48; Mowinckel 1936, 181; de Vaux 1961², 69; BHK). Dieselbe Konstruktion 1Sam 14:30, wo ca. 15 Handschriften לא statt לוא lesen, zeigt, dass die Verwechselung zwischen diesen beiden Partikeln durchaus möglich war; vgl. zur Konstruktion weiter auch Gen 31:42; 43:10; Nu 22:29 (s. Ges-K 518f.).

[56] Die Bezeichnung *"nach Gottes Herzen"* findet Anwendung auf den idealen Herrscher nur noch in Jer 3:15 (nachdtr). Selbst der Ausdruck *"Gottes Herz"* wird geläufig erst im Jer und in der dtr Literatur, s. die Belege bei Wolff 1973, 90—95.

[57] Vgl. Mildenberger 1962, 56, der aus diesem Grund die Stelle seinem *"nebüstischen"* Redaktor zuweist und bemerkt: "Hier wird von dem Königtum Sauls in der Terminologie der Nathanweissagung geredet."

[58] Vgl. Carlson 1964, 53; Richter BZ 1965, 74⁹; Grønbaek 1971, 125; Schulte 1972, 139⁴. Der Vorschlag von Seebass ZAW 1966, 154—157, nach dem V. 13abβ, der als Siegeszusage (!) aufzufassen sei, den alten Kern von V. 13—14 darstelle, scheitert an der eindeutig dtr Prägung von V. 13bβ (vgl. die Kritik an Seebass bei Stoebe 1973, 253⁶⁹); höchstens könnte man fragen, ob in V. 13a vielleicht etwas von dem älteren Spruch enthalten ist.

[59] S. Dietrich 1972, 28f.87.

[60] Die Bezeichnung, die Debus 1967, 54, verwendet.

(I) am Anfang seiner Regierung immerhin eine Dynastie unter der Bedingung in Aussicht gestellt, dass er Jahwes Gebote hält. Die gemeinsame Verfasserschaft an allen drei Stellen ist auch durch die Terminologie gesichert.[61] 1Sam 13:13—14 ist demnach eine von DtrN formulierte Aussage, die Davids Erwählung — auch wenn dies nicht explizit vorkommt — gegen den dunklen Hintergrund der Verwerfung Sauls stellen möchte.

3.3 1SAM 28:17—19aα

In 1Sam 28:17 begegnet eine ähnliche Anspielung auf Davids Königtum wie in 1Sam 13:14: Jahwe hat Saul das Königtum weggenommen und es David gegeben. Das Wort versteht sich als Erfüllung der in 1Sam 15:27—28 erzählten Zeichenhandlung mit dem Verwerfungsurteil Sauls durch Samuel.[62] Ein besonderer Beweis dafür, dass es sich in V. 17—19aα um eine nachträgliche Erweiterung des Samuel-Orakels V. 16.19aβb handelt, erübrigt sich[63]. Untersucht werden soll nur die *Herkunft* der Erweiterung.

Im Blick auf 1Sam 13:13—14 könnte man zunächst geneigt sein, auch in 1Sam 28:17—19aα die Handschrift des DtrN zu erkennen.[64] Dafür liesse sich u.U. auch die nomistisch klingende Wendung שמע בקול יהוה *"auf die Stimme Jahwes hören"* ins Feld führen.[65] Bei näherem Zusehen jedoch melden sich einige Bedenken. Die eben zitierte Wendung hat eine so weite Verbreitung überall in der dtr Literatur[66], dass ihre Beweiskraft zugunsten des DtrN gering bleibt. In 1Sam 13:13—14 tritt die nomistische Terminologie viel stärker hervor als in 1Sam 28:17—19aα, wo das *prophetische* Element vorherrschend ist[67]. In V. 17a ist כאשר דבר בידי [68] ויעש יהוה לך *"und Jahwe hat dir getan, wie er durch mich geredet hat"* ein Erfüllungsvermerk, der formal mit ähnlichen Vermerken des DtrP nahe verwandt ist[69]. In V. 17b folgt darauf noch einmal die Verwerfungsaussage von 1Sam 15:28, anscheinend deswegen, weil die Vorlage in V. 16.19aβb den Zusammenhang mit 1Sam 15 nicht klarmachen konnte. Formal

---

[61] 1Sam 13:13: שמר את מצות יהוה vgl. 1Kön 2:3; 11:38; 1Sam 13:13(14): (יהוה) אשר צוך (את) vgl. 1Kön 11:38.

[62] Eissfeldt 1931, 17, folgert daraus, 1Sam 28:3—25 gehöre derselben *Quelle* an wie 1Sam 15; dabei bleibt der literarische Charakter der betreffenden Verse (17—19aα) unberücksichtigt.

[63] S. Budde 1902, 182; Dhorme 1910, 244; Schulz 1919, 392; Gressmann 1921², 112; Mowinckel 1936, 226; Hertzberg 1968⁴, 176f.; Dietrich 1972, 86; Stoebe 1973, 495. Unakzeptabel ist die Abgrenzung des Zusatzes durch Segal JQR 1917/18, 90, auf V. 18—19aα und durch Schulte 1972, 106⁸, auf V. 16—19aα.

[64] Ohne Hinweis auf 1Sam 13:13—14 plädiert Dietrich 1972, 86, mit Vorbehalt für DtrN.

[65] Vgl. Dietrich 1972, 89⁸¹.

[66] In allen Bereichen des Deuteronomismus ca. 50 Belege (Bright JBL 1951, 35), daneben auch einige quellenhafte Belege, z.B. bei Jeremia (3:25; 22:21; 38:20), s. Thiel 1973, 86.

[67] Vgl. Stoebe 1973, 495, der in 1Sam 28:17—19aα "Vorstellungen späterer prophetischer Verkündigung" findet.

[68] S. BHK.

[69] Vgl. bes. 1Kön 15:29; 16:12; 2Kön 9:36; 10:17; 24:2 (dazu Dietrich 1972, 58—63).

ist V. 17b eine Wiederholung von 1Sam 15:28, jedoch mit geringfügigen Abweichungen, vgl.:

1Sam 28:17b	1Sam 15:28
ויקרע יהוה את הממלכה	קרע יהוה את ממלכות ⁷⁰ ישראל
מידך ויתנה לרעך לדוד	מעליך היום ונתנה לרעך הטוב ממך
Jahwe hat dir das Königtum entrissen und es dem anderen gegeben, dem David.	*Jahwe reisst heute das Königtum über Israel von dir und wird es einem anderen geben, der besser ist als du.*

Es gibt noch eine zweite Stelle, die in Anlehnung an 1Sam 15:28 entstanden ist, nämlich das von DtrP verfasste Ahia-Orakel in 1Kön 11:31[71]:

הנני קרע את הממלכה מיד שלמה ונתתי לך את עשרה השבטים

Siehe, ich will Salomo das Königtum entreissen und dir die zehn Stämme geben.

Wichtiger als die durch den verschiedenartigen Kontext bedingten Unterschiede zwischen 1Kön 11:31 einerseits und 1Sam 15:28 und 1Sam 28:17b andererseits sind die Gemeinsamkeiten zwischen 1Sam 28:17b und 1Kön 11:31 gegenüber ihrer Vorlage in 1Sam 15:28: in 1Sam 28:17b wie auch in 1Kön 11:31 wird ממלכות ישראל durch הממלכה und מעל durch מיד ersetzt. Hierin kann man wohl ein Indiz für gemeinsame Verfasserschaft sehen. In V. 18 wird die Erfüllung der Gerichtsbotschaft durch einen zweigliedrigen Satz mit כאשר... על כן *"weil... darum"* festgestellt. Diese Formulierung hat zwar keine genaue Parallele bei DtrP, aber die Trennung der Rede in einen begründenden und einen ankündigenden Teil, die auch hier in modifizierter Gestalt vorliegt, ist charakteristisch für DtrP[72]. Terminologisch wird in V. 18 auf 1Sam 15:19.20.22 zurückgegriffen[73], wobei die Wendung עשה חרון אפו *"seinen (= Jahwes) grimmigen Zorn vollstrecken"* verwendet wird, die ebenfalls prophetischer Provenienz ist (Hos 11:9). V. 19aα dient dazu, die Brücke zum alten Bestand des Orakels zu schlagen, wobei die Auslassung von את מחנה *"das Lager"* (V. 19b) die Schwere der Niederlage von 1Sam 31 unterstreichen will. Diese Wehrnehmungen dürften genügen, um DtrP als Verfasser des Zusatzes V. 17—19aα wahrscheinlich zu machen.[74]

---

[70] Die *"Mischform"* ממלכות ist noch kein hinreichender Grund zu Textänderungen (vgl. Jos 13:12.21.27.30.31; 2Sam 16:3; Jer 26:1; Hos 1:4), anders u.a. Wellhausen 1871, 100; Budde 1902, 112; Dhorme 1910, 136; Gressmann 1921², 59; BHK.

[71] S. Dietrich 1972, 15—20.54f.

[72] Dietrich 1972, 64.

[73] Durch שמע בקול יהוה.

[74] Dieses Ergebnis steht nur scheinbar in Übereinstimmung mit der Erwägung von Schunck 1963, 95⁹², ob nicht V. 17—19 von einem zweiten dtr Bearbeiter stamme; denn Schuncks Vermutung ist mit der nicht annehmbaren Voraussetzung verbunden, dass 1Sam 28:3—25 eine im wesentlichen von dem eigentlichen Dtr (bei Schunck R^II) konzipierte Erzählung sei (Schunck 1963, 95). — Ohne genauere Differenzierung wird die dtr Herkunft des Zusatzes von Schulte 1972, 106⁸; Weinfeld 1972, 15⁵ und offenbar auch von Carlson 1964, 94, vermutet. Nach Amsler 1963, 25⁴, ist 1Sam 28:17 eine Stellungnahme des Verfassers der Aufstiegsgeschichte; wie das überhaupt zu denken ist, wo ja auch Amsler 1963, 23, 1Sam 15 nicht zur Aufstiegsgeschichte rechnet, bleibt nur zu fragen.

Inhaltlich bemerkenswert ist in diesem Zusammenhang der zurückhaltende Charakter der Anspielung auf David in V. 17. David wird lediglich schlicht mit seinem Namen erwähnt — ohne das lobende Attribut der Vorlage *"der besser ist als du"* und auch ohne die theologisch hochbeladenen Ausdrücke, wie sie z.B. DtrN von ihm in 1Sam 13:14 gebraucht. Es bleibt für den weiteren Verlauf der Untersuchung die Frage, ob sich auch sonst bei DtrP die hier spürbare Zurückhaltung gegenüber David beobachten lässt.

3.4 2SAM 3:9—10

In 2Sam 3:9—10 findet sich im Munde Abners eine das Königtum Davids betreffende göttliche Legitimationsaussage, die an die schon erörterten Stellen erinnert. Abner zitiert einen Jahwe-Schwur, nach dem das Königtum dem Hause Sauls abgenommen und der Thron Davids über Israel und Juda von Dan bis Beerseba aufgerichtet werden soll. Die Aussage gehört zu der in 2Sam 3:7—11 erzählten Episode vom Streit zwischen Abner und Isbaal, der sich an der Frage entzündet hat, ob Abner mit Sauls Kebsweib Rizpa verkehren darf. Isbaal stellt Abner aus diesem Anlass eine tadelnde Frage (V. 7), die dieser mit einer noch stärkeren Herausforderung beantwortet (V. 8), um dann zu versichern, dass er Davids Königtum über Israel und Juda mit aufrichten wolle. Darauf wagt Isbaal in seiner Angst nichts mehr zu antworten (V. 11).

Aber worauf konnte Isbaal nicht erwidern? Etwa auf den vorangehenden Schwur (V. 9—10), der gar nicht auf eine Antwort warten lässt? Eine wirkliche Frage steht hingegen in V. 8: [75] הראש כלב אנכי *"Bin ich denn ein Hundskopf?",* fortgeführt mit Abners erzürntem Hinweis auf das Missverhältnis zwischen seinen eigenen Verdiensten um die Sauliden und der Kleinlichkeit Isbaals. Darauf würde man von Isbaal eine Antwort erwarten.[76] Hinter V. 9—10 aber wirkt Isbaals Unfähigkeit, Abner eine Antwort zu geben, schwer begreiflich; denn Abner kündigt ja nichts anderes an als eine Revolution gegen Isbaal[77]! Ausserdem könnte Isbaal nach einer solchen Kampfansage kaum in vollem Einverständnis mit Abner handeln, wenn es später um die Auslieferung Michals an David geht (V. 14—16). All diese Widersprüche sind ausgeräumt, wenn man V. 9—10 als Zusatz beurteilt.[78]

[75] Die in LXX fehlende Fortsetzung אשר ליהודה ist eine aus dem Missverständnis von כלב als "Kaleb" entstandene Glosse, s. Nowack 1902, 161; Dhorme 1910, 292; Schulz 1920, 35; Mowinckel 1936, 240; BHK.
[76] Vgl. Schmidt 1970, 130.
[77] Vgl. Schulz 1920, 36.
[78] Zu diesem Ergebnis kommt aus literarischen Gründen — die allerdings bei ihm teilweise unzulänglich sind — auch Cook AJSL 1988/1900, 148f. Budde 1902, 210, beschränkt die Gültigkeit der Argumente von Cook auf V. 10b, wo nach ihm "vielleicht alles hinter דוד Zusatz ist". Dhorme 1910, 292f. und Schulz 1920, 36, halten dagegen V. 10 im ganzen für eine spätere Beischrift. Aus historischen Gründen beurteilt Grønbaek 1971, 238, V. 9—10 als sekundär. Für die Echtheit von V. 9—10 plädieren u.a. Nübel 1959, 69 und Mildenberger 1962, 117.

Woher stammt dann Abners Schwur?[79] In V. 9 begegnet die ungewöhnliche Schwureinleitung mit dem Namen des Schwörenden statt ל + *pron.suff.* — wie schon früher bei DtrG in 1Sam 25:21 und ausserdem nur noch in 1Sam 20:13[80]. Formal ist V. 9b ganz ähnlich gebaut wie die dtr Erweiterung des David-Schwures in 1Kön 1:30, vgl.:

2Sam 3:9b   1Kön 1:30
כי כאשר נשבע יהוה לדוד כי כן   כי כאשר נשבעתי לך... כי כן
אעשה לו (היום הזה) [81]   אעשה היום הזה
Wie Jahwe dem David geschworen   *Wie ich dir geschworen habe... so will*
hat, so will ich für ihn (heute) tun.   *ich heute tun.*

In V. 10 wird — ganz unsachgemäss[82] — zwischen Israel und Juda differenziert, wie bei DtrG in 1Kön 1:35 und 2:32. Weiter wird das Wort כסא *"Thron"* im übertragenen Sinn für *"Königtum"* gebraucht, wie öfters bei DtrG (1Kön 1:37bis.47bis; 2:33.45). Dazu kommt noch, dass in V. 10 eine Jahwe-Zusage zitiert wird, die nirgendwo *in actu* mitgeteilt ist[83]. Ebenso wenig gibt es textliche Grundlagen für die bereits behandelten Rückverweise auf göttliche Zusagen in 1Sam 2:30 und 1Sam 25:30[84] sowie für den angeblich einst geleisteten Schwur, an den DtrG den David in 1Kön 1:30 sich erinnern lässt. Auch technisch gesehen folgt die Erweiterung dem schon bekannt gewordenen Verfahren des DtrG: Anknüpfung an eine schon bestehende Redeeinheit. Aus dem Gesagten ergibt sich eindeutig, dass 2Sam 3:9—10 eine von DtrG[85] gebildete Legitimationsaussage ist, die zum Ausdruck bringen will, dass der göttliche Plan auch auf der gegnerischen Seite und ohne Davids Zutun zum Ziel kommt.

3.5 2SAM 3:17—19

In den Beratungen, die Abner im Zuge seiner diplomatischen Tätigkeit für David mit den Ältesten Israels führt, begründet er in 2Sam 3:18 Davids Herrschafts-

---

[79] Nach Grønbaek 1971, 238, vom Verfasser der Aufstiegsgeschichte (vgl. auch Amsler 1963, 25[4] und Weiser VT 1966, 338).

[80] S. u. S. 84.

[81] Die Lesart von LXX^BL ($\dot{\varepsilon}\nu$ $\tau\tilde{\eta}$ $\dot{\eta}\mu\acute{\varepsilon}\rho\alpha$ $\tau\alpha\acute{\upsilon}\tau\eta$), die u.a. von Klostermann 1887, 138 und Dhorme 1910, 292, für ursprünglich gehalten wird.

[82] Caspari 1926, 431: "In Juda findet Abner für David nichts mehr zu tun." Voreilig ist allerdings Casparis Schlussfolgerung, ועל יהודה sei einfach zu streichen (ähnlich Mowinckel 1936, 240).

[83] Vgl. Schmidt 1970, 127, der dann aber kurzsichtig die literarische Abhängigkeit der Stelle von 2Sam 7 behauptet: V. 10 sei nach dem Vorbild von 2Sam 7:16 gebildet (Schmidt 1970, 130f.). In Wirklichkeit beschränkt sich die Ähnlichkeit auf das Wort כסא; ausserdem bedarf auch das Postulat der Altertümlichkeit von 2Sam 7:16 einer Überprüfung (s. u. S. 73.75).

[84] Vgl. zum Zusammenhang zwischen 2Sam 3:9—10 und 1Sam 25:30 auch Dhorme 1910, 292; de Vaux 1961², 157; Grønbaek 1971, 238.

[85] Vgl. Schulte 1972, 166, die 2Sam 3:10 zur Gruppe "spätere Zusätze vorwiegend deuteronomistischen Charakters" rechnet.

anspruch auf die Nordstämme mit einer an David ergangenen Jahwe-Zusage; sie ist in die Gestalt der *Retterformel* gefasst: *"Durch meinen Knecht David will ich[86] mein Volk Israel aus der Hand der Philister und aller seiner Feinde erretten."* Zunächst soll der engere Kontext, in den diese Formel eingebettet ist, näher untersucht werden.

Abners Beratungen in V. 17—19 bilden in dem vorliegenden Zusammenhang eine offensichtliche *Nachholung,* wie schon die Inversion in V. 17 mit aller Deutlichkeit zeigt. Auch geographisch sind die Verhandlungen mit den Ältesten Israels (V. 17—18) nur in einer früheren Phase vorstellbar, denn nach V. 16 hatte Abner mit seiner Reisegefährtin Michal schon das in der Südausbuchtung des benjaminitischen Stammesgebietes liegende Bahurim[87] erreicht, wo er, wohl angesichts der baldigen Ankunft bei David in Hebron, Michals weinenden Ehemann Paltiel zur Heimkehr zwingt. Im Unterschied zu V. 17—18 sind die in V. 19 genannten Verhandlungen mit Benjamin geographisch einigermassen am Platze; befremdlich ist dabei allerdings, dass die Sonderberatungen mit Benjamin in den Kontakten zwischen Abner und David sonst keine Rolle spielen (vgl. V. 12.21)[88]. Im ganzen passen die Verhandlungen in V. 17—19 schlecht zu der in V. 14—16 erzählten Reise Michals zu David. In V. 19b wird zwar wieder Anschluss an den "Reisebericht" gesucht, aber in einer derart starren Form, dass der Versteil wie eine Vorwegnahme von V. 20a wirkt[89]. Gravierender noch ist es, dass Michals Ankunft bei David und damit der politische Hintergrund und die Folgen dieser Reise (vgl. V. 13) unerwähnt bleiben.[90] Schliesslich ist noch die Reaktion Isbaals und seiner Untertanen auf den gewaltsamen Tod Abners in 2Sam 4:1 zu bedenken: Isbaal wurde mutlos (וירפו ידיו) und ganz Israel erschrak (נבהלו). Wäre Isbaal über die Reichweite der Umtriebe Abners informiert gewesen, wie in 2Sam 3:9—10 und wohl auch in 2Sam 3:17—19 vorausgesetzt wird, hätte er eigentlich gerade jetzt wieder Mut bekommen müssen.[91] Auch kann man nicht sagen, der Grund zum Erschrecken sei beim Volk, ganz anders als bei Isbaal, die Erkenntnis gewesen, dass nun der Kopf der Konspiration gegen Isbaal fehle; denn die Reaktion auf die Nachricht von Abners Tod ist dort wie hier analog dargestellt. Die Betroffenheit von König und Volk hat ihren Grund vielmehr im Verlust des eigenen Heerführers. Somit kommt man zu dem Ergebnis, dass Abner zu seiner

---

[86] Statt ישׁוּהי ist mit ca. 35 Handschriften + Übersetzungen ישׁאוּ zu lesen, vgl. Wellhausen 1871, 159; Nowack 1902, 162; Dhorme 1910, 295; Mowinckel 1936, 241; Smith 1951⁴, 278; BHK.

[87] Das heutige *Rās eṭ-ṭmīm* (s. Abel 1967³, 260).

[88] Schon aus diesem Grund ist Aufteilung bei Nübel 1959, 70, sicher unrichtig, wonach in V. 17—19 zur *"Grundschrift"* V. 19a+אמר.17b.18a.19b (ohne ישׂראל בעיני) gehöre, so dass also Abner nur mit Benjamin verhandelt habe.

[89] Vgl. Schunck 1963, 130¹⁰⁵, der deshalb hinsichtlich V. 19b die Möglichkeit eines Zusatzes erwägt.

[90] Vgl. Smith 1951⁴, 277: "It is not unlikely that this account (vv. 14—16) was originally continued in such a form as to make Abner's visit to David the conclusion of the journey with Michal."

[91] Nach Schulz 1923, 41, war Isbaal ein Schwächling, der nichts gegen Abner zu unternehmen wagte; das macht aber seine Reaktion nach Abners Tod nicht verständlich.

Mission bei David in Wirklichkeit keine Befugnisse des Volkes besass, sondern sie erst von einem späteren Verfasser in V. 17—19 zugesprochen erhielt.[92]

Was die Herkunft des Zusatzes anlangt, ist bereits die Nähe zu der in 2Sam 3:9—10 (dtr) begegnenden Vorstellung vom öffentlichen Auftreten Abners gegen Isbaal verräterisch. Weiter sind diese beiden Zusätze auch dadurch miteinander verbunden, dass sie übereinstimmend Davids Herrschaftsanspruch auf Israel mit einer fiktiven Jahwe-Zusage begründen.[93] Diesmal dient dazu eine *Retterformel*, die auf der Grundlage von 1Sam 9:16 formuliert ist[94], vgl.:

2Sam 3:18

ביד דוד עבדי אושיע[95] את עמי
ישראל מיד פלשתים ומיד כל איביהם

Durch meinen Knecht David will ich mein Volk Israel aus der Hand der Philister und aller seiner Feinde erretten.

1Sam 9:16

(ומשחתו לנגיד על עמי ישראל)
והושיע את עמי מיד פלשתים

(Du sollst ihn zum nāgīd über mein Volk Israel salben) und er wird mein Volk aus der Hand der Philister erretten.

Der Unterschied zwischen der *Retterformel* von 2Sam 3:18 und ihrer Vorlage in 1Sam 9:16 besteht darin, dass hier Saul selbst der Retter ist, der aus der Hand der Philister befreit, während dort Jahwe der eigentliche Retter ist, der sich Davids nur als eines Werkzeuges bei der Befreiung — und jetzt: der Befreiung von *allen* Feinden — bedient[96]. 2Sam 3:18 ist demnach eine theologisch überhöhende Nachahmung der alten *Retterformel* von 1Sam 9:16. Das fügt sich bestens zu der schon früher sichtbar gewordenen dtr Theorie, nach der die Feinde Davids infolge eines göttlichen Eingreifens umkommen, ohne dass David *"sich mit seiner eigenen Hand hilft"* (1Sam 25:26.31.33). Darüber hinaus zeigt die Benutzung von 1Sam 9:16, dass der Verfasser, der imstande war, sein Davidbild im Lichte der Saul-Überlieferung zu gestalten[97], ein Mann gewesen sein muss, der nicht allein die Aufstiegsgeschichte Davids bearbeitet hat[98].

Als Ergänzung der Vorlage erscheint in 2Sam 3:18 auch der Titel עבד *"(Jahwes) Knecht"*, der weder in der Saul- noch in der alten David-Überlieferung

---

[92] Vgl. Dhorme 1910, 294 und de Vaux 1961², 158, die V. 17—19 als redaktionell ansehen; ähnlich Cook AJSL 1899/1900, 149 und Grønbaek 1971, 239, V. 17—18.

[93] Wegen des fiktiven Charakters des Jahwe-Zitats wird V. 18 von Mildenberger 1962, 28 und Schmidt 1970, 133, als Einschub betrachtet.

[94] Vgl. Schmidt 1970, 136f.; Grønbaek 1971, 239. Unerfindlicherweise behauptet Nübel 1959, 69, hinter V. 18b stehe die Salbungsgeschichte 1Sam 16.

[95] S. o. S. 61[86].

[96] Vgl. damit 2Sam 19:10, wo David selbst ganz unbefangen als Befreier aus Feindesnot dargestellt wird. Die Verschiedenartigkeit der Terminologie und des Inhalts macht es vollends klar, dass 2Sam 19:10 nicht auf 2Sam 3:18 zurückblicken kann (anders Schulte 1972, 211).

[97] Vgl. Zimmerli 1972, 75.

[98] Anders Weiser VT 1966, 338 und Grønbaek 1971, 239, die an den Verfasser der Aufstiegsgeschichte denken.

als Titel vorkommt, dagegen aber sehr häufig in der dtr Literatur als Ehrentitel Davids belegt ist[99].

Selbst die Kompositionstechnik, in Form einer *Nachholung* ein retardierendes Moment in die Handlungsfolge einzuschieben, ist eine Erscheinung, für die uns ein Beispiel schon begegnet ist (1Sam 25:21—22).

Aus alledem ergibt sich eindeutig, dass in 2Sam 3:17—19 DtrG schreibt. Sein Anliegen war es in diesem Fall zu zeigen, dass Abner nicht etwa aus eigenem Antrieb für David intrigierte, sondern dass er bei seiner Mission den Willen Jahwes ausführte (V. 18) und — was gegenüber V. 9—10 neu ist — eine breite Unterstützung des Volkes (V. 17.19)[100] hinter sich hatte[101]. Es ging also um keinen Landesverrat, sondern um eine weder theologisch noch politisch zu beanstandende Staatsaktion. Kein Wunder, dass DtrG in 1Kön 2:32 von Abner sagen kann, er sei *"gerechter und besser"* gewesen als Joab, der diesem Unternehmen ein vorzeitiges Ende bereitete.

3.6 2SAM 5:1—2

Der letzte Schritt zur Personalunion zwischen Israel und Juda wird in 2Sam 5:1—3 geschildert, wo *"alle Stämme Israels"* zu David nach Hebron kommen, um ihn ihrer schon längst vorhandenen Loyalität zu versichern und seinen durch eine Jahwe-Zusage gedeckten Königsanspruch auf ganz Israel anzuerkennen. Danach schliesst der König einen Bund mit den Ältesten, die ihn daraufhin zum König über Israel salben.

In dieser Passage fällt sofort die in V. 1a und 3aα vorliegende Doppelung ins Auge, die nicht ursprünglich sein kann.[102] Der Hauptunterschied zwischen den beiden einleitenden Aussagen besteht darin, dass nach V. 1a *"alle Stämme*

---

[99] Als Titel — nicht als Selbstbezeichnung — Davids in den Geschichtsbüchern: 1Kön 3:6; 8:.24.25.26.66; 11:13.32.34.36.38; 14:8; 2Kön 8:19; 19:34 (=Jes 37:35); 20:6; zu 2Sam 7:5.8 s.u.S.76f. Zimmerli ThW V, 662, scheint 2Sam 3:18 als Ausgangspunkt der Anwendung dieses Titels auf den König zu betrachten. Die Stelle ist aber nicht so "sicher vordeuteronomistisch", wie er meint; vgl. auch Schmidt 1970, 135, der in Davids Titel "eine Prolepse späterer Verhältnisse" findet.

[100] Die Verhandlungen mit Benjamin (V. 19) werden wahrscheinlich deswegen besonders erwähnt, weil DtrG aus seinen Quellen wusste, dass Benjamin als Sauls Stamm zu den treuesten Anhängern Isbaals gehörte (vgl. 2Sam 2:9.15.25).

[101] Ganz abwegig ist es, die "demokratische" gegen die "theologische" Begründung auszuspielen und darin eine Doppelung zu sehen (so Nübel 1959, 70).

[102] Vgl. Kutsch ZThK 1961, 142: "Man hat den Eindruck, dass hier (= V. 1—2) eine ältere Notiz über die Salbung Davids zum König durch die Ältesten von Israel erweitert worden ist." Ähnlich urteilten schon die Älteren (u.a. Nowack 1902, 167; Schulz 1920, 54). Die Beobachtung wurde gern auch als Kriterium für die Quellenscheidung in V. 1—2/3 verwertet, so u.a. von Dhorme 1910, 306; Mowinckel 1936, 243 und Hölscher 1952, 375; nicht aber von Budde 1902, 218f., wie Carlson 1964, 53[2] und Schulte 1972, 165, fälschlich mitteilen (zu Buddes Auffassung s. u.); auch nicht von Eissfeldt 1931, 28, für den "die Annahme eines sekundären Zusatzes hier näher liegt als die des Einsatzes aus einer Parallelerzählung".

Israels" zu David nach Hebron kommen, während es nach V. 3aα lediglich "alle Ältesten Israels" sind. Die erste Version ist historisch schwer vorstellbar[103], die zweite dagegen durchaus möglich[104]. V. 3 klingt im ganzen sehr ähnlich wie die unbestreitbar alte Notiz 2Sam 2:4, die berichtet, wie David König von Juda wurde: *"Da kamen die Männer von Juda und salbten David dort zum König über das Haus Juda."* Die Ältesten Israels in 2Sam 5:3 entsprechen den Männern von Juda in 2Sam 2:4. Der Überschuss, den 2Sam 5:3 in dem Bundesschluss hat, taucht schon in Abners Verhandlungen mit David auf (2Sam 3:12.21) und scheint auch später ein wesentliches Element in der Konstitution Nordisraels gewesen zu sein[105]. Deswegen ist der prägnanten Aussage V. 3 der Vorzug vor V. 1—2 zu geben, zumal diese Verse sich auch terminologisch als relativ jungen Datums erweisen:

Der Ausdruck הננו עצמך ובשרך אנחנו *"wir sind dein Gebein und Fleisch"* (V. 1) wird sonst im AT für die Sippen- (Gen 29:14; Ri 9:2; vgl. auch Gen 2:23) oder Stammesgemeinschaft (2Sam 19:13.14)[106] gebraucht. Wenn aber in 2Sam 5:1 *"alle Stämme Israels"* behaupten, Davids *"Gebein und Fleisch"* zu sein, ist das semantische Feld des Ausdrucks viel weiter, was gewiss Kennzeichen eines sprachgeschichtlich jüngeren Stadiums ist.[107]

גם אתמול גם שלשום *"schon gestern und vorgestern"* (V. 2) ist in der Form (א)תמול שלשום eine schon alte Bezeichnung für die Vergangenheit[108], begegnet aber mit zweifachem גם versehen nur hier und in 2Sam 3:17 (dtr) sowie in 1Chr 11:2 (≠ 2Sam 5:2). [109]

Für den Ausdruck אתה היתה המוציא[110] והמביא[110] את ישראל *"du bist es gewesen, der Israel ins Feld und wieder heim führte"* (V. 2) gibt es keine Parallelen im *hi.;* er kommt aber häufig im *qal* vor, wo er auch eine militärische Bedeutung

---

[103] Hertzberg 1968⁴, 218, der die Einheitlichkeit von V. 1—3 verteidigt, meint, "man soll sich die Sache in zwei Akten vorstellen, deren erster von aktiven und verantwortungsbewussten Männern aus den Stämmen unternommen wird und mehr den Sinn einer Vorverhandlung hat" (vgl. schon Segal JQR 1918/19, 43f.); ähnlich auf der literarischen Ebene Carlson 1964, 55, mit seiner verwirrenden Behauptung: "the passage 5:1—3 is built on a well-known technique of composition, proceeding from the general to the particular, and cannot be dated on that ground".

[104] Vgl. Smith 1951⁴, 286. — Falsch ist die Schlussfolgerung, die Budde 1902, 218; Gressmann 1921², 126 und Nübel 1959, 73, aus der Doppelung ziehen: V. 1a sei ursprünglich, während V. 3aα zur Überarbeitung gehöre.

[105] Fohrer ZAW 1959, 1—22. Wenn Fohrer a.a.O. darüber hinaus noch die Existenz eines ähnlichen Königsvertrags auch in Juda nachweisen will, sind seine Begründungen viel weniger überzeugend, weil nämlich in 2Sam 2:4 ein solcher Vertrag gerade *nicht* erwähnt wird, 2Kön 11:17b textlich zweifelhaft ist (Dittographie?) und 2Kön 23:3 von einer anderen Sache spricht.

[106] In 2Sam 19:13.14 wird der Ausdruck auf Juda im bewussten Gegenüber zu Israel angewendet, das nach der Auffassung des Verfassers anscheinend nicht als Davids *"Gebein und Fleisch"* gelten kann.

[107] Anders Schulte 1972, 165, die, ohne auf die Bedeutung zu achten, die Wendung ausschliesslich dem 10. Jahrhundert zuweist.

[108] Gen 31:2.5; Ex 5:7.8; 1Sam 4:7; 10:11; 14:21; 19:7; 21:6 u.ö.

[109] Von Schulte 1972, 165, wird der Ausdruck als Kennzeichen des 10. Jahrhunderts gewertet.

[110] Die Lesung nach *Qere*, s. BHK.

haben kann (z.B. Jos 14:11; 1Sam 29:6) und um לפני erweitert den Sinn *"Anführer eines Volkes oder eines Heeres sein"* bekommt.[111] Diese letzte Bedeutung hat die Wendung ausser in Nu 27:17 und 2Chr 1:10 auch in 1Sam 18:16, worauf 2Sam 5:2 mit seiner *hi.*-Form deutlich Bezug nimmt[112]. Das Begehren des Volkes, David zu seinem König zu bekommen, wird mit seiner Popularität als erfolgreicher Heerführer begründet. Hiermit eng verwandt ist die Stelle 2Sam 3:17 (dtr), wo Abner die Israeliten auf die grosse Beliebtheit hinweist, die David schon seit langem bei ihnen geniesse. Eben dieses Motiv verwendet DtrG auch in 1Sam 25:28, wo zusätzlich dazu das andere von David als dem, der *"die Jahwekriege"* führt, aus 1Sam 18:(16)17 übernommen ist[113].

In dem Jahwe-Zitat V. 2b wird Davids Herrscherfunktion über das Volk mit dem Verb רעה *"weiden"* ausgedrückt. Das Bild von dem Regenten als Hirten gehört zur uralten orientalischen Symbolik[114]; es taucht aber im AT erst bemerkenswert spät auf. Das AT kennt das Bild zwar schon seit alter Zeit in der Anwendung auf Jahwe[115], aber als Bezeichnung für den irdischen Herrscher kommt es zum vollen Gebrauch erst bei Jeremia[116] und, in seiner Nachfolge, bei Ezechiel[117].[118]

Zum *nāgīd*-Titel (V. 2b) vgl. die schon früher genannten Belege: 1Sam 9:16 (alt); 10:1 (alt); 1Sam 13:14 (dtr); 25:30 (dtr); 2Sam 6:21[119]; 2Sam 7:8[120]; 1Kön 1:35 (dtr); 14:7 (dtr); 16:2 (dtr); 2Kön 20:5 (dtr).

Die stark formelhafte Sprache von V. 1—2 macht es ganz offenbar, dass diese Verse gegenüber V. 3 sekundär sind; ausserdem legen die sprachlichen Querverbindungen ihre Zuweisung an einen dtr Verfasser mindestens nahe[121]. In der Tat dient ja V. 1—2 genau demselben Ziel wie 2Sam 3:17—19. Es soll hier erneut

---

[111] S. KBL³ s.v. בוא .
[112] Vgl. Grønbaek 1971, 249.
[113] S. o. S. 52.
[114] Vgl. z.B. Zimmerli 1969, 834f.
[115] Gen 48:15; 49:24; Jes 40:11; Hos 4:16; Mi 7:14; Ps 23:1; 28:9; 80:2. Zu dieser Gruppe gehört nach der Interpretation von de Robert VT 1971, 116—118, auch 2Sam 7:7.
[116] Ohne Differenzierung zwischen echt und unecht: Jer 2:8; 3:15; 10:21; 22:22; 23:1ff.; 25:34—36; 49:19; 50:6.44.
[117] Ez 34:2ff.
[118] Als vielleicht alter Beleg bleibt einzig das in seiner Echtheit umstrittene Wort Mi 5:3—5 übrig; zu 2Sam 7:7 s. o. Anm. 115.
[119] S. u. S. 66—68.
[120] S. u. S. 76 f.
[121] Wenig für sich hat die verbreitete Hypothese, nach der in dem Zusatz der Verfasser der Aufstiegsgeschichte spreche (Amsler 1963, 29²; Richter BZ 1965, 74⁹; Weiser VT 1966, 333; Grønbaek 1971, 249; Lohfink 1971, 299f.; Rendtorff 1971, 435).

Davids Herrschaftsanspruch auf Israel von zwei Seiten her begründet werden[122]: einerseits durch den Hinweis auf eine Zusage, der auch diesmal in die Form eines *ad hoc* gebildeten Jahwe-Zitats gekleidet ist[123], andererseits durch die Loyalitätserklärung des Volkes. Damit hat David für sein Königtum über ganz Israel die volle theologische und politische Legitimation, wobei zu betonen ist, dass DtrG zwischen diesen beiden Ebenen keinerlei Diskrepanz empfunden, sondern beide als notwendige Grundlagen für die Herrschaft des idealen Königs angesehen hat.

3.7 2SAM 6:21

Als David anlässlich der Überführung der Lade nach Jerusalem *"vor Jahwe"* und vor aller Augen sprang und tanzte, dabei aber nur mit dem Ephod bekleidet war, trug ihm das hernach ironisch-heftige Vorwürfe von seiner Frau Michal ein (V. 14.16.20). Darauf erwidert der König, er sei der, den Jahwe vor Saul und seinem ganzen Haus erwählt und zum *nāgīd* über das Volk Israel bestellt habe (V. 21aβ). Der Relativsatz, in den diese Äusserung gefasst ist, enthält am Anfang und am Ende ein לפני יהוה *"vor Jahwe"*; das dazu gehörige *praed.* ושחקתי *"und ich tanzte"* folgt erst nach dem Relativsatz, wodurch eine syntaktisch äusserst schwerfällige Konstruktion entsteht. Die empfundene Härte wird meist als Ergebnis der versehentlichen Auslassung einiger Worte durch *Homoioteleuton* betrachtet, die anhand der LXX-Handschriften B und L vor dem Relativsatz zu ergänzen seien: ארקד חי (ברוך) יהוה *"ich will springen so wahr Jahwe lebt* (bzw. *gepriesen sei Jahwe* = B)".[124] Es ist jedoch fraglich, ob die Versionen von LXX[BL] mehr darstellen als frühe Versuche, den MT zu glätten.[125]

Es scheint, als wäre diesem Problem nicht mit textkritischen, sondern mit *literarkritischen* Mitteln beizukommen. Die *Wiederaufnahme* von לפני יהוה deutet darauf hin, dass der Relativsatz ein späterer Einschub ist, der das *praed.* von seiner Bestimmung trennte und ihre Wiederholung nach sich zog.[126] An dieser

---

[122] Die zweifache Begründung stellt keine Doppelung dar, wie Nübel 1959, 73f., meint, der daraufhin V. 1.2a.3aβb der *"Grundschrift"* zuweist, während V. 2b.3aα *"Bearbeitung"* sei (zustimmend dazu Schmidt 1970, 126²). Vgl. auch Schulte 1972, 135.165f., die in V. 2 eine Spannung spürt und deshalb V. 2b als dtr betrachtet; im übrigen bildet V. 1—3 ihrer Ansicht nach die Grenze zwischen zwei an dieser Stelle zusammentreffenden — völlig hypothetischen — Erzählkomplexen: V. 1.2a.3b sei der Abschluss des *"II. Teils der David-Saul-Geschichte"*, V. 3a gehöre hingegen zur *"David-Geschichte"*.

[123] Vgl. Schulz 1920, 54, zu V. 2b: "Das sieht aus wie eine spätere Geschichtsbetrachtung." Nicht begründet ist die Vermutung von Grønbaek 1971, 249, V. 2b blicke auf die in 1Sam 16 erzählte Salbung Davids zurück.

[124] So mit kleinen Unterschieden im einzelnen u.a. Thenius 1864², 172; Wellhausen 1871, 169; Budde 1902, 232; Dhorme 1910, 325; Driver 1913², 273; Schulz 1920, 65; Gressmann 1921²,134; Mowinckel 1936, 252; Smith 1951⁴, 297; de Vaux 1961², 170; BHK; Hertzberg 1968⁴, 227.

[125] Zudem wird hier die syntaktische Härte um den Preis einer Doppelung gemildert.

[126] Ehrlich 1968 III, 287, der sich in V. 21 an MT hält, beurteilt den zweiten Halbvers als Glosse zu לפני יהוה. Kann dies aber ohne das *praed.* existiert haben?

Stelle erhebt sich natürlich die Frage, warum der Bearbeiter, der den Relativsatz einschob, dabei nicht das *praed.* einfach vor לפני יהוה gestellt bzw. stehen gelassen und so eine anstossfreie syntaktische Konstruktion gebildet hat? Diese Möglichkeit war wegen der Fortsetzung (V. 22aα) ausgeschlossen, die sich nur auf den Tanz Davids beziehen kann; denn hier antwortet David auf Michals Vorwurf, er habe sich vor den Augen der *"Mägde"* unziemlich benommen (V. 20b): *"ich schätze mich zu gering sogar dafür* (ונקלתי עוד מזאת)*"*. Ginge nun nicht in V. 21b das *praed.* mit seiner Bestimmung diesem Satz unmittelbar voran, würde *"sogar dafür"* (עוד מזאת) Davids Erwählung und *nāgīd*-Würde (V. 21a) betreffen und sie als etwas an sich Belangloses bezeichnen, was eine Blasphemie wäre.[127] So war der Interpolator eher bereit, die mangelhafte Syntax in Kauf zu nehmen als sich gleich durch den nächsten Vers den Sinn seiner Ergänzung auf den Kopf stellen zu lassen.

Durch die Fortsetzung in V. 22 wird der sekundäre Charakter des Relativsatzes in V. 21 noch bestätigt; wie in V. 22aα bleibt David auch in V. 22aβb ganz bei dem konkreten Thema des von Michal gegen ihn erhobenen Vorwurfes und beantwortet ihn mit ganz unskrupulöser Offenherzigkeit[128]: *"ich bin verächtlich in deinen Augen*[129], *aber bei den Mägden, von denen du redest, will ich mich zu Ehren bringen!"* In diesem Kontext ist die theologisch reflektierte Aussage V. 21aβ sicher nicht ursprünglich zu Hause.[130]

Wir wissen nicht näher, was für eine königliche Tanzvorführung die Jerusalemerinnen damals bei der Ladeprozession erlebt haben; wir erfahren nur, dass schon Davids Gattin Michal sich durch diesen Akt verletzt fühlte, und wir sehen jetzt, dass ein späterer Bearbeiter noch Davids Erklärung für sein Benehmen als des grossen Königs unwürdig empfunden hat. Er ist jedoch nicht so weit gegangen wie später der Chronist, der Davids Antwort als gänzlich unangebracht für das Niveau seines Werkes erachtete und einfach wegliess (vgl. 1Chr 15—16); er hat vielmehr David theologisch nachgeholfen, indem er seine Antwort um ein orthodox-theologisches Bekenntnis ergänzte, das jetzt die ganze Szene beherrscht[131].

---

[127] Darauf läuft zwangsläufig die eben angeführte Lösung von Ehrlich 1968 III, 287, hinaus.

[128] Vgl. de Vaux 1961², 170: "Tout le récit révèle la simplicité et la profondeur de la religion de David."

[129] In diesem Fall ist die Lesung von LXX בעיניך dem MT mit בעיני vorzuziehen (vgl. Thenius 1864², 172; Schulz 1920, 65; de Vaux 1961², 170; Smith 1951⁴, 297). Die Korrektur ist unabhängig von der Erleichterung der LXX^BL in V. 21; im Gegenteil könnte die Lesart von MT in V. 22 unter dem Einfluss des Zusatzes V. 21aβ entstanden sein.

[130] Vgl. ähnlich Schulte 1972, 139⁴.146⁴³; auch Schmidt 1970, 131f., kommt ohne literarische Analyse der Stelle zu dem Ergebnis, dass Davids Äusserung nicht historisch echt sein kann — allerdings ist seine Beweisführung ein *circulus vitiosus!* Nicht annehmbar ist der Versuch von Nübel 1959, 82, den Relativsatz in einen echten (bis ביתי) und einen unechten Teil zu zerlegen.

[131] Wie gut das dem Bearbeiter gelungen ist, zeigt die Erklärung von Hertzberg 1968⁴, 230, zu Davids Antwort, in der es seiner Meinung nach um den Satz *"wer sich selbst erniedrigt, der soll erhöht werden"* geht.

Es ist nicht schwer zu erkennen, wer für diese theologische Hilfeleistung verantwortlich ist. Die *nāgīd*-Würde ist ein schon bekannter Bestandteil der dtr Legitimationsaussagen[132]. Der Terminus בחר *"erwählen"* mit Jahwe als Subjekt ist ein eminent dt-dtr Begriff.[133] Das Nebeneinander von Sauls Verwerfung und Davids Sonderstellung wurde schon früher in 1Sam 13:13—14 (DtrN), 1Sam 28:17—19aα (DtrP) und 2Sam 3:9—10 (DtrG) greifbar. In 1Sam 13:13—14 wird Sauls Verwerfung ausführlich mit der Nichtbeachtung des göttlichen Willens begründet, in 1Sam 28:17—19aα prophetisch formuliert und in 2Sam 3:9—10 ohne den Versuch einer Begründung einfach festgestellt. 2Sam 6:21aβ liegt dieser letzten Stelle am nächsten: David konstatiert hier ohne weitere Erklärungen, dass Jahwe ihn vor Saul und seinem Haus erwählt habe. Das Bekenntnis 2Sam 6:21aβ ist also eine Formulierung des DtrG.[134]

3.8 2SAM 7

Nachdem eine Reihe von kleineren Textstücken, die von einer göttlichen Garantie für das davidische Königtum reden, sich als dtr Provenienz erwiesen haben, stellt sich nun unausweichlich die Frage, inwieweit auch die breiteste Entfaltung einer solchen Zusage in 2Sam 7 unter dtr Einfluss steht. Allerdings ist eine unbefangene Behandlung dieses für die alttestamentliche Forschung zentralen Kapitels durch die merkwürdige Stagnation, die seit einiger Zeit in der wissenschaftlichen Diskussion über 2Sam 7 herrscht, stark behindert und macht zunächst eine kurze Skizzierung der wichtigsten Positionen notwendig.

Stand der Forschung

In der älteren Forschung, deren Lösungstypen bis in die Gegenwart hinein anzutreffen sind, herrschte im grossen und ganzen Einigkeit über die relativ späte Herkunft, aber auch über die weitgehende Einheitlichkeit des Kapitels.[135] Eine

---

[132] S. o. S. 65. — An der Tatsache, dass der *nāgīd*-Titel in der Michal-Episode 2Sam 6:16.20b—23 sekundär ist, scheitern alle Versuche, allein auf diesen Titel weitreichende Theorien über die kompositionelle Stellung dieser Episode zu bauen. Vgl. dagegen Mildenberger 1962, 6, der sie eben deswegen mit 2Sam 7:8—17 (*nāgīd* in V. 8) auf eine Stufe stellt; Carlson 1964, 53, führt einerseits den *nāgīd*-Titel auf die *"D-Gruppe"* zurück, meint aber andererseits, dass es keine stilistischen Kriterien gibt (!), ihn hier als dtr Element auszusondern; trotzdem schreibt er der Michal-Episode eine wichtige Funktion als eine Art "foreshadowing passage" in der dtr Komposition zu (S. 96).

[133] Insgesamt 49mal im Dt und im dtr Geschichtswerk, s. Wildberger THAT I, 278. Es leuchtet nicht ein, dass בחר in V. 21 einen Anklang an בחור in V. 1 darstelle (Carlson 1964, 65).

[134] Vgl. ähnlich Schulte 1972, 139[4].146[43]. Anders z.B. Amsler 1963, 25f. und Weiser VT 1966, 344, die in V. 21aβ einen zentralen Beleg für das Anliegen der Aufstiegsgeschichte sehen.

[135] Im einzelnen haben auch diese Lösungen ein breites Spektrum, das umfassen kann: *elohistisch* (Budde 1902, 233; Mowinckel 1936, 252; Hölscher 1952, 376; Eissfeldt 1964[3], 363f.), *deuteronom(ist)isch/vorexilisch* (Kuenen 1890, 46f.; Nowack 1902, 176; Gese ZThK 1964, 26; Wellhausen 1963[4], 255), *deuteronomistisch/exilisch* (Smith 1951[4], 297f.; Carlson 1964, 104; vgl. auch Schulte 1972, 138f.) und *nachexilisch* (Dhorme 1910, 326f.; Pfeiffer 1948[2], 370—373).

deutliche Neuorientierung der Forschungsdiskussion brachte die ausführliche literarkritische Analyse von L. Rost aus dem Jahr 1926[136]; hierzu ist eine Stellungnahme nötig.

Rost nimmt seinen Ausgangspunkt bei dem Gebet Davids in V. 18—29 und kommt von da aus zu der Weissagung selbst in V. 8—16(17) und weiter zu ihrer Einleitung in V. 1—7. Den Kern des Gebetes Davids findet er in V. 27a, der ihm Anlass zu der Schlussfolgerung gibt, dass das ganze Gebet, abgesehen von V. 22—24.26(?), eine frühe, möglicherweise schon aus der Zeit Davids stammende Überlieferung darstelle. V. 22—24 scheidet er als dtr klingend aus; über V. 26 will er kein endgültiges Urteil fällen. Zur Abstützung seiner These über die Altertümlichkeit des Gebetes verweist Rost auf formale Ähnlichkeiten mit den Gebeten Gen 32:10—13, 1Kön 8:23—26 und 1Chr 29:10—19, wo er das gleiche Gebetsformular meint erkennen zu können, das seiner Ansicht nach schon in der frühen Königszeit im Gebrauch war. Das hohe Alter des Gebetes gehe auch aus Salomos Hinweis auf die göttliche Legitimation der davidischen Dynastie in 1Kön 2:24 hervor, der eine Bezugnahme auf Davids Gebet in 2Sam 7 darstelle.

Aus der Weissagung selbst (V. 8—17) entfernt Rost V. 13 als dtr. Der alte Kern liege in V. 11b, der formal aus dem Kontext falle, und in V. 16, der mit V. 11b in enger Verbindung stehe. Spätere Erweiterungen der Weissagung seien hingegen V. 8—11a.12.14.15.17. Aber auch der alte Kern der Weissagung V. 11b.16 liege nicht auf einer Stufe mit dem Gebet Davids; vielmehr setze das Gebet ein Orakel voraus, bei dem der König selbst der unmittelbare Empfänger der Offenbarung gewesen sei. Die Einleitung zu dieser postulierten Orakelerzählung steht nach Rost jetzt in V. 1—4a; ihre ursprüngliche Fortsetzung jedoch sei durch V. 4b—7 verdrängt worden.

Rost nimmt, wie man sieht, in seiner Rekonstruktion einen äusserst komplizierten Werdegang von 2Sam 7 an, was er auch selbst einräumt: "Es muss zugegeben werden, dass diese Annahmen recht verwickelte Vorgänge voraussetzen. Aber es wird schwierig sein, mit einfacheren Mitteln über das Ignoramus hinwegzukommen, das über diesem Kapitel steht."[137] Immerhin, Rosts Analyse hat weithin ein positives Echo gefunden.[138]

Gegen seine Thesen sind nun aber einige grundsätzliche Einwände zu erheben. Was berechtigt zu dem Ausgang von dem Gebet Davids, das doch aller Wahrscheinlichkeit nach kaum älter sein wird als die Weissagung selbst? Ohne diese methodische Schwäche zu berücksichtigen, geht F. Mildenberger noch über Rost hinaus, indem er auf der Suche nach den Teilen, die schon zur alten Saul-David-Überlieferung gehörten, von dem Kapitel schliesslich nur noch V. 18—21.26—29

---

[136] In Rosts Untersuchung über *"Die Überlieferung von der Thronfolge Davids"*, S. 47—74.
[137] Rost 1926, 73.
[138] Sie wird akzeptiert u.a. von Kraus 1951, 36; Alt 1953, 34²; Rohland 1956, 209f.; Mildenberger 1962, 1—4; Richter 1964, 118f.; Noth 1967³, 64; Poulssen 1967, 44 und Hertzberg 1968⁴, 232.

übriglässt, also nur Davids Dankgebet — was natürlich unmöglich ist.[139] Unglücklicherweise hat auch M. Noth Rosts methodischen Ansatz gebilligt.[140]

Zweitens muss man gegen Rost geltend machen, dass in seinen Begründungen Belege aus deutlich späteren Perioden auftauchen. 1Kön 2:24, das in der Tat auf das Gebet Davids Bezug nimmt, ist von DtrG in die Thronfolgegeschichte eingeschoben[141], also kein Beleg für das hohe Alter der Dynastieverheissung.[142] Rosts Hinweise auf das Gebetsformular der frühen Königszeit sind ebenso wenig zwingend. Ausser dem Motiv der Selbstdemütigung hat Gen 32:10—13 keine formalen Ähnlichkeiten mit 2Sam 7:18—29; im Gegenteil, es ist "viel plastischer, ursprünglicher, lebendiger als das mehr abstrakte, allgemeiner gehaltene Gebet Davids", wie Rost sogar selbst zugibt[143]. 1Kön 8:23—26 (dtr) und 1Chr 29:10—19 sind dagegen junge Gebilde und deshalb schlechte Zeugen für Rosts Behauptungen.

Drittens, was spricht für die Annahme, dass V. 11b und V. 16 eine alte Sonderexistenz gegenüber V. 8—11a.12.14.15.17 gehabt hätten?[144] Kann man sich in Anbetracht dessen, was wir über das Anwachsen der Traditionen im allgemeinen wissen[145], leicht vorstellen, dass eine Verheissung, die den *"ewigen"* Bestand der Dynastie zum Inhalt hat, später auf eine Verheissung reduziert wurde, die lediglich vom nächsten Nachfolger Davids spricht?[146]

Nicht minder fragwürdig ist es, wenn Rost bei der Analyse von V. 1—7 mit der Hypothese von verlorenen Textabschnitten operiert. Trotz ihrer grossen Beliebtheit kann seine Exegese nicht befriedigen.[147]

Noch mehr Zustimmung als Rost hat in der neuesten Zeit S. Herrmann mit seiner *formgeschichtlichen* Interpretation von 2Sam 7 gefunden.[148] Er ist der

---

[139] Mildenberger 1962, 143f. Damit gerät auch Mildenbergers These über das Gebet Davids als Abschluss der von ihm postulierten Geschichtsschreibung ins Wanken (Mildenberger 1962, 120).

[140] In seinem Aufsatz *"David und Israel in 2. Sam 7"*, 1957, 124.

[141] S. o. S. 22.

[142] Das gilt auch gegen Amsler 1963, 34, der ähnlich wie Rost argumentiert.

[143] Rost 1926, 52.

[144] Kutsch ZThK 1961, 144, der sonst Rosts Aufteilung des Kapitels kritisiert, sieht ebenfalls in V. 11b den alten Kern, nicht aber in V. 16.

[145] Vgl. etwa Soisalon-Soininen 1965, 115—121, über die Erweiterung der Verheissungen an die Patriarchen im Pentateuch.

[146] In der alten Kontroverse um das kollektive bzw. individuelle Verständnis von זרע in V. 12 verdient die individuelle Deutung unbedingt den Vorzug; zwar lässt der blosse Begriff זרע beide Erklärungen zu, doch wird er in der Fortsetzung faktisch im individuellen Sinn verstanden.

[147] Eine detaillierte Kritik gegen Rost findet sich bei Nübel 1959, 82—90, dessen eigene literarkritische Analyse jedoch mehr neue Probleme aufwirft als alte löst; deshalb kann von ihr in diesem Zusammenhang abgesehen werden.

[148] Herrmann, *Die Königsnovelle in Ägypten und in Israel:* WZ Leipzig 1953/54, 33—44. An Herrmann schliessen sich u.a. an: Noth 1957, 128—130 (Noth revidiert hier seine Meinung von 1943 = 1967[3]); Amsler 1963, 34f.; Weiser ZAW 1965, 154f.; Whybray 1968, 100f.; Mettinger 1971, 150; Seybold 1972, 27f. von Rad 1966[5], 53, verbindet Rosts literarische Analyse mit Herrmanns Gattungsbestimmung; positiv zu Herrmann auch Carlson 1964, 98, obwohl er das Kapitel seiner Herkunft nach als dtr betrachtet.

Meinung, das Kapitel sei eine alte, einheitliche Überlieferung, auf welche er die aus der Ägyptologie stammende Gattungsbezeichnung *"Königsnovelle"* anwendet. Die Königsnovelle ist ihrem Charakter nach ätiologisch: Sie will den König als Urheber bestimmter Taten, Ereignisse und Institutionen beschreiben. Am häufigsten steht sie in Verbindung mit Bauwerken, insbesondere mit Tempeln und dem dort ausgeübten Kult. Herrmann bemüht sich um den Nachweis, dass in 2Sam 7 alle wesentlichen Züge der Königsnovelle vorhanden seien, nämlich das Sitzen des Königs in seinem Palast (V. 1), die Planung eines Tempelbaus (V. 2), das Gespräch mit einem "Beamten" (V. 2—3), eine Traumoffenbarung (V. 5—16) und die Adoption durch Gott (V. 14). Herrmann räumt freilich ein, dass die Königsnovelle in Israel einige Modifikationen erfahren habe. Neben David tritt nur ein einziger "Beamter", Nathan, auf, während in der ägyptischen Königsnovelle stets eine grössere Anzahl von Beamten vorkommt. Der Unterschied rührt nach Herrmann von dem noch kleinen Rahmen des davidischen Hofes her. Eine wirklich "kopernikanische Wendung der Königsnovelle" bestehe darin, dass David, nachdem ihm der "Beamte" formgemäss Widerstand geleistet hat, seinen eigenen Plan — anders als der ägyptische Pharao — tatsächlich nicht durchführt, sondern seine menschlichen Absichten dem absoluten Willen Jahwes unterstellen muss. In dieser Hinsicht spiele David hier die Rolle des Beamten, welcher der höheren Instanz gegenüber unbedingten Gehorsam zeigt. Unannehmlichkeiten bereitet Herrmann auch der Umstand, dass in 2Sam 7 nicht David der unmittelbare Empfänger der Offenbarung ist, sondern Nathan. Diese Schwierigkeit versucht er zu überspielen, indem er die oben erwähnte Vermutung Rosts heranzieht, der zufolge David in der ursprünglichen Fassung des Orakels der Empfänger der Offenbarung gewesen sein soll.

Man kommt nicht umhin zuzugeben, dass Herrmanns These zunächst einiges für sich zu haben scheint. Bei näherem Zusehen melden sich aber doch Bedenken: Schon die vorhin genannten Modifikationen der Königsnovelle durch 2Sam 7 zeigen, dass das Kapitel sich nicht reibungslos in den Rahmen dieser ägyptischen Literaturgattung einpasst. Eben darum hat E. Kutsch die gesamte Theorie von der Königsnovelle verworfen.[149] Er macht vor allem auf zwei Punkte aufmerksam, in denen sich 2Sam 7 von der Königsnovelle unterscheidet. Als wesentlicher Bestandteil gehört zur Königsnovelle, dass der Plan des Königs durchgeführt wird, während in 2Sam 7 der Plan des Königs durch Jahwe verhindert wird. Zweitens erscheint die Königstheologie nirgends in den Königsnovellentexten als selbständiges Thema neben dem Plan des Königs wie in 2Sam 7.[150] Noch schwerer jedoch dürfte die Tatsache wiegen, dass Herrmann 2Sam 7 selbst gar nicht literarisch oder formkritisch analysiert. Er kommt zu seiner Gattungsbestimmung einzig und allein von einer fremden Literatur her.[151] 2Sam 7 ist aber ganz offen-

---

[149] Kutsch ZThK 1961, 137—153.
[150] Kutsch ZThK 1961, 152. Zu dieser Kritik Herrmann 1965, 99[34].
[151] Auf diesen wunden Punkt macht Richter 1971, 130[20], aufmerksam. Ablehnend zu Herrmanns Theorie auch Weinfeld 1972, 250—254.

sichtlich literarisch *nicht einheitlich* — eine Tatsache, an der eine sachgemässe Untersuchung des Kapitels nicht achtlos vorbeigehen kann.

Literarische Schichtung

Es ist unsere erste Aufgabe, aus dem Text deutlich sekundäre Bestandteile auszugrenzen. Den Ausgang kann V. 12b/13b bilden, wo eine eindeutige Doppelung vorliegt: *"ich will sein Königtum befestigen"*/*"ich will seinen Königsthron für immer befestigen"*. Bemerkenswert sind die stilistischen Unterschiede: V. 12b wendet für *"befestigen"* von dem Verb כון das *hi.* an, V. 13b hingegen die entsprechende *po.*-Form; ausserdem fügt V. 13b את כסא *"den Thron"* und עד עולם *"für immer"* hinzu; die zweite Wendung bedeutet eine erhebliche Erweiterung des Horizonts gegenüber V. 12b. Dies ist ein sicheres Indiz dafür, dass V. 13b gegenüber V. 12b sekundär ist.[152]

Mit V. 13b hängt V. 13a eng zusammen, wozu V. 12b/13b eine *Ringkomposition* bildet. In V. 13a wird der Terminus בנה בית *"das Haus bauen"* mit dem Präpositionalausdruck לשמי *"meinem Namen"* verbunden, in V. 5 und 7 dagegen mit einem einfachen לי *"mir"*. Die Formulierung in V. 13a stellt eine geprägte Wendung dar, die sich mehrfach in den redaktionellen Passagen des dtr Geschichtswerkes findet (vgl. 1Kön 5:17.19; 8:16.17.18.19.20).[153]

Innerhalb von V. 11 lassen sich stilistische Ungereimtheiten feststellen. V. 11a fügt sich nur mit Mühe in den Kontext[154], und ausserdem kommt hier eine geprägte Wendung, die sog. *Ruheformel* vor: והניחתי לך מכל איביך *"und ich habe dir vor allen deinen Feinden Ruhe gegeben"*, die mit kleiner Abweichung auch in V. 1b begegnet und inhaltlich dasselbe besagt wie V. 9aβ. Anscheinend gehören V. 11a und 1b zusammen. Einen Anhaltspunkt zur zeitlichen Fixierung gibt die Beobachtung, dass in V. 11a das Wort שפטים *"Richter"* in einer Weise gebraucht wird, zu er es Parallelen erst in dtr Texten gibt (Ri 2:16.18; 2Kön 23:22); dasselbe gilt für die *Ruheformel* selbst (Dt 12:10; 25:19; Jos 21:44; 23:1; 1Kön

---

[152] Thenius-Löhr 1898³, 145. — Es handelt sich also nicht um einen stilistisch bedingten Parallelismus (van den Bussche 1948, 383). Noth 1967³, 64, der V. 13a als dtr ansieht, meint, Dtr habe eher V. 12b zur Einführung hinzugefügt als V. 13b, da עד עולם (V. 13b) kaum von Dtr formuliert sein könne (Noth 1967³, 64⁷)!

[153] V. 13 wird von den meisten als Zusatz anerkannt, vgl. Budde 1902, 232f.; Nowack 1902, 178; Dhorme 1910, 328f.; Schulz 1920, 80f.; Rost 1926, 56; Smith 1951⁴, 300; Wellhausen 1963⁴, 254. — van den Bussche 1948, 382f., sucht die dtr Formulierung von V. 13a aus dem Wege zu räumen, indem er die Lesart von 1Chr 17:12 (לי) statt לשמי) für ursprünglich erklärt (ähnlich Gese ZThK 1964, 22f.) und den Skopus des ganzen Kapitels gerade in V. 13a sieht (ähnlich Mowinckel SEÅ 1947, 223f.; Hölscher 1952, 376f.; Labuschagne 1960, 32f.; Bernhardt 1961, 162¹; Poulssen 1967, 50). Die Unhaltbarkeit dieser Hypothese wird von Simon RHPhR 1952, 41—58, ausführlich aufgezeigt (negativ dazu auch de Vaux 1961², 171 und Amsler 1963, 35⁵).

[154] Vgl. Noth 1957, 125.

5:18).¹⁵⁵ In der jetzigen Form will V. 11a offenbar eine Überleitung von V. 10 zu V. 11b sein; in V. 11b wiederum fällt der plötzliche Übergang aus der *1.* in die *3. pers.* auf¹⁵⁶. Auch scheint dieser Halbvers auf eine frühere Jahweoffenbarung Bezug zu nehmen, von der jedoch vorher nichts erwähnt wurde. Ausserdem kommt der ganze Vers 11 eigentlich zu spät nach V. 10, wo nicht mehr von David, sondern von Israel die Rede ist. Endlich schliesst V. 12 gut an V. 10 an. Es kann festgehalten werden, dass in V. 11 zwei sukzessive Zusätze in der Reihenfolge V. 11b, V. 11a vorliegen.¹⁵⁷

In V. 16 fällt der plötzliche Wechsel zur *2. pers. sg.* ins Auge. V. 16 steht anscheinend auf der gleichen Stufe wie V. 11b, wo David ein *"Haus"* (בית) versprochen wurde. Andererseits gehört V. 16 wegen seines weiten geschichtlichen Horizonts auf die Ebene von V. 13; der auch dort verwendete Terminus עד עולם *"für immer"* findet sich in V. 16 gleich zweimal.¹⁵⁸

Auf Grund der bisherigen Beobachtungen müssen aus dem Orakel Nathans als spätere Teile die Verse 1b.11.13.16 ausgeschieden werden. Nach diesen Operationen bleibt ein Korpus übrig, das deutlich in zwei Abschnitte gegliedert ist: V. 1a.2—7 und V. 8—10.12.14.15.17. Für eine solche Aufteilung spricht, dass in V. 8a eine neue Redeeinleitung steht, die in einer ursprünglichen Einheit schwer denkbar ist. Es handelt sich also um zwei ehemals verschiedene Orakel, die erst nachträglich miteinander kombiniert wurden.¹⁵⁹ Die Verknüpfung muss von eben dem Bearbeiter vorgenommen worden sein, von dem die Erweiterungen V. 11b.13.16 stammen; denn erst durch sie wird der Abschnitt V. 1—7 zur Einleitung von V. 8ff. Der Bearbeiter hat die Zusage über einen Thronnachfolger für David (V. 12.14.15) als Einsetzung einer dauerhaften Dynastie interpretiert (V. 11b.16), indem er das Wort בית , das in V. 1—7 *"Haus"* bzw. *"Tempel"* bedeutet, aufgegriffen, aber im übertragenen Sinn für *"Dynastie"* gebraucht hat (V. 11b.16)¹⁶⁰; da er zugleich aber auch die konkrete Bedeutung beibehielt (V. 13), schlug er auf diese Weise eine Brücke zwischen beiden Teilen.

---

¹⁵⁵ Vgl. Budde 1902, 233f.; McCarthy JBL 1965, 132. Richter 1964, 120, sieht zwar in V. 11a einen Zusatz, meint aber, dieser sei älter als Dtr, "dessen Terminologie nicht zu entdecken ist" (Richter 1964, 120²⁶).

¹⁵⁶ Aus dieser Unebenheit folgert Rost 1926, 57f., in V. 11b liege die ältere Grundlage des Kapitels, weil ein späterer Glossator einen Zusatz nicht so ungeschickt eingefügt hätte; ähnlich urteilt auch Kutsch ZThK 1961, 140f. Nach dieser Argumentationsweise würden die Glossen immer die älteste literarische Stufe darstellen!

¹⁵⁷ Tiktin 1922, 48 und Hölscher 1952, 377, haben richtig V. 11 im ganzen als Zusatz erkannt.

¹⁵⁸ Vgl. Hölscher 1952, 377, der sowohl in V. 11 als in V. 16 Zusätze sieht.

¹⁵⁹ Vgl. Gressmann 1921², 138; Vriezen OrNe 1948, 182; Sellin-Fohrer 1965¹⁰, 240; Cross 1973, 254—257.

¹⁶⁰ Vgl. Sellin-Fohrer 1965¹⁰, 240; auch Herrmann WZ Leipzig 1953/54, 41¹, räumt ein, dass zwischen V. 7 und 8 stilistisch gesehen ein Bruch steht. Er plädiert dennoch für Einheitlichkeit und verweist zur Begründung auf den Terminus בית, der hier zu einem bewussten Wortspiel genutzt werde. Solche Wortspiele treten nach Herrmann auch im Ägyptischen häufig auf, aber gerade für dieses mit dem Begriff *"Haus"* vermag er keine Parallele beizubringen.

Jetzt kann auch die Stellung des Dankgebetes Davids näher ins Auge gefasst werden. Auf den ersten Blick zeigt sich, dass das Gebet nicht einheitlich ist. In V. 22 findet sich ein unvermittelter Übergang in die *1. pers. pl.;* ab V. 25 wird wieder in der *3. pers. sg.* gesprochen. In den solchermassen aus dem Kontext fallenden Versen 22—24 gilt das Interesse nicht der Dynastie, wie sonst in dem Gebet, sondern Israel als dem Volk Jahwes. Dieser Passus muss folglich als spätere Erweiterung des Gebetes betrachtet werden.[161]

Im übrigen kann das Gebet als einheitlich gelten. Einen altertümlichen Eindruck macht es freilich nicht.[162] Zu welcher von den oben dargestellten Stufen mag es gehören? V. 27aβ לאמר בית אבנה לך *"mit den Worten: ich werde dir ein Haus bauen"* ist eine direkte Bezugnahme auf V. 11b. Zweitens wird in dem Gebet das Wort בית durchgehend in der Bedeutung *"Dynastie"* gebraucht (V. 18.19.25.26.27.29bis), ebenso wie in V. 11b und 16. Der Horizont der Verheissung ist im Gebet *"für immer"* (לעולם/עד עולם, V. 25.26.29bis), genauso wie in V. 13 und 16.[163] Aus diesen Beobachtungen ergibt sich eindeutig, dass das Dankgebet Davids, abgesehen von den sekundären Versen 22—24, dem Bearbeiter zuzuschreiben ist, der die beiden Orakel verknüpft und in einen sinnvollen Zusammenhang gebracht hat. Ihm gehören also in 2Sam 7 die Verse 11b.13.16.18—21.25—29; jüngere Zusätze sind V. 1b.11a.22—24.

Redaktionsgeschichtliche Einordnung der sekundären Teile

In diesem Arbeitsgang interessiert zunächst die Frage, ob die umfangreiche Bearbeitungsschicht von 2Sam 7 in einem übergreifenden literarischen Zusammenhang steht. Wenn ja, wäre dies eine Bestätigung der vorangehenden Analyse.

Für die Dynastieverheissung in der Form, wie sie in 2Sam 7:11b.27 erscheint, existieren drei enge Parallelen in den schon untersuchten dtr Texten: 1Sam 2:35; 25:28; 1Kön 2:24; ausserdem gibt es nur noch eine Entsprechung, die aber ebenfalls dtr ist: 1Kön 11:38. Die Parallelen zeigen, dass der dtr Redaktor bei der Formulierung der Verheissung sowohl die Verben בנה *"bauen"* (1Sam 2:35 = 2Sam 7:27, ähnlich in 1Kön 11:38) und עשה *"machen"* (1Sam 25:28; 1Kön 2:24 = 2Sam 7:11b) *promiscue* verwenden kann; in 2Sam 7 stehen beide Begriffe nebeneinander[164].

---

[161] Vgl. Rost 1926, 49; Herrmann WZ Leipzig 1953/54, 43; Nübel 1959, 85f.; Amsler 1963, 34; Noth 1967³, 67³; Zimmerli 1972, 157.

[162] Vgl. Mowinckel 1936, 254, zu Davids Gebet: "In V. 18—29 hallt die Hoffnung wider, die im Judentum nach dem Fall des Staates in 587 gelebt hat." Merkwürdig bleibt dabei, wie Mowinckel trotzdem 2Sam 7 — nur ohne V. 22—24 — der Quelle E zuordnen kann (Mowinckel 1936, 252).

[163] Allein diese terminologischen Verbindungslinien machen den Vorschlag von Tsevat Bibl 1965, 353—356, ganz unwahrscheinlich, nach dem V. 13b—16 ein Zusatz sei, der in V. 18—29 nicht als bekannt vorausgesetzt würde (ähnlich schon Tsevat HUCA 1963, 71—82).

[164] Der Unterschied im Verb taugt also nicht als literarisches Unterscheidungsmerkmal, wie Rost 1926, 72, im Blick auf 2Sam 7:11b und 27 meint.

Der dtr Charakter von V. 13a wurde schon oben offenbar.[165] Auch V. 13b enthält zwei Ausdrücke, כסא *"Thron"* und עד עולם *"für immer"*, die konstitutive Sprachelemente in den bisher untersuchten dtr Partien sind. כסא in der übertragenen Bedeutung von *"Königtum"* bzw. *"Dynastie"* ist belegt in 2Sam 3:10; 7:16; 1Kön 1:37bis.47bis; 2:33.45 und ausserdem noch in 1Kön 9:5 (dtr); in den Quellentexten des DtrG kommt das Wort in diesem Sinn nur in 2Sam 14:9 vor, doch ist die Annahme vom hohen Alter dieser Stelle nicht über jeden Zweifel erhaben[166]. Für [167] לעולם/עד עולם in der absoluten Bedeutung *"für immer"* (= *"für die fernste Zeit"*) — im Gegensatz zu der begrenzten Bedeutung *"für die Lebenszeit"*[168] — gibt es, abgesehen von dem achtmaligen Vorkommen in 2Sam 7, folgende Belege in den schon als dtr erkannten Texten: 1Sam 2:30; 3:13.14; 13:13; 2Sam 3:28; 1Kön 2:33.45, ausserdem Dt 5:29; 12:28; 23:4.7; 28:46; 29:28 und, in sonstigen redaktionellen Stücken des dtr Geschichtswerkes, Jos 4:7; 14:9; Ri 2:1; 1Sam 20:15.42[169]; 2Sam 12:10; 22:51[170]; 1Kön 9:3.5; 10:9; 2Kön 21:7. Früher als DtrG scheint der Ausdruck in dem gesamten Material nur in 1Kön 1:31[171] und in 2Kön 5:27 zu sein.[172]

2Sam 7:16 ונאמן ביתך *"und dein Haus wird fest sein"* ist wiederum nur in Texten der dtr Redaktion bezeugt: 1Sam 2:35; 25:28; 1Kön 11:38.

Parallelen zu 2Sam 7:25, wo um die Erfüllung der Dynastieverheissung mit den Worten הדבר אשר דברת על עבדך ועל ביתו הקם *"erfülle das Wort, das du über deinen Knecht und über sein Haus gesprochen hast"* gebeten wird, begegnen erst in der dtr Literatur (Dt 9:5; 1Sam 3:12; 1Kön 2:4; 6:12; 8:20; 12:15; Jer 29:10)[173].

Auch zu 2Sam 7:26b ובית עבדך דוד יהיה נכון לפניך *"und das Haus deines Knechtes David wird fest vor dir sein"* findet sich die engste formale Entsprechung innerhalb eines der schon untersuchten Texte, nämlich in 1Kön

---

[165] S. o. S. 72.

[166] 2Sam 14:9 ist in seinem Kontext eine völlig widersinnige Aussage; die Betonung der Unschuld Davids und seines Königtums erinnert stark an DtrG (vgl. 2Sam 3:28).

[167] Einen Bedeutungsunterschied zwischen עד עולם und לעולם etwa im Sinne *"dynamisch — statisch"* (Jenni ZAW 1952, 237) vermag ich nicht zu erkennen.

[168] Diese Differenzierung ist m.E. möglich (gegen Jenni ZAW 1952, 233); vgl. 1Sam 1:22; 20:23 und 1Sam 27:12 (als *nomen rectum*), wo die begrenzte Bedeutung *"Lebenszeit"* durch den Kontext eindeutig gegeben ist.

[169] Zu 1Sam 20:15.42 s. u. S. 84.

[170] S. u. S. 120f.

[171] In 1Kön 1:31 wird der Terminus, abweichend von dem sonstigen Gebrauch in den Geschichtsbüchern, in Verbindung mit einem Individuum (König) als höfische Formel verwendet, s. Jenni ZAW 1953, 5—7.

[172] Die restlichen Belege stehen stets in anderen grammatischen Konstruktionen: Jos 24:2 (mit מן); Jos 8:28 und 2Sam 23:5 (als *nomen rectum)*; 1Kön 8:13 *(pl.)*. — Auch die Statistik bei Jenni ZAW 1953, 10—29, die deutlich die kräftig zunehmende Verbreitung des Terminus um die Exilszeit (seit Jeremia und Ezechiel) zeigt, unterstützt die Spätdatierung der betr. Stellen in 2Sam 7.

[173] S. o. S. 27.38.

2:45 (DtrG). Hier steht zwar כסא statt בית, doch sind beide Begriffe im dtr Sprachgebrauch geradezu Synonyma.

Das Gebet Davids endet in V. 29 mit einer Bitte um den Segen Jahwes für die Dynastie. Mit einer gleich klingenden *bārūk*-Akklamation beendet DtrG auch seinen Kommentar zu dem für Salomo erfolgreichen Abschluss der Thronfolgewirren in 1Kön 2:45; weiter erscheint die *bārūk*-Formel in der dtr Redaktion noch in 1Sam 25:32.39; 1Kön 1:48; 5:21; 8:15.56; 10:9.

Diese terminologischen Berührungspunkte dürften deutlich genug gezeigt haben, dass die erste tiefgreifende Bearbeitung von 2Sam 7 den umfangreichen literarischen Horizont des DtrG hat.

Dieses Ergebnis wird noch durch V. 11b erhärtet: Gegen alle Versuche, den Satz präsentisch zu deuten[174], bleibt die vergangenheitliche Übersetzung des *perf.* mit *waw cop.* והגיד *"und er hat kundgegeben"* die grammatisch natürlichste; das zeigt auch der vorangehende Zusatz V. 11a, in dem die *perfecta* eindeutig vergangenheitlich zu fassen sind (V. 1b); ein Tempuswechsel zwischen V. 11a und 11b wäre schwer denkbar[175]. Damit gibt sich V. 11b als eine Bezugnahme auf eine früher an David ergangene Jahwe-Zusage zu erkennen, der aber eine Grundlage im überlieferten Textmaterial fehlt. Das ist typisch für DtrG, der ja auch sonst gern auf fiktive Verheissungsworte verweist (1Sam 2:30; 2Sam 3:9—10; 3:18; 5:2; 1Kön 2:4). 2Sam 7 ist also für DtrG die entfaltende Wiederaufnahme eines schon weiter zurückliegenden Jahwewortes. Wäre das nicht seine Meinung gewesen, könnte man kaum erklären, warum er David in V. 21a sagen lässt: *"Wegen deines Wortes (* בעבור דברך *) und nach deinem Herzen hast du all dieses Grosse (an mir) getan."* *"Wegen deines Wortes"* kann nicht erst die Nathanverheissung in 2Sam 7 im Blick haben, sondern ist auf all jene Stellen bezogen, an denen von Davids künftiger Stellung gesprochen wird.[176]

Nachdem die dtr Herkunft der ausgesonderten Bearbeitungsschicht von 2Sam 7 klar geworden ist, muss noch die Frage gestellt werden, ob das Kapitel nicht noch weitere dtr Bestandteile enthält, die zwar nicht direkt als Zusätze erkennbar sind, durch ihre *Terminologie* aber eine solche Vermutung nahe legen. Dass es in einem stark dtr bearbeiteten Text auch derartige Elemente geben wird, ist eine von vornherein mögliche, ja sogar wahrscheinliche Annahme. Sie kann sich in diesem Fall auf die zweimal vorkommende Bezeichnung Davids als עבד *"(Jahwes) Knecht"* (V. 5.8) sowie auf seinen *nāgīd*-Titel (V. 8) und die *Heraufführungsformel* (V. 6) stützen.

Weil die beiden Titel, עבד und נגיד, in Anwendung auf David ausserhalb von

---

[174] S. u.a. Budde 1902, 235; Schulz 1920, 75; Smith 1951[4], 301; de Vaux 1961[2], 172; Carlson 1964, 108; Hertzberg 1968[4], 231.

[175] Dass *perfecta* mit *waw cop.* die Funktion von *narrativa* haben können, ist schon im älteren Hebräisch belegt (s. Meyer 1959, 114—123; MHG III, 46f.; Loretz CBQ 1961, 294—296).

[176] Ohne den redaktionellen Horizont der Aussage zu erkennen, gesteht Schulz 1920, 84, dass die Stelle "schwer verständlich" ist, weil "man nicht weiss, auf welches frühere Wort Jahwes David anspielen könnte".

2Sam 7 ausschliesslich in dtr Texten begegnen[177], ist die Wahrscheinlichkeit gering, dass sie ausgerechnet in diesem Kapitel, das Gegenstand intensiver dtr Überarbeitung gewesen ist, ursprünglich wären.[178] In der Tat kann man den Titel עבד in beiden Fällen weglassen, ohne dass eine Lücke entsteht; die Wiederholung der *praep.* spricht sogar positiv für diese Lösung. Der zweite Titel, נגיד, steht unlösbar mitten in dem finalen Infinitivsatz V. 8b, der jedoch im ganzen keineswegs unentbehrlich ist[179], sondern durchaus eine dtr Weiterführung der älteren Grundlage sein kann.

Für die Formel למיום העלתי את בני ישראל ממצרים ועד היום הזה "*seit dem Tage, da ich die Israeliten aus Ägypten heraufführte, bis zum heutigen Tag*" (V. 6) sind die nächsten Entsprechungen in deutlich dtr Texten zu finden.[180] Wenn die Formel auch in 2Sam 7:6 dtr ist, dann muss der ganze Begründungssatz V. 6 eine dtr Interpolation sein; dafür spricht auch die Terminologie, die sich teilweise aus dem unmittelbaren Kontext ableiten lässt: ישב "*wohnen*" < V. 5; בית "*Haus*" <V. 5.7; בני ישראל "*Israeliten*" <V. 7; התהלך "*hin- und herziehen*" <V.7.

Es dürfte sogar eine noch genauere Zuordnung dieses Einschubs möglich sein. V. 6 enthält einen mit למיום eingeleiteten geschichtlichen Rückblick, der den Akzent auf *das Volk Israel* verschiebt. Ähnlich bietet der Zusatz in V. 11a einen geschichtlichen Rückblick, eingeleitet durch למן היום; auch in V. 11aα steht das Volk Israel im Mittelpunkt der Aussage. Weiter dürften zu dieser Schicht auch V. 1b — wegen seiner Parallelität mit V. 11aβ — und die spätere Erweiterung des Dankgebetes in V. 22—24 gehören, wo es ebenfalls vorrangig um das Gesamtvolk geht. Innerhalb der dtr Bewegung muss diese Bearbeitungsstufe später als DtrG sein, dessen Text sie bereits interpretiert (V. 22—24). Als Verfasser kommt eigentlich nur DtrN in Frage, für den auch der schon zum Formelhaften erstarrte dtr Sprachgebrauch spricht[181]. Der Titel עבד (V. 5.8a) und die *nāgīd-Formel* (V. 8b) können hingegen schon von DtrG stammen.

Die Aussage der dtr Bearbeitung

Zur Entfaltung seiner dynastischen Theologie standen dem DtrG zwei verschiedene Orakel zur Verfügung, deren mögliche Ursprünge hier nicht näher zu erörtern sind. Soviel ist jedoch von vornherein klar, dass sie nicht zur alten Thronfolgegeschichte gehört haben; denn mit einer göttlichen Verheissung, in

---

[177] S. o. S. 62f.65.
[178] Vgl. Kutsch ZThK 1961, 143³, der im Blick auf den *nāgīd*-Titel die Möglichkeit erwägt, "dass 2Sam 7:8 einerseits und andererseits mindestens 2Sam 5:2 und 6:21, vielleicht aber auch 1Sam 25:30 (und 13:14?) von einem Verfasser stammen, der denselben Gedanken wiederholt hervorheben wollte".
[179] Eine mit 2Sam 7:8aγ fast identische Aussage steht in Am 7:15a — ohne Finalsatz.
[180] Vgl. Dt 9:7; 1Sam 8:8; 1Kön 8:16; 2Kön 21:15; Jer 7:25(dtr); 11:7(dtr).
[181] Vgl. die *Heraufführungsformel* in V. 6 (in dieser Gestalt wird sie auch von Dietrich 1972, 30f., dem DtrN zugewiesen); die *Ruheformel* in V. 1b.11a (s. Belege o. S. 72f.); die *volle Bundesformel* in V. 24 (s. Belege bei Smend 1963, 5).

welcher Form auch immer, wird in der von den dtr Zusätzen befreiten Erzählung über die Thronbesteigung Salomos (1Kön 1—2) eben *nicht* argumentiert, was schlechterdings nicht zu verstehen wäre, wenn eine solche Verheissung exponiert am Anfang des Ganzen gestanden hätte[182]; auch ist der Intrigant Nathan jener Kapitel nicht der Prophet Nathan, der in 2Sam 7 David die göttliche Offenbarung vermittelt. Dagegen reimt es sich vorzüglich zusammen, dass DtrG, der die Vorgänge um die Thronbesteigung Salomos im Lichte einer göttlichen Zusage über die Dynastie Davids interpretiert[183], eine entsprechende Verheissung bereits weit zurück in der Vergangenheit angesiedelt hat.

Freilich, das prophetische Veto des ersten Orakels (V. 1a.2—5.7) gegen den Tempelbauplan stand keineswegs im Einklang mit der dtr Theologie, in der dem salomonischen Tempel uneingeschränkt das Prädikat einer Heilsgabe zukommt. Diese Schwierigkeit bewältigte DtrG, indem er das Verbot als nur provisorisch hinstellte und dabei noch eine seiner Namestheologie[184] entsprechende Distinktion über den Sinn des Sakralbaus vollzog: der Tempel wird nicht direkt als Jahwes Wohnung, sondern lediglich für seinen Namen gebaut (V. 13a). Mit dieser Korrektur versehen konnte er das erste Orakel übernehmen und darin eine plausible Erklärung zum Fehlen des Tempels zur Zeit Davids sehen, zumal es als Einleitung zu dem zweiten Orakel geeignet war.

Das zweite Orakel (V. 8a.9.10.12.14.15.17), das sich in seiner vordtr Gestalt mit David und seinem namentlich nicht genannten Nachfolger befasste, bedurfte in den Augen des DtrG in dreierlei Hinsicht der Erläuterung: Erstens sollte zur Vermeidung aller Missverständnisse im Blick auf die Thronfolgeregelung ausdrücklich gesagt werden, wer von den Nachkommen Davids mit göttlicher Befugnis kandidiert; das wird in V. 13 völlig klar, denn der Tempelbauer ist jedem Leser bekannt. Zweitens war der Horizont der vorgegebenen Verheissung zu kurz. Nicht allein der unmittelbare Nachfolger Davids hat die göttliche Verheissung nötig, sondern das ganze Haus Davids, das *"für immer"* vor Jahwe fest sein soll (V. 11b.13.16). Drittens war die jetzige Zusage keine einmalige Offenbarung dieser Art an David, sondern nur eine erneute — allerdings sehr ausführliche — Bestätigung früherer göttlicher Zusicherungen (V. 11b.21).

Nach solch eindrucksvoller Bestätigung der göttlichen Zusage versteht es sich von selbst, dass der fromme König David (vgl. 1Sam 25:32.39a; 2Sam 15:25—26; 1Kön 1:47—48) Jahwe gebührend zu danken weiss (V. 18—29). Das Hauptanliegen des für den Erbauungsstil typisch redundanten Gebets besteht in der Hervorhebung der Demut Davids (V. 18—20.27), die ein durchgehender Zug im Davidbild des DtrG ist (vgl. 2Sam 3:39; 15:25—26; 16:11—12), sowie in der eindringlichen Bitte um die tatsächliche Erfüllung der Dynastiezusage (V. 21.25.28—29), die gerade in ihrer Intensität erkennen lässt, dass das Weiter-

---

[182] Mit Würthwein 1974, 58, gegen Rost 1926, 104—107 und von Rad 1958, 160.
[183] S. o. S. 25.
[184] Dazu von Rad 1948², 25—30; Dumermuth ZAW 1958, 69—76.

bestehen der Dynastie zur Zeit des Verfassers in Wirklichkeit mindestens ernsthaft bedroht war (vgl. Ps 89).

In den Einschüben des DtrN wird wieder ein neues Interesse sichtbar, nämlich das am Volk Israel (V. 6.11a.22—24). Nicht, dass DtrN damit etwa die Zusage an die Daviddynastie verkürzen wollte, nein, auch das Volk soll in den Bereich dieser Verheissung einbezogen sein.

3.9 ZWISCHENERGEBNIS

Die von 1Sam 25 ausgehende Analyse der theologisch getönten Aussagen über die künftige Stellung Davids und seiner Dynastie hat als Resultat ergeben, dass alle Zusagen dieser Art auf die dtr Redaktionstätigkeit zurückgehen.[185]

Die Hauptmasse der Texte stammt von DtrG (1Sam 25:21—22.23b.24b—26.28—34. 39a; 2Sam 3:9—10.17—19; 5:1—2; 6:21aβ; 7:8b.11b.13.16.18—21.25—29). Es geht hier in erster Linie um die göttliche Legitimation des davidischen Königtums. Verschiedentlich wird ein göttliches Versprechen dieses Inhalts zitiert (1Sam 25:28.30; 2Sam 3:9—10.18; 5:2; 7:11b.13.16), ohne dass dafür irgendwo eine Textgrundlage sichtbar würde. Eine solche ist auch nicht die Abigail-Prophezeiung in 1Sam 25:28, die eben keine "Uroffenbarung" ist, sondern nur davon Zeugnis ablegt (V. 30); auch nicht die Nathanweissagung 2Sam 7:11ff., die lediglich schon Bekanntes in breiter Form wiederholt und sachlich nur insofern etwas Neues bringt, als sie Salomo ausdrücklich in den Strahlungsbereich der Verheissung rückt. Auch die stark variierende Form jener Rückverweise spricht gegen die Annahme einer einst bekannten, dann aber verlorengegangenen[186] Zusage Jahwes.[187] Es dürfte DtrG vielmehr genügt haben zu versichern, *dass* hinter der Herrschaft Davids und seines Hauses ein Gotteswort stehe; *wie* es David zuteil geworden sein mochte, wusste auch er nicht.

Die Legitimität des davidischen Königtums ruht indessen nicht allein auf einem theologischen Fundament.[188] David hat hinter sich auch die politische Unterstützung des Volkes, das ihn für den geeigneten König hält (2Sam 3:17; 5:1—2a). Offenbar kann es sich DtrG gar nicht anders vorstellen, als dass auf den Mann, den Jahwe sich zum Dynastiegründer erwählt hat, auch die Wahl des Volkes fallen musste; so können in 2Sam 3:17—18 beide Motive unmittelbar nebeneinander rücken.

Der mit der göttlichen Verheissung Beschenkte hat die Aufgabe, seine Un-

---

[185] Dies sind also die "Kreise, für deren nähere Bestimmung die Basis" der Untersuchung von Schmidt "zu schmal ist" (Schmidt 1970, 140).

[186] So Schulte 1972, 211.

[187] Vgl. Schmidt 1970, 138; Lohfink 1971, 287[52]. Anders u.a. Budde 1902, 210; Fohrer ZAW 1959, 2³; Amsler 1963, 30; Soggin 1967a, 65, die verschiedene Hypothesen dieser Art aufstellen.

[188] Schmidt 1970, 139, betont zu einseitig die Alleinigkeit der theologischen Begründung: "Allein sein (= Gottes) Wort beglaubigt David."

würdigkeit zu bekennen, die Zusage dankbar anzunehmen und vertrauensvoll um ihre Erfüllung zu bitten (2Sam 7:18ff.). Dies ist die rechte Entsprechung zwischen göttlichem Wort und menschlicher Antwort.

In dem untersuchten Material erwies sich einzig 1Sam 28:17—19a*a* als Zutat des DtrP. Er gibt sich hier David gegenüber eher zurückhaltend und legt stattdessen allen Wert darauf, dass Sauls Verwerfung die Wirkung prophetischen Worts war.

DtrN wiederum teilt vollinhaltlich die dynastische Theologie des DtrG, interpretiert sie jedoch im Geiste seiner nomistischen Grundhaltung (1Sam 13:13—14) und bezieht auch das Volk Israel in den Segensbereich der Verheissung ein (2Sam 7:6.11a.22—24).

4 1SAM 20:12—17.42b UND DAMIT ZUSAMMENHÄNGENDE TEXTE

Für den weiteren Verlauf der Untersuchung dürfte es bedeutsam sein, dass die dtr Redaktion gerade in 2Sam 7 aussergewöhnlich einschneidender Art gewesen ist, und dass die zuvor andeutungsweise sichtbar gewordenen Linien hier bündig zusammengefasst sind. Das könnte ein Indiz dafür sein, dass 2Sam 7 in *kompositionstechnischer* Hinsicht einen besonderen Stellenwert besitzt. Diese Vermutung präzisiert sich zur Frage nach dem Verhältnis von Aufstiegsgeschichte und Thronfolgegeschichte in der dtr Redaktion, wobei auch die Rolle der Ladeerzählung mitbedacht werden muss.

Wenn angenommen werden darf, dass Aufstiegsgeschichte und Thronfolgegeschichte von Haus aus voneinander unabhängige literarische Komplexe sind[1], dann folgt daraus, dass die jetzt unbestreitbar vorhandenen literarischen Verbindungen zwischen beiden Komplexen relativ jungen Datums sein müssen; jedenfalls können sie nicht älter sein als die Redaktion, welche die Aufstiegsgeschichte und die Thronfolgegeschichte aneinandergereiht hat. Für einen Teil der übergreifenden Elemente hat sich im Laufe der bisherigen Untersuchung bereits die Herkunftsfrage geklärt: Sowohl die David und seine Dynastie theologisch legitimierenden Aussagen, die in terminologisch und ideologisch nahe verwandter Form die Aufstiegsgeschichte wie auch die Thronfolgegeschichte begleiten[2], als auch die geschichtlichen Anspielungen von 1Kön 2 auf Ereignisse jenseits der Thronfolgegeschichte[3] stammen von der dtr Redaktion. Im folgenden soll die Aufmerksamkeit auf die restlichen literarischen Bindeglieder gerichtet und gefragt werden, wo sie ihren Ursprung haben. Sollten sie dtr sein — und somit unmittelbar in den Bereich unseres Themas fallen —, dann läge die Vermutung nahe, dass DtrG jene beiden grossen Textkomplexe untereinander und wohl auch mit der Ladeerzählung verknüpft hat.[4]

4.1 1SAM 20:12—17.42b

In 1Sam 20:14—15 äussert Jonathan an David die Bitte, dass dieser ihn und seine Familie in der Zukunft auch dann gnädig behandeln möge (עשה חסד), wenn Jahwe

---

[1] Die ehedem selbständige Existenz der Thronfolgegeschichte wird seit Rost 1926 von den meisten angenommen, neuerdings freilich von Carlson 1964, 131—139 und Schulte 1972, 138—140, wieder bestritten. Die Aufstiegsgeschichte besitzt nicht dieselbe Geschlossenheit wie die Thronfolgegeschichte (vgl. Smend 1967, 142; Hertzberg 1968[4], 10); demgemäss ist im folgenden mit diesem Namen nur die vordtr Sammlung der diversen Überlieferungen über den Aufstieg Davids gemeint.

[2] Stellen in Auswahl: 1Sam 25:28—34; 2Sam 3:9—10.17—19.28—29; 5:1—2; 1Kön 1:35—37.46—48; 2:1—9.24.31b—33.44—45.

[3] 1Kön 2:27 und 2:5.32.

[4] Die gängige Meinung ist seit Noth 1967[3], 63—65, dass sie schon vor Dtr(G) zusammengewachsen waren. Anders Sellin-Rost 1959[9], 90—93; Hertzberg 1968[4], 10f. (vgl. auch Grønbaek 1971, 16).

alle Feinde Davids vom Erdboden vertilgt habe. Darauf wird ein Bund geschlossen
(V. 16a)[5] und Jonathan lässt David einen Eid schwören (V. 17)[5], auf den in V. 42b
noch einmal zurückverwiesen wird. Diese Szene ist zweifellos auf 2Sam 9
ausgerichtet, wo David nach der Unterwerfung seiner auswärtigen Feinde (2Sam
8) Jonathans verkrüppelten Sohn Meribaal begnadigt (עשה חסד), indem er ihn
nach Jerusalem holen lässt und ihm den Landbesitz seines Grossvaters Saul
überlässt.[6] Noch in 2Sam 21:7 begegnet ein ausdrücklicher Hinweis auf den
einstmals geleisteten Schwur. Nun ist 2Sam 9 als Vorbereitung für die weiteren
Meribaal-Szenen (2Sam 16:1—4; 19:25—31) ein notwendiger Bestandteil der
Thronfolgegeschichte[7]; deshalb fordern die Verse innerhalb von 1Sam 20, die auf
2Sam 9 ausblicken, nähere Betrachtung.[8]

Aussonderung der dtr Elemente in 1Sam 20

Die anfangs genannten Verse 14—15 stehen in einem Abschnitt (V. 12—17), der
nur behelfsmässig in den Gesamtduktus des Kapitels eingefügt ist. In V. 11/12
stehen zwei völlig identische Redeeinleitungen dicht nacheinander, in V. 18 folgt
noch eine dritte; dieser Aufbau macht einen sehr schwerfälligen Eindruck[9], zumal
jedesmal Jonathan der Redende ist und keine einzige Zwischenrede Davids
vorkommt. Davids Frage in V. 10 zielt darauf, wer ihm Mitteilung davon machen
kann, wie Saul auf sein Fehlen an der königlichen Tafelrunde reagiert. Eine
konkrete Antwort auf diese Frage bringt erst der dritte Redegang Jonathans (V.
18—23)[10], wozu die erste Kurzrede (V. 11) mit der Aufforderung, aufs Feld zu
gehen, die notwendige Vorbereitung bildet (vgl. V. 19)[11]. Der zweite Redegang (V.

---

[5] Zu Textproblemen an dieser Stelle s. u. S. 84f.

[6] Wegen dieser Verbindung wird 2Sam 9 von Nübel 1959, 77.94; Mildenberger 1962, 121 und Amsler 1963, 23f., zum Komplex der Überlieferungen über Davids Aufstieg gerechnet. Auch Carlson 1964, 133, macht sie in seiner Kritik an Rost gegen dessen Hypothese einer geschlossenen Thronfolgegeschichte geltend. Für Eissfeldt 1931, 35, ist das Freundschaftsverhältnis zwischen David und Jonathan ein wichtiger Beweis für einen in 1—2Sam durchgängig vorhandenen Erzählungsfaden, während Vriezen OrNe 1948, 168f., in 2Sam 9 das deutlichste Zeichen dafür findet, dass die Thronfolgegeschichte nur Teil eines grösseren "politisch-historischen" Werkes ist, das auch die früheren David-Überlieferungen sowie den Grundstock der Saul-Überlieferungen umfasst.

[7] Rost 1926, 102; Rost übergeht freilich stillschweigend das Problem der Vorbereitung von 2Sam 9 durch 1Sam 20. Ein Gewaltstreich ist die Entfernung von 2Sam 9 aus der Thronfolgegeschichte ohne Erklärung zu den späteren Meribaal-Szenen (Würthwein 1974, 58[97]).

[8] 2Sam 21:7 gehört zu den Nachträgen der Thronfolgegeschichte (2Sam 21—24), s. u. S. 108.

[9] Nach Stoebe 1973, 386, dagegen "gehören wiederholende Breiten zu der Art lebendigen epischen Erzählens, und das liegt auch hier vor".

[10] Vgl. Segal JQR 1915/16, 583; Nübel 1959, 33. Dagegen gibt es keine Rechtfertigung für Nübels Umordnung des Textes (V. 11.12aα.13aαβ.12ayb.13ay.16b.14.15.16a.17.10 + Zusätze V. 12aβ.13b), die davon ausgeht, dass Davids Frage nach der Botschaftsübermittlung (V. 10) erst nach dem Bundesschluss (V. 16—17) sinnvoll würde (Nübel 1959, 33).

[11] Vgl. Schulz 1919, 306; Hertzberg 1968[4], 140; Stoebe 1973, 386.

12—17) erweist sich auch inhaltlich als sekundärer Einschub dadurch, dass da Jonathans und Davids Rollen im Vergleich zur älteren Erzählung genau vertauscht sind[12]: Jetzt fleht nicht mehr David um Hilfe für sein Leben (vgl. V. 5—8), sondern Jonathan (V. 14—15)[13], der in David bereits den künftigen König sieht (V. 13b).[14]

Mit diesem Zusatz hängt offenbar V. 42b zusammen, denn er bezieht sich auf den von Jonathan und David in V. 13.17 geleisteten Schwur zurück; ferner wird hier V. 23 benutzt — freilich mit der Erweiterung ובין זרעי ובין זרעך *"und zwischen meinen Nachkommen und deinen Nachkommen",* wodurch der in V. 23 in der engen Bedeutung *"für unsere Lebenszeit"* vorkommende Ausdruck עד עולם zwangsläufig den weiten Sinn *"für immer"* bekommt, wie in V. 15[15]. Auch rein äusserlich gesehen ist der Zusatzcharakter von V. 42b augenscheinlich, wie der dem Kontext schlecht angepasste Relativsatz zeigt. Der Anschluss von 21:1 (MT) an 20:42a ist nahtlos und macht gleich auch das Fehlen eines Subjekts in 21:1 begreiflich.[16] Der Nachtrag V. 42b setzt die rührende Begegnung zwischen Jonathan und David (V. 40—42a) voraus.[17] Diese aber ist in sich schon ein junger Bestandteil der Erzählung.[18] Das zeigt sich daran, dass hier die zentrale Pointe der alten Geschichte verdorben wird: Jonathan und David können sich nicht mehr unter vier Augen treffen; eben deshalb musste ja eine konspirative Art der Botschaftsübermittlung verabredet werden (V. 18—23). Damit ist klar, dass V. 42b zusammen mit V. 12—17 ein tertiäres Stadium der Überlieferungsgeschichte von 1Sam 20 bildet.[19]

Nähere Auskunft über den Urheber dieser Zusätze gibt deren *Terminologie:*

---

[12] Vgl. Gressmann 1921[2], 85; de Vaux 1961[2], 106.

[13] Eigenartig ist die Schlussfolgerung, die Mowinckel 1936, 205, daraus zieht: V. 5—8 sei als Gegenstück Bestandteil derselben "Quelle" (E) wie V. 12—17.

[14] In der älteren Forschung war der Zusatzcharakter von V. (11)12—17 allgemein anerkannt (s. Thenius-Löhr 1898[3], 89; Budde 1902, 140; Dhorme 1910, 191f.; Segal JQR 1915/16, 583; Schulz 1919, 308; Gressmann 1921[2], 85; Smith 1951[4], 188; ähnlich noch de Vaux 1961[2], 106 und Hertzberg 1968[4], 140). Neuerdings wird die alte Einsicht bestritten u.a. von Nübel 1959, 33; Mildenberger 1962, 104f. 108 und Stoebe 1973, 386f.

[15] Vgl. Klostermann 1887, 93, V. 42b "ist eine deutliche Umschreibung von V. 23". V. 23 kann aber nicht auf eine Stufe mit V. 42b gestellt (Gressmann 1921[2], 85) oder gar als jünger betrachtet werden (Nübel 1959, 34).

[16] Eine explizite Nennung des Subjekts ist in der vorliegenden Konstruktion trotz des Subjektwechsels nicht notwendig, wie aus der parallelen Formulierung in 2Sam 15:9 hervorgeht; vgl. noch bes. 1Kön 17:9—10; 2Kön 5:19 und auch Ex 4:27; Ri 6:14—15; 1Sam 9:3—4; 2Sam 3:16; 1Kön 13:15—16; 17:3—5.

[17] Anders Schulz 1919, 317; Gressmann 1921[2], 85 und Mowinckel 1936, 206—209, die V. 40—42 im ganzen derselben Hand wie V. (11)12—17 zuweisen.

[18] Vgl. u.a. Thenius-Löhr 1898[3], 89; Budde 1902, 140; Dhorme 1910, 191; Grønbaek 1971, 121[39]. Undenkbar ist die umgekehrte Lösung von Mildenberger 1962, 104f.108, wonach die Szene mit den Pfeilen (V. 20—22.35b—41a) sekundär sei.

[19] Innerhalb von V. 12—17 ist V. 16b wahrscheinlich eine späte Glosse zu dem missverstandenen V. 16a, vgl. Stoebe 1973, 376.

Die in 1Sam 20 einmalige Gottesbezeichnung יהוה אלהי ישראל (V. 12) ist in den schon untersuchten Texten des DtrG schon mehrfach vorgekommen (1Sam 2:30; 25:32.34; 2Sam 7:27; 1Kön 1:30.48).[20]

Die ungewöhnliche Schwureinleitung כה יעשה יהוה[21] ליהונתן וכה יסיף *"Jahwe tue Jonathan dies und das"* (V. 13), in der der Schwörende sich selbst beim Namen nennt, statt *Pron.suff.* zu gebrauchen, ist sonst nur noch bei DtrG belegt (1Sam 25:22; 2Sam 3:9).

Für die *zweigliedrige Beistandsformel* ויהי יהוה עמך כאשר היה עם אבי *"und Jahwe sei mit dir, wie er mit meinem Vater gewesen ist"* (V. 13) gibt es eine Entsprechung bei DtrG in 1Kön 1:37 (David/Salomo); auch sonst findet die Formel bei ihm Gebrauch (Jos 1:5.17; 3:7 Mose/Josua)[22].[23]

Der Begriff עד עולם in der absoluten Bedeutung *"für immer"* (V. 15.42b) — im Unterschied zu der eingeschränkten Bedeutung *"lebenslänglich"* (V. 23) — ist ein fester Bestandteil des dtr Vokabulars, wie sich schon mehrfach gezeigt hat[24].

Dass die Zusätze von DtrG stammen, wird auch durch die *Kompositions- technik* bestätigt: Es liegt hier eine abstrakt gehaltene Rede vor, die den Horizont weit über den unmittelbaren Kontext ausdehnt[25]; ferner wird in V. 42b — wie in 2Sam 6:21 (DtrG) — an die ältere Redeeinheit mit einem Relativsatz angeknüpft.

Die Absicht des DtrG

Um die Zielsetzung der dtr Einschübe in V. 12—17.42b zu erfassen, geht man am besten von V. 16a.17 aus. In diesen Versen wird zumeist eine Textverderbnis im MT vermutet, die man anhand der LXX aufzuhellen sucht: Man ändert V. 16a, der mit V. 15 in Verbindung gebracht wird, zu יכרת שם יהונתן מעם בית דוד *"möge der Name Jonathans neben dem Hause Davids (nicht) ausgerottet werden"* und korrigiert V. 17aα zu ויוסף יהונתן להשבע (*ni.*) לדוד *"und Jonathan schwur David nochmals"*.[26] Die Berechtigung dieser Texteingriffe ist jedoch nicht über

---

[20] Sie wird natürlich nicht allein von DtrG verwendet, vgl. 1Sam 23:10.11, auch 1Sam 17:45.
[21] LXX^BL bezeugen hier wie in den Parallelen 1Sam 25:22 und 2Sam 3:9 אלהים.
[22] Vgl. auch in einem spätdtr Zusammenhang in 1Kön 8:57 (*"wir"*/*"unsere Väter"*).
[23] Weiser VT 1966, 335 und Grønbaek 1971, 123, schreiben V. 13 wegen der Formel dem Verfasser der Aufstiegsgeschichte zu. Dagegen ist aber festzuhalten, dass die *Beistandsformel* in der Aufstiegsgeschichte stets in *eingliedriger* Gestalt vorkommt (1Sam 16:18; 17:37; 18:12.14.28; 2Sam 5:10).
[24] S. o. S. 75.
[25] Die nächste Entsprechung liegt in der erweiterten Abigail-Rede (1Sam 25:24ff.) vor.
[26] Beide Korrekturen nehmen u.a. vor Wellhausen 1871, 117; Thenius-Löhr 1898³, 91f.; Budde 1902, 143; Nowack 1902, 105; Dhorme 1910, 182f.; Driver 1913², 165f.; Mowinckel 1936, 207; **BHK**. Nur V. 16a verändern in der angezeigten Weise u.a. Klostermann 1887, 87; Schulz 1919, 306; Hertzberg 1968⁴, 136. Auch die "Bundesforscher" Kraetzschmar 1896, 19 und Kutsch 1973, 40³, teilen die *communis opinio* und lassen den "Bund" von V. 16a ausser acht.

jeden Zweifel erhaben.[27] Die auch durch die meisten Versionen bezeugte elliptische Formulierung כרת עם (V. 16a) statt כרת ברית עם für die Bundesschliessung gibt an sich noch keinen Anlass zur Beanstandung (vgl. 1Sam 11:2; 22:8; 2Chr 7:18). Auch das Argument, es liege hier eine Doppelung zu 1Sam 18:3 vor, sticht nicht, weil man es dort mit einer anderen literarischen Ebene zu tun hat.[28] Ausserdem handelt es sich hier, anders als in 1Sam 18:3 (20:8), nicht um einen Bund, der nur die beiden Individuen David und Jonathan betrifft, sondern um eine Abmachung *"mit dem Hause Davids",* was aus dem umfangreichen Horizont des DtrG, der auch in V. 15 und 42b zutage tritt, verständlich wird.

In V. 17 bietet der ungewöhnliche Ausdruck באהבתו אתו כי... *"bei seiner* (=Jonathans) *Liebe zu ihm, denn..."* den Anlass zu Textkonjekturen: Jonathan bitte ja im Augenblick in erster Linie für sich selbst und seine Familie; deswegen sei die Beschwörung Davids bei Jonathans Liebe gegen ihn verwunderlich.[29] V. 17aβb ist aber in Wirklichkeit eine entfaltende Wiederholung der prägnanten Formulierung von 1Sam 18:3, wo ebenfalls ein Bundesschluss vorangeht; es wird hier also zitiert, und das macht die stilistische Härte erträglich, zumindest erklärlich. Ausserdem wird in 1Sam 20:42b und 2Sam 21:7 vorausgesetzt, dass Jonathan *und* David geschworen haben — nicht Jonathan allein; dadurch wird die übliche Textänderung in V. 17 *("und Jonathan schwur David nochmals")* ausgeschlossen.

Der überlieferte hebr. Wortlaut von V. 16a.17 wird darüber hinaus noch von *sachlichen* Erwägungen gestützt. Bundesschlüsse werden ja sehr häufig durch Schwur bekräftigt. Ein enges Seitenstück zu dem vorliegenden Fall ist 2Kön 11:4, wonach der Oberpriester Jojada die Führer der Palastwache zu sich holte, *"einen Bund mit ihnen schloss"* (ויכרת להם ברית) *"und sie schwören liess"* (וישבע אתם).[30] *Bundesschliessung* und *Schwur* sind also einander zugeordnet, sogar so eng, dass der ganze Akt nach dem Schwur bezeichnet werden kann (1Sam 20:42b; 2Sam 21:7).[31] In V. 16a.17 soll also eine echte Bundesschliessung berichtet werden, deren Inhalt zuvor in einer geradezu klassischen Form dargestellt ist: Am Anfang von Jonathans Rede steht die Anrufung Gottes als Zeugen (V. 12aβ)[32], danach folgen die Einzelbestimmungen bzw. Verpflichtungen (V. 12aγb), die Jonathan durch seinen Schwur auf sich nimmt (V. 13a). Formal als Bitte

---

[27] Bedenken dagegen melden zu V. 16a Noth 1966³, 146, zu V. 17 Schulz 1919, 308 und Hertzberg 1968⁴, 140, an; beidemal negativ Stoebe 1973, 376.

[28] Vgl. den ausdrücklichen Rückbezug auf 1Sam 18:3 in 1Sam 20:8.

[29] S. z.B. Wellhausen 1871, 117; Nowack 1902, 105.

[30] Vgl. auch Gen 21:23—24.27; 26:28—31; Dt 4:31; 7:12; 8:18; Jos 9:15; Ri 2:1; Ez 16:8; 17:13; Esr 10:3—5.

[31] Vgl. auch Ps 89:4.35—36; 105:9, wo Bund und Schwur im Parallelismus vorkommen. Aus diesen und ähnlichen Beispielen kann jedoch nicht gefolgert werden, dass Bund und Schwur auch in 2Kön 11:4 und damit vergleichbaren Texten einfach gleichbedeutend wären (Kutsch 1973, 18—21); wie wäre dann die häufige "Tautologie" auch in Prosatexten erklärlich? Vgl. auch McCarthy VTSuppl 1972, 77f.

[32] In V. 12 ist vor dem Gottesnamen mit *Syr* עד zu ergänzen, s. Thenius-Löhr 1898³, 91; Nowack 1902, 104; Dhorme 1910, 181; Smith 1951⁴, 189; de Vaux 1961², 106; **BHK**.

beschreibt er dann die Verpflichtungen, deren Übernahme durch David er erwartet (V. 14—15). Danach wird der Bund geschlossen (V. 16a), und Jonathan lässt ihn von David durch Eid bekräftigen (V. 17). Der Abschnitt enthält in dieser durchdachten Form Elemente — Anrufung der Zeugen, Einzelbestimmungen, Schwur —, die als feste Bestandteile in altorientalichen Bundes- und Vertragstexten häufig belegt sind[33] und in lockerer Gestalt hie und da auch im AT[34] begegnen.[35] Der Bund von V. 16a ist also eine *gegenseitige* Verpflichtung, ein Vertrag, der Jonathan verpflichtet, David gegen seinen eigenen Vater zu schützen, und der David mitsamt seinem Haus für alle Zeiten verpflichtet, Jonathan und seinem Haus Schutz zu gewähren. Die Gegenseitigkeit dieses Bundes[36] erhellt eindeutig auch aus den von 1Sam 20:16a abhängigen Rückverweisen 1Sam 20:42b und 2Sam 21:7, wo die Reziprozität des Bundes durch die *praep.* בין... ובין *"zwischen... und zwischen"* ausgedrückt wird[37].

Die Eigenart dieses Bundes wird transparent durch einen Vergleich mit der älteren Darstellung in 1Sam 18:3, auf die in 1Sam 20:8 und wohl auch in 1Sam 22:8 angespielt wird. Hier handelt es sich um eine *einseitige* Selbstverpflichtung Jonathans[38], mit David eine Art Lebensgemeinschaft einzugehen.[39] DtrG hat demnach aus einer einseitigen Verpflichtung eine zweiseitige, also einen regelrechten Bund gemacht.[40] Warum er das getan hat, ist leicht zu erkennen. Aus 2Sam 9 wusste er, dass David dem verkrüppelten Sohn Jonathans, Meribaal, *"Huld erwiesen"* hat (Stichwort עשה חסד, V. 1.3.7); diesen Begriff aber verband er mit der Sinnsphäre *"Bundestreue"*, um die es denn auch in 1Sam 20:8.14 geht

---

[33] Vgl. statt vieler Mendenhall BA 1954, 50—76, der anhand hethitischen Materials als erster die Aufmerksamkeit der Alttestamentler auf diese Texte gezogen hat.

[34] Die genannten drei Elemente erscheinen im Kontext des Bundes auch in Gen 31:44—53 — der Text ist allerdings zusammengesetzt (JE) — und in Dt 31:19—21 in paränetischer Färbung. Einzelbestimmungen und Schwur sind überliefert z.B. in Gen 21:23—24.27; 26:28—31; Dt 7:12; 8:18—19; Jos 9:6.11.15; Esr 10:3—5, Einzelbestimmungen und Anrufung der Zeugen in Jos 24:22—25.

[35] S. zum Ganzen Weinfeld 1972, 59—157, mit reichhaltigem Material auch aus akkadischen und aramäischen Quellen sowie mit dem Nachweis des Einflusses, den diese Texte auf das dt-dtr Schrifttum hatten.

[36] Für den Fall einer deutlichen gegenseitigen Verpflichtung räumt sogar Kutsch 1973, 25, der durch seine Untersuchungen umstritten gewordenen Übersetzung "Bund" ihre relative Berechtigung ein.

[37] Ähnlich auch Kutsch 1973, 20f.25, über 1Sam 20:42b und 2Sam 21:7.

[38] Wahrscheinlich stand in 18:3 ursprünglich לדוד statt ודוד, s. Kraetzschmar 1896, 19f.; Begrich ZAW 1944, 1⁴; Jepsen 1961, 163; Kutsch 1973, 54¹⁸.

[39] Kutsch 1973, 54. Vgl. schon Kraetzschmar 1896, 19f.; auch Begrich ZAW 1944, 2. Die Unterschiede zwischen beiden Textreihen sucht McCarthy VTSuppl 1972, 68—73, mit einiger Gewaltsamkeit zu harmonisieren; zu dem von ihm zusätzlich herangezogenen Text 1Sam 23:16—18 s. u. S. 88—90.

[40] Wenigstens an dieser Stelle bewährt sich die Theorie von Begrich ZAW 1944, 1—11, wonach ברית ursprünglich ein einseitiges Verhältnis bezeichnete, mit der Zeit jedoch unter dem Einfluss des Vertragsdenkens den Sinn einer gegenseitigen Abmachung erhielt; nach Begrich S. 8 "folgen Deuteronomiker und Deuteronomisten diesem jüngeren $b^e r\bar{\imath}t$-Verständnis".

(עשה חסד)⁴¹. Demnach macht DtrG in 1Sam 20:12—17.42b deutlich, dass David in der Beziehung mit Jonathan nicht nur nehmender, sondern auch gebender Teil gewesen ist. Dahinter verbirgt sich ein ganz ähnliches Denken wie hinter 1Kön 2:5—9 und den damit zusammenhängenden Texten, wo das Schicksal bestimmter Personen auf deren früheres Verhalten gegenüber David zurückgeführt wird; nur der Unterschied besteht zwischen diesen Textgruppen, dass in 1Kön 2:5—9 die Entscheidungen vorwiegend *ad malam partem* ausfallen mussten⁴², in Jonathans Fall hingegen eine Entwicklung *ad bonam partem* möglich war. In allen Fällen hat David in den Augen des DtrG ohne Frage nichts als pure Gerechtigkeit walten lassen.⁴³

Neben diesem konkreten Entstehungsanlass verraten die Erweiterungen des DtrG in 1Sam 20 auch einige weitere beachtenswerte Aspekte: Jonathans Rede ist gewissermassen eine "geheime Epiphanie". Obwohl David im Augenblick total auf Jonathans Hilfe angewiesen ist, ist er in Wirklichkeit von den beiden der Überlegene, der einst über das Fortbestehen des Hauses Jonathans wird entscheiden können (V. 14—15); Jonathan sieht in ihm — das zeigt die Anwendung der *zweigliedrigen Beistandsformel* (V. 13b) — bereits den kommenden König.⁴⁴ Nebenbei wird hier auch deutlich, dass DtrG keineswegs das einstige Mit-Sein Jahwes mit Saul bestreitet (vgl. 1Sam 10:7); freilich macht er daraus sogleich einen Schluss *a minori ad maius:* wenn Jahwe schon mit Saul war, wieviel mehr wird er dann mit David sein! Als schon bekannter Topos des von DtrG gezeichneten Zukunftsbildes Davids taucht in V. 15 wieder die Vernichtung aller seiner Feinde durch Jahwe auf (vgl. 1Sam 25:26.29.39a; 2Sam 3:18).

---

⁴¹ Vgl. auch Gen 21:23; Dt 7:9.12; 1Kön 8:23; Ps 89:29.34.

⁴² Ausnahme sind die Söhne Barsillais in 1Kön 2:7 (auch hier עשה חסד als Stichwort).

⁴³ In 2Sam 9 selbst dürften die geschichtlichen Anspielungen auf Jonathan gleichfalls von DtrG herrühren: Die merkwürdig unkonkret formulierte Einleitung der Geschichte (V. 1) besagt inhaltlich dasselbe wie V. 3 ohne Rückbeziehung auf Jonathan; auch in V. 7aγ können die Worte בעבור יהונתן אביך, die sich mit V. 7aδ (שאול אביך) stossen, ohne Schaden fehlen (vgl. u. S. 108¹⁴). Ausserdem hat DtrG wahrscheinlich noch an einigen weiteren Stellen die Geschichte umgestaltet: Die Zusage, nach der Meribaal seinen Lebensunterhalt direkt von der königlichen Tafel erhalten soll (V. 10aγ), steht in klarem Widerspruch zu der vorangehenden (V. 10aαβ), der zufolge Meribaal vom Ertrag seines väterlichen Ackerbodens, mit dessen Bewirtschaftung Ziba beauftragt wird, leben soll — und an der Tafel eines Königs pflegt man ja nicht von mitgebrachten Lebensmitteln zu essen (vgl. 1Kön 5:7); dazu kommt, dass die unmittelbare Fortsetzung (V. 10b) eine ebenfalls deutlich sekundäre Vorbereitung auf 2Sam 19:18 ist, und dass dieselbe Zusage auch in V. 11b völlig isoliert steht. Daraus ergibt sich, dass die analogen Aussagen auch in V. 7b und 13aβ (und dann auch in 2Sam 19:29) Zusätze des DtrG sind (vgl. 1Kön 2:7; auch 2Kön 25:29). Nach dem älteren Bericht hat also David Meribaal aus Sicherheitsgründen (vgl. 2Sam 16:3!) in Jerusalem interniert (vgl. später Salomo 1Kön 2:36f.) und, im Blick auf Meribaals körperlichen Zustand, dessen Versorgung durch Ziba geregelt. DtrG dagegen hat in dieser Massnahme einen vollen königlichen Begnadigungsakt sehen wollen, der dem innigen Treueverhältnis zwischen David und Jonathan entsprach.

⁴⁴ Als historischer Beleg dafür kommt die Stelle natürlich nicht in Frage (anders Morgenstern JBL 1959, 322).

4.2 1SAM 23:16—18

Die Episode von Jonathans Zusammentreffen mit David in Hores (1Sam 23:16—18) hängt offenbar auf irgendeine Weise mit 1Sam 20:12—17.42b zusammen[45]; denn hier spricht Jonathan, nachdem er in 1Sam 20:13ff. schon entsprechende Andeutungen gemacht hat, seine Erwartung von Davids künftiger Herrschaft über Israel offen aus (V. 17); ähnlich wie in 1Sam 20:16a wird hier noch einmal ein gegenseitig verpflichtender Bund (V. 18)[46] — im Unterschied zu dem einseitigen von 1Sam 18:3 (20:8) — geschlossen.

Wieder sind die fraglichen Verse nur dürftig, wenn überhaupt, mit ihrem nächsten Kontext verzahnt. Die ihnen vorangehenden Verse 14—15 haben an sich schon redaktionelles Gepräge[47], enthalten aber nichts, was sie als Einleitung zu V. 16—18 erscheinen liesse[48]; viel besser eignen sie sich als redaktionelle Überleitung zu V. 19ff.[49] In V. 16—18 muss also ein später Einschub vorliegen.[50]

Für eine Spätdatierung spricht auch der ganze Charakter der Verse, denen alle konkreten Angaben fehlen: Es wird nicht gesagt, wie Jonathan zu David gelangen konnte, ohne dass es Saul aufgefallen wäre, und wie Davids Männer sich zu dem Sohn des Feindes stellten.[51] Um so markanter ist die theologische Tendenz der Verse. Jonathans Besuch bei David hat lediglich einen seelsorgerlichen Zweck: er kommt zu David, um ihn *"in Gott zu ermutigen"* (V. 16).

Formal ist der Einschub durchaus kunstvoll aufgebaut: Die ebenmässige Rahmung weist eine *Exposition* (V. 16a)[52] und einen stilistisch geschickt als *Doppelausklang*[53] formulierten Schluss (V. 18b) auf. Im eigentlichen *Korpus* (V. 16b—18a) steht Jonathans Rede im Mittelpunkt (V. 17), wiederum auf beiden Seiten gerahmt durch berichtende Passagen (V. 16b.18a). Der wohlüberlegte Aufbau beweist jedoch noch nichts für die Altertümlichkeit des Abschnitts, sondern zeigt nur das Geschick des (späteren) Schriftstellers, der die Szene eindrucksvoll zu konstruieren wusste.[54]

---

[45] Vgl. Dhorme 1910, 211; Schulz 1919, 342; Schildenberger SAns 1951, 140; de Vaux 1961², 118; Carlson 1964, 133.

[46] Zur Gegenseitigkeit dieses Bundes vgl. Kraetzschmar 1896, 20f.; Begrich ZAW 1944, 6; Jepsen 1961, 163; McCarthy VTSuppl 1972, 73; Kutsch 1973, 54f.

[47] Vgl. Grønbaek 1971, 159; Stoebe 1973, 426.

[48] Auch וירא דוד in V. 15 (vgl. V. 17) ist anders zu erklären, s. u. S. 89.

[49] Grønbaek 1971, 159. — Es ist demnach unzulässig, die Einheit auf V. 14—18 (Budde 1902, 157; Mowinckel 1936, 214; Hölscher 1952, 373), auf V. 15—18 (Dhorme 1910, 211; Schulz 1919, 342; Gressmann 1921², 96; Smith 1951⁴, 213; de Vaux 1961², 118) oder auf V. 15b—18 (Stoebe 1973, 427) zu begrenzen.

[50] Vgl. Koch 1967², 173; Schulte 1972, 120³⁷.

[51] Vgl. Koch 1967², 173.

[52] Der Anfang lehnt sich an V. 13 an.

[53] Zu diesem stilistischen Merkmal s. Seeligmann ThZ 1962, 307—310.

[54] Ganz unwahrscheinlich ist die Annahme von Nübel 1959, 46, dass die alte *"Grundschrift"* V. 17.18a ursprünglich in 1Sam 20 (vor V. 42) gebracht habe, dass der *"Bearbeiter"* diese Sätze aber an ihre jetzige Stelle gerückt und mit V. 16 und 18b gerahmt hätte; ähnlich beurteilt auch Mildenberger 1962, 104, V. 17 als Bruchstück aus einem älteren Zusammenhang.

Wenn also nichts dagegen spricht, dass 1Sam 23:16—18 ein literarisch spätes Produkt ist, das mit 1Sam 20:12—17.42b (DtrG) in Verbindung steht, dann ist so gut wie sicher, dass auch dieser Passus von DtrG herrührt. Das wird noch durch einen Blick auf 1Kön 5:26bβ bestätigt, wo als Abschluss eines dtr formulierten Abschnittes (1Kön 5:15—26)[55] eine ganz ähnliche gegenseitige Bundesschliessung wie in 1Sam 23:18a in terminologisch fast identischer Gestalt[56] begegnet.[57]

An dieser Stelle mag sich die Frage erheben, warum DtrG nach 1Sam 20:16a nochmals einen gegenseitigen Bundesschluss zwischen Jonathan und David für nötig gehalten haben sollte. An sich ist das nicht merkwürdiger als die deuteronomische Konstruktion, der zufolge Gott mit den Israeliten nach dem Bund am Horeb noch einen zweiten Bund im Lande Moabs geschlossen hat (beide nebeneinandergestellt in Dt 28:69). Ausserdem sind im vorliegenden Fall die Bundesbedingungen jeweils unterschiedlich; das ergibt sich aus einer näheren Betrachtung der Rede Jonathans in 1Sam 23:17[58].

Die Rede ist formal als *Heilsorakel*[59] gebaut. Die Eröffnung אל תירא *"fürchte dich nicht"* nimmt direkt auf וירא דוד (V. 15) Bezug, wo וירא — defektiv gelesen — für ויירא *"und (David) fürchtete sich"* genommen werden konnte[60]; wahrscheinlich war dies der konkrete Anlass für die Wahl der Redeform in V. 17. Die Eröffnungsformel wird dann mit einem viergliedrigen כי-Satz begründet, wobei das erste Glied *"denn die Hand meines Vaters wird dich nicht erreichen"* an die konkrete Situation anknüpft und eine entkräftende Gegenaussage zu dem Satz in V. 15 *"denn Saul zog aus, ihm nach dem Leben zu trachten"* bildet. Das zweite Glied *"und du wirst König über Israel sein"* geht weit über die Situation hinaus; wenn man im Auge behält, dass hier Jonathan spricht: der älteste Sohn des derzeit amtierenden Königs erklärt zu Davids Gunsten seinen Verzicht auf die Thronnachfolge — wahrhaftig keine geringe Zusage an David! Welche Gegenleistung er dafür von David erwartet, wird in dem dritten Glied gesagt: *"und ich werde der zweite nach dir sein"*. Er hofft also in dem von David regierten Israel den zweiten Rang nach David einzunehmen. Das vierte Glied *"und auch mein Vater wird es wissen"* lenkt wieder zu dem ersten zurück und verbindet auf

---

[55] S. Noth 1968, 88.92. Auch die eventuelle Anspielung auf diesen Bund in Am 1:9 ist dtr, s. Schmidt ZAW 1965, 174—177.

[56] Der überschiessende Teil לפני יהוה in 1Sam 23:18 entspricht gut dem theologischen Charakter der Episode, während in 1Kön 5:26 der Bund mit einem Nichtisraeliten (Hiram) geschlossen wird. Eine ähnliche Formulierung des Bundesschlusses wie in 1Sam 23:18 und 1Kön 5:26 gibt es ausserdem nur noch in Gen 21:27 (E).

[57] Nach den bisherigen Ergebnissen kann es nur eine Bestätigung für unsere Zuweisung des Abschnitts an DtrG sein, wenn Koch 1967², 178f., ihn auf einen nicht namhaft gemachten *"Geschichtsschreiber"* zurückführt, dessen Thema das Königtum Davids sei.

[58] Gegen Kutsch 1973, 55, der meint, V. 17 könne nicht zur Klärung des Inhalts von V. 18a herangezogen werden.

[59] Dazu grundlegend Begrich ZAW 1934, 81—92.

[60] So wollen auch viele Neuere vokalisieren (u.a. Wellhausen 1871, 128; Nowack 1902, 118; Dhorme 1910, 210; Schulz 1919, 341; Gressmann 1921², 92; Smith 1951⁴, 213; BHK).

diese Weise das 2. und 3. Glied mit der konkreten Situation, was zur zusätzlichen Bekräftigung der Eröffnungsaussage *"fürchte dich nicht"* beiträgt.

Die Bundesbedingungen sind ganz offenbar im 2. und 3. Glied genannt, formal durch die betonten Anfänge ואנכי... ואתה *"und du... und ich"* gekennzeichnet.[61] Unter diesen Bedingungen gehen Jonathan und David einen Bund ein (V. 18a). Für DtrG war es offenbar von grosser Wichtigkeit, dass David jetzt, in der letzten Begegnung mit Jonathan, von dem ältesten Sohn des regierenden Königs Saul eine ausdrückliche Legitimation für sein Königtum über Israel erhielt. Natürlich musste sich David im Gegenzug zu einem angemessen generösen Verhalten gegenüber Jonathan verpflichten — und es lag gewiss nicht an ihm, dass ihn der frühzeitige Tod Jonathans (1Sam 31:2) an der Einhaltung seines Versprechens hinderte. Die hochherzige Übereinkunft zwischen Jonathan und David konnte gerade so als unanfechtbarer, schöner Beweis ihrer gegenseitigen Liebe stehen bleiben; um so notwendiger muss dem Leser nun die — vermeintlich[62] — grossmütige Behandlung des Jonathan-Sohns Meribaal durch David erscheinen (2Sam 9).[63]

4.3 1SAM 24:18—23a

In 1Sam 23:17 hatte Jonathan David vorausgesagt, auch sein Vater werde einmal einsehen, dass David der König von Israel werden müsse. Die Zeit dafür ist in 1Sam 24:21 erfüllt, wo Saul dem David versichert, nun wisse er, *"dass du König werden wirst und dass das Königtum über Israel*[64] *in deiner Hand Bestand haben wird"*; anschliessend bittet er David um das Versprechen, dass dieser seine Nachkommenschaft schonen werde (V. 22—23a); eine ganz ähnliche Bitte hatte zuvor sein Sohn Jonathan geäussert (1Sam 20:15.17). Kein Zweifel, dass diese Stelle mit den beiden eben behandelten (1Sam 20:12—17.42b; 23:26—28) in Verbindung steht.[65]

---

[61] Kraetzschmar 1896, 21. Die Kritik, die Stoebe 1973, 427, in diesem Punkt an Kraetzschmar übt, bedeutet einen Rückschritt in der Auslegung der Stelle: "Jonathan gibt damit einen persönlichen Eindruck, richtiger den Inhalt einer gottgewirkten Erkenntnis wieder, nicht die Grundlage eines Abkommens." Ganz ähnlich schon Nowack 1902, 118f.

[62] Vgl. o. S. 87[43].

[63] Etwas von der Jonathan zugedachten Würde liess DtrG Meribaal zuteil werden, indem er ihn an der königlichen Tafel *"wie einen von den Söhnen des Königs"* essen liess (2Sam 9:11), s. o. S. 87[43].

[64] Im Lichte von 1Sam 23:17 erweist sich die Vermutung von Cazelles VT 1960, 93, Israel sei hier nicht als *gen.obj.*, sondern als *gen.subj.* (= die Herrschaft des Stammvaters Jakob/Israel), als unbegründet.

[65] Vgl. Klostermann 1887, 107; Dhorme 1910, 219; Schulz 1919, 351; de Vaux 1961², 122; Hertzberg 1968⁴, 160; Ackroyd 1971, 189.

Abgrenzung der dtr Erweiterung

In 1Sam 24 ist die sekundäre Erweiterung schwerlich auf die Verse mit einem weiten geschichtlichen Horizont (V. 21—23a) beschränkt[66]; denn schon mit Sauls Geständnis *"Jahwe wird dir Gutes erweisen für das, was du an mir heute*[67] *getan hast"* in V. 20b ist Davids Zukunft berührt[68], weswegen sich dieser Satz kaum von V. 21 trennen lässt. Die Aussage von V. 20b versteht sich ihrerseits als Schlussfolgerung aus Sauls Erkenntnis, dass David gerechter gehandelt habe als er (V. 18a), wofür in V. 18b—19 das Beweismaterial dargeboten wird.[69] Demnach scheint die ganze Rede Sauls in V. 18ff. ein Nachtrag zu sein.

Tatsächlich bildet V. 17 in 1Sam 24 den dramatischen Höhepunkt in der Begegnung zwischen David und Saul: Saul, der hier das einzige Mal im ganzen Kapitel das Wort ergreift, ruft הקלך זה בני דוד *"Ist es deine Stimme, mein Sohn David?"* (V. 17a)[70] und bricht dann in lautes Weinen aus (V. 17b). Dazu würde der Doppelausklang in V. 23b einen vorzüglichen Schluss bilden; die lange Rede in V. 18ff. dagegen, die keineswegs einen erregten Eindruck macht[71], passt stilistisch nicht gut hinter die Mitteilung vom lauten Weinen Sauls[72]. Auffällig ist weiterhin, dass die Parallelüberlieferung in 1Sam 26 keinerlei Spuren dieser Rede Sauls enthält.[73] Schliesslich werden durch 1Sam 24:18—23a auch kompositionstechnische Probleme aufgeworfen: Wie ist die zweite Verfolgungsszene in 1Sam 26 nach der jetzt am Ende von 1Sam 24 geschilderten totalen Versöhnung noch zu erklären? Ohne V. 18—23a hingegen könnte man in V. 17 ungezwungen einen der für Saul typischen Erregungszustände sehen, die für seine grundsätzliche Einstellung zu David nie etwas besagt haben; in diesem Sinne wird auch die

---

[66] So z.B. Budde 1902, 163; Dhorme 1910, 219; Schulz 1919, 351; Grønbaek 1971, 169[74]. Anders Koch 1967[2], 179, der aus dem zweimaligen עתה in V. 21/22 folgert, allein V. 21 sei sekundär; dagegen spricht jedoch der Vergleich mit 1Sam 20:12—17.42b, und ausserdem ist das mehrfache Vorkommen von ועתה auch in einheitlich redaktionellen Texten möglich (vgl. 1Sam 25:26; 2Sam 7:28.29, alle dtr). Anders auch Nübel 1959, 47, der in 1Sam 24:17b—23a den ursprünglichen Schluss der von ihm postulierten Urform von 1Sam 24/26 findet, und Stoebe 1973, 442, der zwar in V. 21ff. eine "Motiverweiterung", aber keinen eigentlichen Zusatz sieht.

[67] הים הזה gehört wahrscheinlich zum Ende des Satzes, s. Driver 1913[2], 195; BHK; Hertzberg 1968[4], 158[3].

[68] Vgl. Stoebe 1973, 442.

[69] Das Sprichwort V. 20a ist vermutlich jünger als seine Umgebung, Stoebe 1973, 442.

[70] Es handelt sich nicht um eine echte, sondern um eine *rhetorische* Frage, wie die Fortsetzung eindeutig zeigt; aus diesem Grund ist die häufig vertretene Meinung, V. 17aβ sei ein Zusatz aus 1Sam 26:17, wo Saul David wirklich erst an der Stimme erkenne (so u.a. Wellhausen 1871, 137; Budde 1902, 163; Dhorme 1910, 218; Schulz 1919, 350f.; Gressmann 1921[2], 94; Smith 1951[4], 220; **Nübel 1959, 49**; Mildenberger 1962, 112), nicht zwingend.

[71] Die Rede eines Weinenden wird anders dargestellt, vgl. etwa 2Sam 19:1.

[72] Wo der Ausdruck von V. 17b sonst begegnet (Gen 21:16; 27:38; 29:11), da wird er nie mit einer direkten Rede fortgesetzt; in 1Sam 26:17 fehlt der Satz, eben weil ein Dialog folgt.

[73] Um so erstaunlicher ist das, wenn 1Sam 24 die ältere von den beiden Überlieferungen ist (so wahrscheinlich mit Recht u.a. Budde 1902, 161f.; Koch 1967[2], 174f.; Schulte 1972, 129).

Formulierung in V. 23b zu verstehen sein.[74] Aus all diesen Beobachtungen ergibt sich, dass 1Sam 24:18—19.20b—23a im ganzen — nicht allein V. 21—23a — eine von DtrG[75] stammende Erweiterung darstellt.[76]

Die Aussage von 1Sam 24:18—19.20b—23a

Es hat sich schon oben gezeigt, dass sich 1Sam 24:18—19.20b—23a seiner Intention nach mit den von DtrG inszenierten Begegnungen zwischen Jonathan und David (1Sam 20:12—17.42b; 23:16—18) berührt. Darüber hinaus kommt dem Treffen zwischen Saul und David aber auch ein erhebliches Eigengewicht zu, das einer Explikation bedarf.

Formal ist Sauls Rede so gebaut, dass der einführende Nominalsatz *"du bist gerechter als ich"* (V. 18a) die nachfolgenden Begründungssätze (V. 18b—19) regiert, die eine Illustration zu der Feststellung des Nominalsatzes sind. Durch Tempuswechsel wird dann in V. 20b der Blick auf die künftigen Folgen von Davids grösserer Gerechtigkeit gelenkt; der Höhepunkt ist in V. 21 erreicht[77], wo mit Hilfe einer doppelten Adverbialbestimmung ועתה הנה *"gerade jetzt"*[78] mit nachfolgendem *perf.* eine betonte präsentische Aussage über Davids Königtum gemacht wird. Mit einem kausalen ועתה *"deshalb"*[79] schliesst sich daran die Bitte um die Schonung der Nachkommen an (V. 22), deren Bestätigung durch David abschliessend berichtet wird (V. 23a).

In dieser Struktur kann man einen Versuch des DtrG sehen, gedanklich klar zu machen, warum Jahwe David und sein Haus — und nicht Saul und sein Haus — erwählt hat (vgl. 2Sam 3:10; 6:21). Für DtrN war die Antwort einfach: Saul hatte das Gebot Jahwes missachtet (1Sam 13:13—14); auch DtrP wusste ohne weiteres Bescheid: Saul hatte das durch den Propheten Samuel übermittelte Banngebot nicht strikt eingehalten (1Sam 28:17—19aα). Mehr als seine Nachfolger musste sich aber anscheinend DtrG über das Rätsel der Erwählung des einen bei Verwerfung des anderen den Kopf zerbrechen. In dem vorliegenden Text, der in seiner Art einzig dasteht, gibt er die Erklärung: David war von grösserer Gerechtigkeit, und dies kam im menschlichen Bereich zur Geltung. David hat nämlich eine ausgezeichnete Gelegenheit, seinen Verfolger aus dem Wege zu räumen, nicht genutzt (V. 18—19); also wird Jahwe ihm dafür in Zukunft

---

[74] Vgl. Hertzberg 1968[4], 160, zu V. 23b: "Eigenartigerweise hat das Ergebnis keine unmittelbaren Folgen. Ein Romanschriftsteller würde David an Sauls Hof zurückkehren und seine alte Stellung wieder einnehmen lassen. Statt dessen geht Saul nach Gibea, David auf seine Bergfeste."

[75] Hinsichtlich der sprachlichen Gestaltung vgl. 1Sam 24:18a mit 1Kön 2:32 und 1Sam 24:20b mit 2Sam 3:39; 16:12.

[76] Anderer Meinung sind wieder diejenigen, die den Zusatz in diesem oder jenem Umfang dem Verfasser der Aufstiegsgeschichte (so Amsler 1963, 25[4], V. 21, und Grønbaek 1971, 169[74], V. 21—23a), dem *"Jahwisten"* (Schulte 1972, 124[58].180, V. 5b.6?.9—13.15—23) oder einem unbekannten *"Geschichtsschreiber"* (Koch 1967[2], 179, V. 21) zuweisen.

[77] Schildenberger SAns 1951, 140; Ackroyd 1971, 190.

[78] Zur Bedeutung von ועתה הנה s. Brongers VT 1965, 293.

[79] Brongers VT 1965, 294.

Gutes erweisen und ein dauerhaftes Königtum über Israel schenken (V. 20b—21). An sich ist eine derartige Argumentation mit Davids Grossmut und Unschuld (V. 18—19) nicht neu; sie lehnt sich ja inhaltlich eng an die vorangehende Rede Davids an (V. 10—16), in der solche Gesichtspunkte bereits im Vordergrund stehen. Diese gewinnen aber erheblich an Überzeugungskraft, indem DtrG sie von Saul, Davids ärgstem Feind, selbst ausgesprochen sein lässt. Beinahe grotesk wirkt es, wenn Saul auf dem Höhepunkt seiner Rede (V. 21) ausgerechnet den Mann, den er in Wirklichkeit als die grösste Gefahr für sich und sein Haus angesehen hat (1Sam 20:31)[80], als den kommenden König von Israel bezeichnet, faktisch also seinem schärfsten Rivalen die Thronnachfolge zugesteht![81]

David hat demnach für sein Königtum die Legitimation nicht allein von *Gott*[82], vom *Volk*[82] und vom *Kronprinzen Jonathan* erhalten[83], sondern auch von seinem offiziellen *Vorgänger Saul*. Wie sich früher gezeigt hat, suchte DtrG dem Leser auch bei der Thronbesteigung Salomos in 1Kön 1—2 ähnliche Eindrücke zu vermitteln, indem er den obskuren Vorgängen nach Kräften den Geschmack einer Palastintrige nahm und Salomos Recht auf die Herrschaft ausdrücklich auf *Gottes* und auf *Davids* Willen zurückführte.[84] Von dieser Parallelität her fällt jetzt neues Licht auch auf eine dort offen gebliebene Frage. Damals konnte nicht entschieden werden, ob die einzige theologische Begründung für Salomos Königtum innerhalb von 1Kön 1—2, 1Kön 2:15bγ, die rein literarkritisch nicht als sekundär zu erweisen war, schon in der alten Erzählung stand oder erst von DtrG in der Absicht zugesetzt wurde, zu zeigen, dass der wahre theologische Hintergrund des Geschehens auch dem älteren Bruder Salomos letzten Endes nicht unbekannt war.[85] Von dem jetzt erschlossenen Vergleichsmaterial her ist man eher geneigt, die zweite Alternative für richtig zu halten.[86]

Zu der Ansprache des Königs an seinen Nachfolger gehört in den Augen des DtrG auch die Information darüber, wie bestimmte Personen nunmehr zu behandeln sind (vgl. 1Kön 2:5—9). In Davids Abschiedsrede an Salomo mussten die Anweisungen unter den salomonischen Bedingungen vorwiegend düsterer Art sein. Weil DtrG aber über das künftige Schicksal Meribaals eine Überlieferung zur Verfügung hatte (2Sam 9), an der sich Davids Edelmut illustrieren liess[87], konnte Sauls letzte Aufforderung an David einen entsprechend humanen Ton erhalten (V. 22) und von diesem denn auch unter Eid angenommen werden (V. 23a).

[80] Die Stelle zeigt zudem, dass Jonathan selbstverständlich als Kronprinz betrachtet wurde.
[81] Zu dieser Aussage gibt es denn auch keine Analogie im älteren Bestand der Erzählung.
[82] S. o. S. 79f.
[83] 1Sam 23:17.
[84] S. o. S. 18; das Volk, wenigstens die Jerusalemer, scheint Salomo schon nach dem älteren Bericht hinter sich gehabt zu haben (1Kön 1:39ff.).
[85] S. o. S. 22f.
[86] Vgl. noch 1Kön 2:15bγ mit Jos 11:20aα (DtrG, s. Smend 1971, 500) und 1Kön 12:15bα (DtrG?, s. Noth 1968, 276).
[87] Zum Anteil des DtrG in 2Sam 9 s. o. S. 87[43].

4.4 REDAKTIONSGESCHICHTLICHE FOLGERUNGEN

Die am Anfang dieses Kapitels gestellte Frage nach der Herkunft der literarischen Bindeglieder zwischen der Aufstiegsgeschichte und der Thronfolgegeschichte hat bei der Behandlung von 1Sam 20:12—17.42b; 23:16—18 und 24:18—23a eine klare Antwort gefunden: alle diese Anspielungen auf 2Sam 9 gehen auf die Redaktionsarbeit des DtrG zurück.[88] Die einzige noch übriggebliebene Stelle in der Aufstiegsgeschichte, die direkt auf die Thronfolgegeschichte ausblickt, ist 2Sam 4:4; hier wird die Ätiologie zu Meribaals Fusslähmung, einem wichtigen Element in der Meribaal-Überlieferung (2Sam 9:3.13; 19:27), gegeben. Die Notiz ist jedoch innerhalb der Erzählung über Isbaals Ermordung (2Sam 4) unumstritten sekundär; V. 5aα nimmt deutlich den durch V. 2b—4 unterbrochenen Faden von V. 2a wieder auf.[89] Die ethnographische Bemerkung in V. 2b—3 schliesst keineswegs aus, dass der Einschub im ganzen von DtrG herrührt.[90] Hinter V. 4 könnte zwar an sich alte Überlieferung stecken, doch zeigt die Ätiologie eine so enge Verwandtschaft mit der Geburtsgeschichte Ikabods (1Sam 4:19—22)[91], die DtrG gekannt und sogar selbst erweitert hat[92], dass 2Sam 4:4 eine dtr Variation hierzu sein könnte.[93] Ihr Zweck im jetzigen Kontext ist es wohl, anzudeuten, dass nach Isbaals Ermordung nur noch Meribaal als Saulide übrig war — ein Mann, der wegen seiner physischen Konstitution als König nicht in Frage kam; also war es vollauf berechtigt, dass die ehemaligen Untertanen Sauls David zu ihrem König machten (2Sam 5:1—3).

Damit ist erwiesen, dass sämtliche Stellen innerhalb der Aufstiegsgeschichte, die 2Sam 9 vorbereiten, von DtrG stammen. Es besteht von da her also keine Notwendigkeit, dieses Kapitel aus der Thronfolgegeschichte herauszunehmen und der Aufstiegsgeschichte zuzuweisen[94]; im Gegenteil, hier haben wir es mit dem ersten

---

[88] Ganz anders Mildenberger 1962, 102f., der eben aus diesen Textstellen — und ferner aus 1Sam 26:25; 2Sam 3:9—10 (DtrG); 2Sam 7:18—29 (DtrG/N) — die schriftstellerische Absicht der von ihm postulierten alten *"Geschichtsschreibung von Saul und David"* herausliest und auf Grund dieser Vorentscheidung auch den Umfang des Werkes bestimmt.

[89] Vgl. Budde 1902, 215f.; Dhorme 1910, 301; Schulz 1920, 49; Gressmann 1921², 126; Eissfeldt 1931, 27; Mowinckel 1936, 242; de Vaux 1961², 161; Wellhausen 1963⁴, 254; Hertzberg 1968⁴, 216. Anders Nübel 1959, 72, der die Ursprünglichkeit von V. 4 verteidigt, um 2Sam 9 zur *"Grundschrift"* rechnen zu können.

[90] Die Angaben in V. 2b.3 stützen sich auf Jos 9:17; 18:25. — Offenbar nimmt auch Carlson 1964, 57, für V. 4 dtr Verfasserschaft an. Anders Grønbaek 1971, 246, der V. 4 dem Verfasser der Aufstiegsgeschichte zuschreibt, ohne eine Erklärung für die Verbindung mit der Thronfolgegeschichte zu geben.

[91] Vgl. Dhorme 1910, 302.

[92] S. u. S. 101f.

[93] Die historische Zuverlässigkeit dieser legendären Begründung wird auch von Mildenberger 1962, 118[52], in Zweifel gezogen.

[94] Vgl. die o. S. 82[6] genannten Autoren.

Text zu tun, der mit Sicherheit zu dem zweiten grossen Komplex von David-Überlieferungen gehört[95], und auf den dort wiederholt Bezug genommen wird (2Sam 16:1—4; 19:25—31).[96]

Nach den bisher erarbeiteten Ergebnissen spricht alles dafür, dass die Aufstiegsgeschichte und die Thronfolgegeschichte in der Tat vor der dtr Redaktionstätigkeit zwei voneinander unabhängige Einheiten gewesen sind, und dass erst DtrG sie miteinander kombiniert hat. Zur Absicherung dieser These bedarf es noch des Nachweises, dass der Textbereich, der zwischen diesen beiden Komplexen liegt und der gleichsam das Scharnier zwischen ihnen bildet, die Kapitel 2Sam 5—8 also, Spuren einer Bearbeitung durch DtrG aufweisen. Für 2Sam 7 haben wir bereits einen positiven Befund erhoben.[97]

2Sam 8

2Sam 8 ist durch die allgemein formulierte Einführung ויהי אחרי כן *"und es geschah danach"* (V. 1aα) locker an das zuvor Erzählte (2Sam 6—7) angeschlossen; V. 1aβ hingegen scheint den Faden von 2Sam 5:25b wiederaufzunehmen[98]. Ob diese *"Wiederaufnahme"* in dem Sinne verstanden werden darf, dass 8:1ff. die ursprüngliche Fortsetzung von 5:25 und dass Kap. 6—7 sekundär dazwischengeschoben worden sei[99], ist jedoch fraglich. Das ganze Kapitel 2Sam 8 hat ein ausgesprochen *amtliches* Gepräge.[100] Die stereotype, knappe Formulierungsweise sowie das offensichtliche Interesse an Zahlen, am Status der Besiegten und an der Kriegsbeute machen es wahrscheinlich, dass der Grundbestand des Kapitels aus offiziellen Archivquellen stammt. Zu diesem Grundbestand gehört sicherlich auch die wegen des unklaren Terminus מתג האמה leider etwas dunkle Aussage von V. 1b, die aber ganz offenbar den Übergang der politischen Hegemonie in Palästina von den Philistern auf David im Auge hat[101].

Einen ganz anderen literarischen Charakter haben dagegen die zwei *erbaulichen* Geschichten in 2Sam 5:17—21.22—25, die wohl weniger um ihrer politischen Bedeutsamkeit willen überliefert wurden, als vielmehr wegen des Orakelmotivs, das in beiden Geschichten das eigentlich Verbindende und Verbindliche ist.[102] Sie werden kaum je in amtlichen Quellen gestanden haben.[103]

---

[95] Die Gegenargumente von Mildenberger 1962, 91[54], überzeugen nicht.

[96] Vgl. Whybray 1968, 8. Mit grosser Wahrscheinlichkeit ist 2Sam 9 jedoch nicht der ursprüngliche Anfang der Thronfolgegeschichte, der verloren gegangen zu sein scheint (s. Eissfeldt 1964³, 182—185).

[97] S. o. S. 68ff.

[98] Vgl. Cook AJSL 1899/1900, 151; Schulz 1920, 87; Alt ZAW 1936, 150.

[99] So vor allem Alt ZAW 1936, 150f. und Hertzberg 1968⁴, 237f., die daraus weiter folgern, 2Sam 8 sei das ursprüngliche Ende der Aufstiegsgeschichte.

[100] Vgl. Noth 1967³, 65; Amsler 1963, 24.

[101] Vgl. Alt ZAW 1936, 151; Carlson 1964, 116¹.

[102] Vgl. Nübel 1959, 75.

2Sam 8:1a ist also keine wirkliche *"Wiederaufnahme"* von 5:25 im literartechnischen Sinn des Wortes[104]; vielmehr wird in V. 1a lediglich redaktionell der Tatsache Rechnung getragen, dass schon kurz zuvor, nämlich in 5:17ff., von der Bekämpfung der Philister die Rede war, dass aber jetzt, in 8:1b(ff.), die endgültige Unterwerfung der Philister (und anderer Nachbarvölker) konstatiert wird.

Einen ersten Hinweis darauf, wer diese Verknüpfung vorgenommen hat, gibt der Ausdruck ויכניעם *"und er* (=David) *demütigte sie* (=die Philister)" (8:1a). Seine frühesten datierbaren Belege begegnen erst in der dt-dtr Literatur (Dt 9:3; Ri 4:23[105])[106], ebenso wie die *ni.*-Bildungen dieser Wurzel nicht älter als die Rahmenstücke des Richterbuches sind (Ri 3:30; 8:28; 11:33)[107].[108] Zweitens spricht für die Tätigkeit des DtrG in 2Sam 8 die oben erwähnte Tatsache, dass das Material dieses Kapitels amtlichen Quellen entstammt, und zu solchen hatte DtrG bekanntlich Zugang.

Offensichtliche Spuren redaktioneller Tätigkeit weist 2Sam 8 auch noch in V. 14b—15 auf. V. 14b ist die Abschlussnotiz zu der Aufzählung der besiegten Völker.[109] Die Liste der höchsten Beamten Davids in V. 16—18, die mit Sicherheit ihren Ursprung in offiziellen Quellen hat und in nur wenig abweichender Form auch in 2Sam 20:23—26[110] vorkommt, wird eingeleitet durch V. 15, der dank seiner Terminologie eine nähere Herkunftsbestimmung erlaubt. Die Formulierung von V. 15a erinnert stark an 1Kön 4:1, die redaktionelle Überschrift zu der entsprechenden Liste über Salomos höchste Beamte in 1Kön 4:2—6[111]; ausserdem zeigt sie Ähnlichkeiten mit den dtr Angaben über Davids Regierungszeit in 2Sam

---

[103] Gegen Hertzberg 1968[4], 223.243, der eben das postulieren muss, um die ursprüngliche Zusammengehörigkeit von 8:1—14 und 5:17—25 behaupten zu können.

[104] An diesem Verfahren der *"Wiederaufnahme"* sind sonst sekundäre Einschübe zu erkennen, vgl. Kuhl ZAW 1952, 1—11; da die Verbindungen zwischen 5:25 und 8:1a anderer Art sind, kann Kap. 6—7 nicht als Nachtrag in diesem Sinne verstanden werden (vgl. dazu Kuhls Satz S. 11: "Man wird sich davor hüten müssen... in Schematismus zu verfallen und lediglich auf Grund der Wiederaufnahme zu urteilen.").

[105] Zu Ri 4:23 s. Richter 1964, 8.

[106] Ferner zweimal in den Psalmen (Ps 81:15; 107:12); die restlichen Belege sind eindeutig jünger (Jes 25:5; Hi 40:12; Neh 9:24; 1Chr 17:10; 18:1; 2Chr 28:19).

[107] Zu diesen s. Richter 1964, 6.11.67[7]. Die übrigen Belege sind unbestritten dtr (1Sam 7:13; 1Kön 21:29bis; 2Kön 22:19, vgl. Dietrich 1972, 84) oder noch jünger (Lev 26:41; Ps 106:42; 16 mal in 1—2Chr).

[108] Der sprachliche Befund spricht eindeutig gegen die Vermutung von Alt 1953, 15[3], 2Sam 8 sei eventuell vom Verfasser der Aufstiegsgeschichte selbst nachgetragen worden.

[109] Unter dem Einfluss der formalen Ähnlichkeit von V. 14a und 6a ist sie sekundär auch in V. 6b eingedrungen. Diese Annahme von Noth 1967[3], 65[6], hat grössere Wahrscheinlichkeit für sich als die andere, nach der das Zwischenstück V. 7—13 ein Einschub wäre (Budde 1902, 237; vgl. Schulz 1920, 93).

[110] S. dazu u. S. 124f.

[111] Nach Noth 1968, 62f., ist 1Kön 4:1 redaktionell, aber vordtr; im Blick auf die grosse Ähnlichkeit mit 2Sam 8:15a scheint das letztere wenig glaubhaft.

5:5[112]. In V. 15b wird Davids Herrschaft über Israel als *"Üben von Recht und Gerechtigkeit"* (ויהי דוד עשה משפט וצדקה) definiert, was als Ziel — nicht als Habitus! — auch der salomonischen Regierung in 1Kön 10:9 genannt wird, also in einer dtr Erweiterung der Rede der Königin von Saba[113]. Derartige Vorstellungen von den Pflichten eines Königs gab es innerhalb und ausserhalb Israels schon seit langem[114]; aber auf die Formel עשה משפט וצדקה werden sie im AT — ausser an den eben genannten Stellen — erst im Jeremiabuch gebracht (Jer 22:3.15; 23:5; 33:15)[115]. Demnach stammt die Einführungsformel in 2Sam 8:15 mit grösster Wahrscheinlichkeit von DtrG[116]; daraus wiederum folgt, dass die Listen von 2Sam 8 erst von ihm in die David-Überlieferung eingesetzt wurden[117].

2Sam 5

In 2Sam 8:1 hatte DtrG nachträglich Davids kriegerische Erfolge auf der internationalen Ebene mit den wunderbaren Philistersiegen Davids, die in 2Sam 5:17—25 erzählt werden, in Verbindung gebracht. Die *kompositionelle Stellung* dieser Geschichten ist nun aber umstritten. Grundsätzlich bieten sich zwei Möglichkeiten der Beurteilung: Entweder gehörten sie schon der ursprünglichen Aufstiegsgeschichte an[118], oder sie sind ihr erst nachträglich hinzugefügt worden[119]. Entscheidet man sich für die erste Alternative, muss man den Abschnitt zwischen 5:3 und 5:6 stellen[120]; denn er kann kaum — zumal nach der abschliessenden Notiz V. 10 (12) — das Ende der Aufstiegsgeschichte gebildet haben.[121] Für eine solche Umstellung lässt sich auch der Satz וירד אל המצודה *"und er* (=David) *ging nach der Bergfeste hinab"* (V. 17b) ins Feld führen; hier kann ja unmöglich die in V. 7 und 9 genannte *"Bergfeste"* Zion gemeint sein —

---

[112] Dass 2Sam 5:4—5 von Dtr(G) stammt, darf als bewiesen gelten, vgl. Noth 1967³, 25²; Grønbaek 1971, 248.

[113] Zu 1Kön 10:9 s. Noth 1968, 226.

[114] Zum AT s. z.B. Ps 45:7—8; 72:1ff.; 97:2; Prov 16:12; 20:28 (s. BHK); 25:5. Zum ganzen s. z.B. Johnson 1955, 3—11; Schmid 1968, 78—89.

[115] Auch in anderen Zusammenhängen gehört der Ausdruck zum Sprachgebrauch derselben Periode (Jer 9:23; Ez 18:5.19.21.27; 33:14.16.19).

[116] Vgl. Schmid 1968, 85. Anders Noth 1967³, 65, der V. 15 zu der nachfolgenden Liste rechnet, und Weinfeld 1972, 153—155, der daraus die wenig glaubhafte Folgerung zieht, David habe nach der Stabilisierung seiner Herrschaft einen Generaldispens verfügt (= einen aus Babylonien bekannten *mīsarum*-Akt), und die dtr Geschichtsschreibung habe daraus ihr Bild von David als dem gerechten König schlechthin abgeleitet.

[117] Vgl. Budde 1902, 237; Hölscher 1952, 377; Amsler 1963, 32; Noth 1967³, 65; Grønbaek 1971, 251¹⁰⁴; Schulte 1972, 139.

[118] So u.a. Noth 1967³, 63f. und Grønbaek 1971, 250—254.

[119] Rost 1926, 8.

[120] V. 4—5 ist ja dtr, vgl. o. Anm. 112.

[121] Noth 1967³, 63; Grønbaek 1971, 251f.; vgl. auch Dhorme 1910, 313; Mowinckel 1936, 242; Wellhausen 1963⁴, 254; Schulte 1972, 136.

dorthin geht man nicht *hinab* — sondern nur die *"Bergfeste"* von Adullam, die auch sonst als Operationsbasis Davids dient (1Sam 22:1; 2Sam 23:13). Schliesslich wäre auf die Einleitung der Geschichten (V. 17aaß) zu verweisen, die direkt auf V. 3 Bezug zu nehmen scheint. Trotzdem fragt man sich, was einen späteren Redaktor veranlasst haben sollte, die so logische ursprüngliche Reihenfolge zu ändern.[122] Ausserdem ist die Einleitung in V. 17aaß kaum der ursprüngliche Erzählungsanfang[123], sondern ein redaktionelles Bindeglied von der Hand des DtrG; denn auch in 1Kön 5:15[124] begründet er eine aussenpolitische Entwicklung mit der Feststellung, dass man im Nachbarland von der Salbung eines israelitischen Königs gehört habe — und dort hat noch niemand behauptet, 1Kön 5:15—26 sei die originäre Fortsetzung zu 1Kön 1, der Erzählung von Salomos Salbung!

Die späte Herkunft von V. 17aaß wird indirekt auch durch V. 22a bezeugt, wo die zwei Kurzgeschichten — wohl schon vordtr — miteinander verknüpft worden sind; der Satz *"und die Philister zogen abermals herauf"* setzt V. 17aγ voraus, nicht aber V. 17aaß.

Wenn die Einleitung V. 17aaß von DtrG stammt, dann gibt es keinen zwingenden Grund mehr, 5:17—25 von seiner jetzigen Stelle zu entfernen, weil DtrG in 8:1 eben von der heutigen Reihenfolge ausgeht. Der nach 5:6—9 unpassende Satz *"er ging hinab"* erklärt sich daraus, dass hier zwei verschiedene Überlieferungen aneinanderstossen, die von Haus aus nichts miteinander zu tun hatten. 2Sam 5:17—25 ist also kein Bestandteil der alten Aufstiegsgeschichte[125], sondern ein von DtrG besorgter *Nachtrag*.

Wenn 2Sam 5:17—25 und 2Sam 8 von DtrG eingefügte Erweiterungen der Aufstiegsgeschichte sind, erhebt sich die Frage, wo deren vordtr Abschluss gelegen haben mag. Die farblose Liste über Davids in Jerusalem geborene Söhne 2Sam 5:13—16 empfiehlt sich nicht als solcher; sie gleicht in ihrem Charakter den amtlichen Angaben von 2Sam 8 und dürfte demnach von DtrG hierher gestellt worden sein[126].

Anders verhält es sich mit den Versen 10 und 12, die beide nach einer Schlussnotiz aussehen. Nur eben: es sind derer zwei, und sie sind auch noch durch die ganz andersartige Mitteilung V. 11 getrennt, die auf den ersten Blick amtlicher Art zu sein scheint. In einem Zug kann V. 10.(11.)12 schwerlich geschrieben sein.[127] In V. 10 wie in V. 12 handelt es sich um theologische Legitimations-

---

[122] Vgl. auch Carlsons (1964, 56) Skepsis gegenüber der Umstellungstheorie.
[123] Grønbaek 1971, 250, weist V. 17a dem Verfasser der Aufstiegsgeschichte zu.
[124] Dazu Noth 1968, 88.
[125] Anders Alt ZAW 1936, 150; Nübel 1959, 75; Amsler 1963, 23; Weiser VT 1966, 330.342f.; Noth 1967³, 63; Hertzberg 1968⁴, 242; Grønbaek 1971, 250—254.
[126] Vgl. Hertzberg 1968⁴, 222; Grønbaek 1971, 254[117].
[127] Vgl. Mildenberger 1962, 119, der V. 12 dem *Bearbeiter,* V. 10 dagegen der schon älteren *Geschichtsschreibung* zuweist. Anders Nübel 1959, 74, nach dem V. 10a.11.12a schon in der *"Grundschrift"* standen, V. 10b.12b hingegen zu deren *Bearbeitung* gehören.

aussagen. Das leitende *Theologumenon* von V. 10 ist die *Beistandsformel*, die mehrfach in der vordtr Sammlung der Aufstiegsgeschichte vorkommt (1Sam 16:18; 17:37; 18:12.14.28); V. 12 dagegen verwendet das Verb כון hi. *"bestätigen"*, das häufig in den dtr Legitimationsaussagen begegnet[128]. Eingeleitet wird V. 12 durch den Satz ‎כי דוד וידע‎ ... *"und David wusste, dass..."*, der mit den Äusserungen des DtrG in 1Sam 23:17 und 24:21 zu vergleichen ist. Ungewöhnlich ist die Wendung ‎למלך על ישראל‎ *"zum König über Israel"*, mit der כון hi. hier verbunden wird; sie erklärt sich aber leicht als Anlehnung an die Formulierung von V. 3b, die bei DtrG auch in V. 17aaβ nachgewirkt hat. Doch ist V. 12 in sich kaum einheitlich: V. 12b ist eine sachliche Doublette zu V. 12a, nur dass hier das Volk Israel in den Bereich der Aussage von V. 12a einbezogen wird (vgl. 2Sam 7:22—24). All diese Beobachtungen führen zu dem Ergebnis, dass in V. 10 das Ende der Aufstiegsgeschichte vorliegt[129], dass V. 12a dem DtrG zugehört[130], und dass dessen Aussage in V. 12b noch von DtrN interpretiert wird[131].

Vers 11 scheint auf den ersten Blick mit V. 9 zusammenzuhängen, wo über Davids Bautätigkeit in Jerusalem berichtet wird; aber warum wäre sie durch V. 10 davon getrennt worden? Das einleitende Orakel der Nathanweissagung setzt die Existenz des Zedernhauses Davids voraus (2Sam 7:1a.2.7); also muss vorher der Bau desselben berichtet werden. Demnach dürfte V. 11 von demjenigen stammen, der 2Sam 7 an seine heutige Stelle gesetzt hat. Schon nach den bisherigen Ergebnissen kann es sich nur um DtrG handeln[132], der in V. 11 auch sprachlich zu identifizieren ist:

2Sam 5:11	1Kön 5:15[133]
וישלח חירם מלך צר מלאכים אל דוד	וישלח חירם מלך צור את עבדיו אל שלמה
und Hiram, der König von Tyrus, sandte Boten zu David	*und Hiram, der König von Tyrus, sandte seine Diener zu Salomo*

---

[128] *Hi.* wie in 2Sam 5:12 auch in 1Sam 13:13; 1Kön 2:24, *ni.* in 2Sam 7:16.26; 1Kön 2:45, *po.* in 2Sam 7:13.

[129] Vgl. Rost 1926, 8; Noth 1967³, 64¹; Grønbaek 1971, 258. Auch Schulte 1972, 136, findet in 2Sam 5:10 den Abschluss der von ihr postulierten *"David-Saul-Geschichten"*. Die von Mildenberger 1962, 119 und Weiser VT 1966, 342f., vertretene Auffassung, 2Sam 5:10 sei als Abschluss der Aufstiegsgeschichte zu mager, hängt mit einer falschen Anschauung von der Geschlossenheit des Werkes zusammen (vgl. o. S. 81¹); übrigens ist das Ende der Thronfolgegeschichte (1Kön 2:46b) noch knapper.

[130] Vgl. Grønbaek 1971, 257f., der V. 12 für (allerdings einheitlich) dtr hält. Auch nach Noth 1967³, 64¹, ist V. 12 sekundär, aber seiner Ansicht nach vordtr.

[131] Vgl. Nübel 1959, 74, der richtig V. 12b von V. 12a abhebt. Für Amsler 1963, 26f., liefert V. 12 den Beweis für die gesamtisraelitische Bedeutung der Erwählung Davids nach der Darstellung der Aufstiegsgeschichte; nach Labuschagne 1960, 34, ist die Stelle sogar der *historische* Beweis dafür.

[132] Ähnlich auch Noth 1967³, 64¹ und Grønbaek 1971, 256f., über V. 11.

[133] S. dazu o. S. 89.

Theoretisch könnte zwar hinter 2Sam 5:11 alte Überlieferung stecken[134]; doch wenn man bedenkt, dass die Beteiligung Hirams sowohl an Davids als auch an Salomos Bauarbeiten rein chronologisch unmöglich ist[135], dass ferner Beziehungen zwischen David und Hiram auch sonst nur durch DtrG bezeugt sind (1Kön 5:15), gelangt man zu der Annahme, dass DtrG, der zur Formulierung von 2Sam 5:11 nicht viel Phantasie benötigte, hier ein wenig von Salomos internationalem Ruhm schon dem David aufs Konto geschrieben hat.[136]

2Sam 6/7

Wenn der Nachweis gelungen ist, dass 2Sam 5:11—25 und 2Sam 8:1—18 erst von DtrG nachgetragen worden sind, ist eigentlich schon klar, dass auch das dazwischenliegende Stück 2Sam 6—7 nicht vor DtrG an seinen jetzigen Ort gelangt sein kann.

In 2Sam 7 liegt keinesfalls das Ende der Aufstiegsgeschichte vor[137]; denn soweit das Kapitel im Gebet Davids (V. 18ff.) abschliessenden Charakter trägt, verdankt es diesen dem DtrG (in V. 22—24 dem DtrN); nicht anders steht es mit der weite Zeiträume umspannenden dynastischen Theologie, die das Kapitel mit den früheren — ebenfalls dtr — Legitimationsaussagen verbindet.[138]

Aus demselben Grund kann 2Sam 7 in keiner Gestalt Bestandteil der alten Thronfolgegeschichte gewesen sein[139], in der Salomos Thronbesteigung eben *nicht* mit einer göttlichen Verheissung begründet wird[140]. Ebenso wenig lässt sich die Behauptung aufrechterhalten, die Ladeerzählung (1Sam 4:1b—7:1 + 2Sam 6)[141] sei vom Verfasser der Thronfolgegeschichte als Seitenquelle benutzt worden[142];

---

[134] Noth 1968, 88 sowie die meisten.

[135] DtrG setzt die Bauarbeiten, von denen in 2Sam 5:11 die Rede ist, gleich auf den Anfang der 33jährigen Regierung Davids in Jerusalem (2Sam 5:5) an; nach 1Kön 9:10 nahmen Salomos Bauarbeiten, bei denen derselbe Hiram auch ihm behilflich war, insgesamt 20 Jahre in Anspruch, und damit ist noch nicht die äusserste Grenze von Hirams Regierungszeit erreicht (vgl. 1Kön 9:12—14.27; 10:11); demnach hätte Hiram über 50 Jahre lang mit den israelitischen Königen Kontakte gepflegt! Nach Menander von Ephesus (Josephus, *Contra Apionem I:18*) betrug Hirams Lebenszeit 53, seine Regierungszeit nicht mehr als 34 Jahre.

[136] Vgl. Cook AJSL 1899/1900, 151.

[137] Gegen Nübel 1959, 77; Mildenberger 1962, 120; Weiser VT 1966, 345—351; Rendtorff 1971, 435f.

[138] S. o. S. 79.

[139] Gegen Rost 1926, 105—107; von Rad 1958, 160; Kutsch ZThK 1961, 146; Amsler 1963, 32; Noth 1967³, 62³.

[140] S. o. S. 18.25.

[141] Selbst die Existenz der Ladeerzählung (Rost 1926, 4—47) ist kaum zu bestreiten (anders zwar u.a. Vriezen OrNe 1948, 174f.; Carlson 1964, 61; Stoebe 1973, 48).

[142] Gegen Rost 1926, 105; von Rad 1958, 160; Kutsch ZThK 1961, 146; Noth 1967³, 64; Hertzberg 1968⁴, 243.

denn diese ohnehin fragwürdige Hypothese[143] stützt sich auf die Annahme, dass die Episode 2Sam 6:16.20b—23 mit der Erwähnung von Michals Unfruchtbarkeit (V. 23) die negative Folie für die göttliche Verheissung von 2Sam *7 bilde[144]. Gehört aber diese nicht zur Thronfolgegeschichte, dann auch nicht ihre angebliche Vorbereitung durch die Michal-Szene. Vor der dtr Redaktion hat die Ladeerzählung mit der Thronfolgegeschichte nichts zu tun gehabt; kein anderer als DtrG hat sie in den jetzigen Kontext eingebracht und mit ihm verzahnt.[145]

Einen positiven Beweis dafür, dass der zweite Teil der Ladeerzählung durch die Hand des DtrG an seinen heutigen Ort gelangt ist, kann man eventuell in 6:1, und zwar in dem Wort עוד *"abermals"*, sehen, das bei der ursprünglichen Abfolge 1Sam 7:1 — 2Sam 6:1 unverständlich bleibt[146]. Sinnvoll wird das Wörtchen hingegen, wenn man es als Weiterführung des dtr Nachtrags 2Sam 5:17—25 versteht, in dem von Davids kriegerischen Unternehmungen gegen die Philister die Rede ist.[147] Bei der Einfügung von *"abermals"* in 6:1 könnte DtrG gedacht haben, dass bei der Einholung der Lade — zumal nach ihrem Verlust in einer Philisterschlacht (1Sam 4) — eine militärische Begleitung nötig gewesen sei.

Der erste Teil der Ladeerzählung
(1Sam 4:1b—7:1)

Um die These von der Selbständigkeit der Ladeerzählung bis zum Zeitpunkt ihrer Einarbeitung in das Werk des DtrG noch breiter zu untermauern, muss ein flüchtiger Blick auch auf ihren ersten Teil geworfen werden. Allem Anschein nach verdankt auch er seine jetzige Stellung dem DtrG. Die literarischen Verbindungen zwischen der Ladeerzählung und den vorangehenden Silo-Überlieferungen (1Sam 1—3) sind nämlich durchweg dtr Herkunft: Für 1Sam 2:34, wo der Tod der beiden Eli-Söhne in der nahenden Philisterschlacht (1Sam 4) vorausgesagt wird, ist der entsprechende Nachweis bereits geführt.[148] Eine kurz davor stehende Andeutung gleichen Inhalts (1Sam 2:25b) ist ebenfalls eine dtr Reflexion.[149]

Die dtr Redaktionsarbeit lässt sich indessen nicht nur in diesen vorbereitenden Hinweisen beobachten, sondern auch in der Ladeerzählung selbst, und zwar an den Stellen innerhalb von 1Sam 4, die vom Schicksal der beiden Eli-Söhne

---

[143] Sie war von Anfang an starken Zweifeln ausgesetzt, vgl. Gressmann ZAW 1926, 309; Eissfeldt OLZ 1928, 804f.; Kuhl ThLZ 1928, 100.

[144] Rost 1926, 105f.

[145] Nicht mehr mit Sicherheit zu beantworten ist die Frage, ob die Michal-Episode (2Sam 6:16.20b—23) schon vor DtrG in der Ladeerzählung stand oder ihr erst von ihm hinzugefügt wurde; er hat sie auf jeden Fall in V. 21aβ retuschiert (s. o. S. 66—68).

[146] Es wird gewöhnlich als mechanische Folge des Textfehlers ויסף (statt ויאסף, vgl. LXX) angesehen, s. Wellhausen 1871, 166; Budde 1902, 228; Dhorme 1910, 318; Rost 1926, 14; BHK.

[147] Vgl. Driver 1913², 265; Hertzberg 1968⁴, 227.

[148] S. o. S. 35—37.

[149] Noth 1967³, 61.

berichten; sie alle sind von DtrG sekundär eingebaut worden[150]. Für V. 4b.11b.17bα verrät sich das in der stereotyp wiederkehrenden Formulierungsweise[151], in V. 19aγ fällt die Unzulänglichkeit der syntaktischen Konstruktion ins Auge[152]; weiter liegt in V. 21aβ/22a eine Doppelung vor, die V. 21b—22a als Zusatz ausweist. Umgekehrt hinterlässt keine der genannten Passagen, liest man die Erzählung ohne sie, eine Lücke.[153]

Wenn nun die literarischen Bindeglieder zwischen 1Sam 1—3 und 1Sam 4:1b—7:1 erst von DtrG herrühren, ist mit Sicherheit anzunehmen, dass er es war, der diese Komplexe aneinandergefügt hat[154].[155]

Ziel der dtr Komposition

Die Untersuchung der Bindeglieder zwischen der Aufstiegsgeschichte, der Ladeerzählung und der Thronfolgegeschichte hat das Ergebnis gezeitigt, dass diese Blöcke erst durch DtrG zu einem grossen Zusammenhang gefügt worden sind.[156]

---

[150] Das wird gemeinhin übersehen; z.B. Stoebe 1973, 127—135, hegt keinen Zweifel an der Echtheit der betreffenden Partien von 1Sam 4, vielmehr benutzt er sie — an sich folgerichtig — als Argument gegen die These von der einstigen literarischen Selbständigkeit der Ladeerzählung. Eissfeldt 1931, 6, verwertet sie zugunsten seiner Quellentheorie.

[151] שְׁנֵי בְנֵי עֵלִי (בָּנֶיךָ) ... חָפְנִי וּפִינְחָס, vgl. 1Sam 1:3b (ebenfalls sekundär?) und 1Sam 2:34 (DtrG). In V. 17 beginnt der Zusatz wahrscheinlich schon mit dem ersten durch גַם eingeleiteten Satz (vgl. die genau gleiche Technik des DtrG bei der Erweiterung einer Botenrede in 1Kön 1:46—48).

[152] Die vorangehende Infinitivkonstruktion (אֶל הִלָּקַח) wird in V. 19aγ mit einem *perf.* fortgeführt.

[153] Vgl. V. 18 und 22b, die nur den Verlust der Lade kennen. Mit der sekundären Bearbeitung hängt wohl auch die Näherbestimmung "die Frau des Pinehas" in V. 19 zusammen.

[154] Ähnlich auch Hertzberg 1968[4], 34—37, ohne allerdings auf die sekundären Bindeglieder einzugehen.

[155] Dieses Ergebnis wird auch durch das Fehlen eines vordtr Rahmens sowohl am Anfang als am Ende von 1Sam 4:1b—7:1 bestätigt: 1Sam 3:19—4:1a ist augenscheinlich das Ergebnis mehrfacher Bearbeitung; was in diesem Textstück einen vorwärtsweisenden Charakter besitzt und sich insofern als Brücke zur Ladeerzählung ansprechen liesse, hat eindeutig dtr Gepräge (vgl. zu V. 19 Jos 21:45; 23:14; 1Kön 8:56; 2Kön 10:10). Ohne Zweifel dtr ist das zweite Rahmenstück 1Sam 7:2, das explizit an 7:1 anknüpft, s. Noth 1967[3], 55f.

[156] Die Textbasis dieser Untersuchung ist zu schmal, als dass eine eingehende Erörterung der Frage nach der Verzahnung der Aufstiegsgeschichte mit der Saul-Überlieferung möglich wäre. Am wahrscheinlichsten scheint mir immerhin, dass 1Sam 14:47—51 von DtrG als Abschluss der eigentlichen Saul-Überlieferung (vgl. 2Sam 8) und 1Sam 14:52 als Überleitung zur Aufstiegsgeschichte gedacht war; deren Anfang ist in 1Sam 16:14 zu suchen (vgl. Alt ZAW 1936, 151; Wellhausen 1963[4], 249; Noth 1967[3], 62[2]). Demnach hätte DtrG 1Sam 15:1—16:13 noch nicht gekannt; dafür spricht auch, dass DtrG nirgendwo Sauls Verwerfung unter Rückgriff auf die paradigmatische Verwerfungserzählung 1Sam 15 begründet — so wenig, wie er Davids Erwählung mit der Salbungsgeschichte 1Sam 16:1—13 in Verbindung bringt. Anders hingegen DtrP, der anscheinend schon beide Erzählungen kennt (vgl. 1Sam 28:17—19aα und 2Sam 12:7b, s. dazu Dietrich 1972, 127—132). Sind 1Sam 15 und 16:1—13 also Überlieferungen *prophetischer* Herkunft (Samuel als Prophet), die erst von DtrP in das Werk des DtrG eingefügt und eventuell in einigen Stücken von ihm erweitert wurden (1Sam 15!)?

Abschliessend soll noch die Frage aufgeworfen werden, ob die von DtrG gewählte Anordnung des quellenhaften Materials und der von ihm selbst verfassten Ergänzungen innerhalb von 2Sam 5:11—8:18 eine bewusste Tendenz erkennen lässt.

In 2Sam 3:18 hatte DtrG den Abner in den Mund gelegten Ratschlag an die Israeliten, David zu ihrem König zu machen, mit der Jahwe-Zusage motiviert: *"mit der Hand Davids, meines Knechtes, werde ich mein Volk Israel aus der Hand der Philister und aus der Hand aller seiner Feinde erretten"*.[157] Im weiteren Verlauf der Aufstiegsgeschichte und in den Zusätzen von DtrG wird nun entfaltet, wie Abners Worte — freilich unter veränderten Verhältnissen — wahr werden: 2Sam 5:3 berichtet, wie die Ältesten Israels David zu ihrem König salben. Darauf folgen in der Aufstiegsgeschichte noch der Bericht über die Einnahme Jerusalems (5:6—9) und die abschliessende Notiz V. 10. Damit war DtrG vor die Aufgabe gestellt, wie er den Stoff, den er noch zur Verfügung hatte, sinnvoll einordnen konnte.

Die Bemerkung über Davids Palastbau (V. 11) war notwendig im Hinblick auf 2Sam 7:1ff. und hatte ihren sachgemässen Ort bei der Notiz über die anderen Baumassnahmen Davids in Jerusalem (V. 9b). Weil sie jedoch nach der Schlussnotiz (V. 10) nachklappte, war eine erneute Schlussnotiz am Platze; folglich formulierte DtrG V. 12a, die theologische Entsprechung zu dem staatspolitischen Akt von V. 3b. Der demokratische Wille der Israeliten (vgl. V. 2) und Davids Bewusstsein von der Gottgewolltheit seines Königtums ergänzen sich gegenseitig. Die Liste über Davids Jerusalemer Kinder (V. 13—16) hatte ebenfalls ihren natürlichsten Ort in der Nähe des Berichts über die Eroberung und den Ausbau Jerusalems.

Ausser diesen Einzelangaben verfügte DtrG noch über weiteres Material, mit dem er die Erfüllung der Jahwe-Zusage von 2Sam 3:18 belegen konnte: die Nachrichten von Davids Siegen über die Philister (5:17—25) und über alle anderen Feinde (Kap. 8). Welche Reihenfolge er wählen würde, hat er schon in 3:18 angedeutet: *"...aus der Hand der Philister und aus der Hand aller seiner Feinde"*. Die Philisterfeldzüge hat DtrG in 5:17 mit Davids Salbung zum König über Israel in Verbindung gebracht und dadurch die eindrucksvollen Siege als Belohnung für die richtige Entscheidung der Israeliten hingestellt. Die Zusage von 3:18 war damit in ihrem ersten Teil in Erfüllung gegangen; diese Intention des DtrG wird durch den stark theozentrischen Charakter des Belegmaterials (5:17—25) noch kräftig unterstützt.

Dass danach nicht gleich der Sammelbericht von Davids Siegen über die anderen Feinde folgt (Kap. 8), hat seine guten Gründe. Nach 2Sam 15:25—26 (DtrG)[158] zeigt David lebhafte Anteilnahme am Schicksal der Lade, deren Platz seiner Meinung nach nirgendwo anders als in Jerusalem ist. (DtrG wird dabei im

---

[157] S. o. S. 60—63.
[158] S. o. S. 44f.

stillen an die deuteronomisch-josianische Kultuszentralisation gedacht haben.) So hielt er es für erforderlich, den Bericht über die Einholung der Lade (2Sam 6) möglichst bald nach demjenigen von der Eroberung Jerusalems unterzubringen; auf diese Weise konnte nämlich Davids Sorge um das Kultobjekt deutlich zutage treten. Andererseits war es nicht sinnvoll, das Ende der Ladeerzählung vor Davids Philistersiege zu stellen. Die Lade war den Israeliten ja in der ersten Philisterschlacht unter schändlichen Bedingungen abhanden gekommen (1Sam 4), ihre feierliche Unterbringung in Jerusalem war folglich erst nach Davids glorreichen Siegen über die Philister möglich.[159]

Hatte aber die Lade erst einmal Ruhe auf dem Zion gefunden, dann musste auch bald das damit eng verbundene Problem des Tempelbaus angesprochen werden (2Sam 7:1a.2—5.7), zumal David für sich selbst schon ein Zedernhaus hatte errichten lassen (2Sam 5:11). Dieses etwas peinliche Defizit erklärte DtrG mit dem Hinweis, dass auf göttlichen Wunsch der Nachfolger den Tempel bauen werde (V. 13a); dabei nahm er die Gelegenheit wahr, an das negative Tempelbauorakel die Überlieferung von der Verheissung des Nachfolgers (V. 8a.9—10.12.14.15.17) anzuknüpfen. Damit war die Basis zur Entfaltung seiner dynastischen Theologie gelegt. Später konnte er noch einmal auf die Tempelbaufrage zurückkommen und Davids Verhalten damit entschuldigen, dass dieser wegen seiner vielen Kriege keine Zeit für Sakralbauten hatte (1Kön 5:17)[160]. Ihren literarischen Niederschlag haben diese Erwägungen in der Placierung von 2Sam 8 hinter 2Sam 7 gefunden.

Gewöhnlich hat sich DtrG in der Mitteilung von militärischen Erfolgen der Könige sehr zurückgehalten; derlei fiel unter die Kategorie גבורה *"(menschliche) Kraft"* und sollte, wenn schon, dann in den profanen Quellen nachgelesen werden[161]. Im besonderen Fall Davids jedoch war eine ausführliche Berichterstattung wohl am Platze, weil sie die Geschichtsmächtigkeit der ergangenen Jahwe-Zusage von 2Sam 3:18 aufzuzeigen geeignet war. Ferner hatte auch Abigail in ihrer von DtrG verfassten Prophezeiung Davids Feinden ein schlimmes Ende angekündigt (1Sam 25:26b.29).[162] Doch war gerade David in seinen siegreichen Kriegen nur ein Werkzeug Jahwes, des eigentlichen Retters Israels (2Sam 3:18); dieser Erkenntnis wird auch durch die dtr Schlussnotiz in 8:14b Rechnung getragen: *"Jahwe gab David überall Sieg, wo er hinzog."*

Dass die Meribaal-Szene in 2Sam 9 auf das Summarium von Davids militärischen Erfolgen folgt, ist wohl ebenfalls nicht purer Zufall. In 1Sam 20:15 (DtrG) gipfelte Jonathans Bitte an David darin, dass dieser seinem Haus Huld erweisen solle, wenn Jahwe einst alle seine Feinde vernichtet habe. Darin spiegelt sich genau die Reihenfolge von 2Sam 8 und 2Sam 9 wider. Darüber hinaus konnte DtrG in der Begnadigung Meribaals durch David (2Sam 9) — wie schon in der

---

[159] S. o. S. 101.
[160] Dazu Noth 1968, 89f.
[161] 1Kön 15:23; 16:5.27; 22:46; 2Kön 10:34; 13:8.12; 14:15.28;20:20.
[162] S. o. S. 54.

Darstellung seiner verwaltungstechnischen Massnahmen (8:16—18) — die Aussage konkretisieren, wonach David *"Recht und Gerechtigkeit"* geübt habe (8:15).[163] Damit war die Herrschaft dieses vorbildlichen Königs auch nach ihrer innenpolitischen Seite trefflich charakterisiert. Kurzum: die von DtrG getroffene Komposition ist in allen Aspekten theologisch wohldurchdacht.

---

[163] Vgl. Nübel 1959, 95, der allerdings 2Sam 8:15 der *"Grundschrift"* zuordnet und damit die Zugehörigkeit auch von 2Sam 9 zu diesem Werk begründet. Nach Schmid 1968, 21, sind in 2Sam 8:15b die vorher berichteten Siege Davids gemeint; das wird wohl nicht stimmen, denn der Satz ist schon formal nicht der Abschluss von 8:1—14a, der mit V. 14b beendet wird, sondern Einleitung zu 8:16ff.

5 2SAM 21—24

Die letzten vier Kapitel des 2. Samuelbuches sind bekanntlich Nachträge[1]; sie unterbrechen störend den organischen Zusammenhang zwischen 2Sam 9—20 und 1Kön 1—2. Ihre Vorgeschichte und ursprüngliche Stellung sind umstritten.[2] Diese Probleme brauchen uns aber hier nicht in erster Linie zu beschäftigen. Wichtiger ist die Frage, ob diese Kapitel schon im dtr Geschichtswerk standen[3] und ob sie folglich für unser Thema von Belang sind. Die exegetische Analyse wird sich in drei Etappen vollziehen, womit der eigenartigen Struktur der Nachträge Rechnung getragen wird, die jeweils paarweise zusammenhängen: 1. 21:1—14 und Kap. 24 2. 21:15—22 und 23:8—39 3. Kap. 22 und 23:1—7. Am Schluss werden die Einzelanalysen noch exkursartig durch redaktionsgeschichtliche Erwägungen auf breiterer Ebene ergänzt.

5.1 2SAM 21:1—14 UND 2SAM 24

5.1.1 2SAM 21:1—14

Die ethnographisch-historisierende Notiz 2Sam 21:2b ist offensichtlich eine

---

[1] Vgl. u.a. Segal JQR 1918/19, 54; Rost 1926, 99; Eissfeldt 1931, 50; Caird 1953, 859; de Vaux 1961[2], 231; Wellhausen 1963[4], 260; Carlson 1964, 194; Noth 1967[3], 62[3]; Hertzberg 1968[4], 342. Anders Schildenberger SAns 1951, 144—146, der auch in 2Sam 21—24 einen Teil der planvollen Komposition findet, in der das gesamte Material der Samuelbücher zielbewusst angeordnet sei.

[2] Vielfach wird angenommen, dass 2Sam 21:1—14 ursprünglich vor 2Sam 9 gestanden habe (Budde 1890, 256; Gressmann 1921[2], 141; Mowinckel 1936, 140; Hölscher 1952, 376; Caird 1953, 859; de Vaux 1961[2], 231; Carlson 1964, 221f.; Eissfeldt 1964[3], 371). Häufig wird hierzu noch 2Sam 24 genommen, weil dieses Kapitel mit 2Sam 21:1—14 zusammenhängt (vgl. 24:1); über die genaue Reihenfolge dieser herrscht keine Einigkeit (vgl. Budde 1890, 264f.; Gressmann 1921[2], 141—149; Mowinckel 1936, 254; Hölscher 1952, 376; Caird 1953, 859; Carlson 1964, 221f.; Eissfeldt 1964[3], 371). Weil die Anekdoten und Listen von Davids Helden in 2Sam 21:15—22; 23:8—39 die Philisterkriege Davids als historisches Milieu haben, wird in ihnen gern die Fortsetzung von 2Sam 5:17—25 gesehen (Budde 1890, 259; Mowinckel 1936, 247; Hölscher 1952, 376; Carlson 1964, 225). Für 2Sam 22 wird gemeinhin der Psalter (Ps 18) als Heimat betrachtet (Wellhausen 1871, 217; Budde 1890, 267f.; Eissfeldt 1931, 51; Mowinckel 1936, 293; Carlson 1964, 248f.). Für 2Sam 23:1—7 fehlen alle Möglichkeiten zur Herkunftsbestimmung. Die einzelnen Vorschläge zeigen jedoch durch ihre Divergenz zur Genüge, dass das Material von 2Sam 21—24 nirgendwo in einem grösseren Erzählungszusammenhang glatt unterzubringen ist; vielmehr legt sich die Vermutung nahe, dass es kaum je in einem solchen gestanden hat, denn sachliche Nähe bedingt noch nicht literarische Zusammengehörigkeit (vgl. auch die Argumente von Cook AJSL 1899/1900, 155 und Segal JQR 1918/19, 54f.). Ferner ist kaum einzusehen, warum ein Späterer den postulierten alten Zusammenhang in dieser Art zerstört haben sollte (verschiedene Erklärungen dazu bei Budde 1890, 265—267; Carlson 1964, 202f.; Eissfeldt 1964[3], 371).

[3] Lauter nachdtr Nachträge findet in diesen Kapiteln Noth 1967[3], 62[3]. Ihm folgen Mildenberger 1962, 119[58] und anscheinend auch Weinfeld 1972, 11; vgl. schon Budde 1902, XI; Mowinckel 1936, 292. Die gegenteilige Meinung vertreten Carlson 1964, 197f. und Hertzberg 1968[4], 343, die in 2Sam 21—24 einen von der "D-Gruppe" bzw. von dem (dtr) "Endverfasser" planvoll gestalteten Nachtrag erblicken; vgl. auch Schildenberger SAns 1951, 145—147.

spätere Parenthese, wie die Wiederaufnahme von V. 2aβ in V. 3aα zeigt.[4] Sie ist ihrem Charakter nach eng verwandt mit der völkergeographischen Bemerkung 2Sam 4:2b—3, deren dtr Herkunft oben vermutet wurde[5]. Dazu kommt, dass in 2Sam 21:2b das Wort *"Amoriter"* als Sammelbegriff für die ehemaligen und teils noch existierenden Urbewohner des Landes gebraucht wird, wie häufig in den redaktionellen Stücken des dtr Geschichtswerkes[6]; besonders augenfällig ist die Parallelität mit der dtr Formulierung von 1Kön 9:20[7]. Mit dem Schwur, den die Israeliten V. 2b zufolge geleistet haben, wird wörtlich auf Jos 9:15.18.19 Bezug genommen, wo die hinters Licht geführten Israeliten den Gibeoniten eidlich versprechen, sie am Leben zu erhalten. Die Aussage steht also in einem weitgreifenden literarischen Horizont, dessen später historischer Ort auch durch die für DtrG typische Differenzierung zwischen Israel und Juda zutage tritt[8].

Der Zweck von V. 2b ist es, die hernach geschilderten Vorgänge in eine geschichtliche Kontinuität zu bringen und ihnen aus der Vergangenheit eine Begründung zu verleihen. Begründet wird hier in zweierlei Hinsicht: Die Erinnerung an den von den Israeliten einst abgelegten Schwur erklärt, inwiefern Saul sich in dem vorliegenden Fall schuldig gemacht hat. Wegen des Schwurs, den die Vorfahren einmal geleistet hatten, galt nämlich der Versuch, die Amoriter umzubringen, in diesem besonderen Fall — sonst gewiss nicht — als ein Verbrechen, das auch die gegenwärtige Hungersnot hervorrief. Ferner vermochte DtrG, dem viel an Davids Ehre lag, mit dieser Erklärung verständlich zu machen, wieso David einer Auslieferung von Israeliten an die Amoriter zustimmen konnte. Eine moralische Entlastung Davids[9] war umso notwendiger, als dessen Eingehen auf das Verlangen der Gibeoniten faktisch ein stattliches Menschenopfer zur Folge hatte[10], und derartige Praktiken galten ja sonst bei DtrG als höchster Greuel (vgl. 2Kön 16:3; 17:17; 21:6; 23:10).

---

[4] Vgl. Thenius 1864², 253; Dhorme 1910, 419; Schulz 1920, 258; Smith 1951⁴, 374; de Vaux 1961², 232; Schunck 1963, 106; Carlson 1964, 200³.

[5] S. o. S. 94.

[6] Dt 1:7.19.20.44; 3:9; Ri 6:10; 10:8.11; 11:23; 1Sam 7:14; 1Kön 21:26; 2Kön 21:11u.ö.

[7] Zu 1Kön 9:20 s. Jepsen 1956², 20; Noth 1968, 216f. Obwohl speziell die Wortverbindung יתר האמרי sonst nirgendwo in der dtr Redaktion belegt ist, ist doch dreimal vom יתר הרפאים (Dt 3:11; Jos 12:4; 13:12) und einmal vom יתר הגוים (Jos 23:12) die Rede.

[8] Vgl. 2Sam 3:10; 1Kön 1:35; 2:32. Wird V. 2b—3aα im ganzen als Zusatz anerkannt, dann gibt es keinen Anlass mehr, ויהודה in V. 2b noch als eine separate Glosse zu bezeichnen (mit Dhorme 1910, 419 gegen Wellhausen 1871, 209; Klostermann 1887, 234; Budde 1902, 306; Schulz 1920, 258; Gressmann 1921², 141; Kittel 1922⁴, 484).

[9] Entlastet wird hier sicher nicht Saul, wie Carlson 1964, 257, behauptet. Carlsons Interpretation hängt mit seinem Urteil zusammen, nach dem die *"D-Gruppe"* in 2Sam 21:1—14 eine Strafe für Davids Vergehen in der Bathseba-Affäre sah und deswegen auch die Geschichte von ihrer ursprünglichen Stelle vor 2Sam 9 in den jetzigen Zusammenhang rückte, wo sie die *"siebenfache"* Strafe Davids (2Sam 12:6 LXX) illustriere (Carlson 1964, 202—204). Demgegenüber ist jedoch festzuhalten, dass in 2Sam 21:1—14 nicht David, sondern Sauls Sippe gestraft wird (das gilt auch gegen Eissfeldt 1931, 53 und Schildenberger SAns 1951, 133f., die ähnlich wie Carlson denken).

[10] Vgl. Gressmann 1921², 143f.; Kapelrud ZAW 1955, 203f.

Auch V. 7 ist erklärender Zusatz, und zwar zu V. 8.[11] Der Standort seines Urhebers wird aus dem darin erwähnten Schwur sichtbar, der auf den in seinem eigenen Zusammenhang bereits redaktionellen Nachtrag 1Sam 20:17 (DtrG)[12] verweist. Dort liess Jonathan David den eben geschlossenen Bund, der David auf die Schonung seiner Nachkommen verpflichtete, eidlich bekräftigen. Der verbalen Formulierung von 1Sam 20:17 entspricht die nominale von 2Sam 21:7, die sich ausserdem mit dem ebenfalls von DtrG stammenden Rückverweis auf 1Sam 20:17 in 1Sam 20:42b[13] berührt. Zweifellos schreibt hier wie dort derselbe dtr Redaktor, dem das gegenseitige Freundschaftsverhältnis zwischen Jonathan und David so am Herzen lag (vgl. 1Sam 20:12—17.42b; 23:16—18), dass er es für notwendig hielt, zu erwähnen, dass David auch unter sehr schwierigen Umständen den von ihm einst geleisteten Schwur hielt und dem Bund mit Jonathan treu blieb: Während David *Sauls* Sohn Meribaal zur Tötung freigab (V. 8), schonte er wegen des Schwurs den gleichnamigen Sohn *Jonathans* (V. 7) und brachte damit seine unverändert feste Verbundenheit mit dem mittlerweile sogar aufrührerischen Meribaal (vgl. 2Sam 16:3) um seines Vaters Jonathans willen zum Ausdruck.[14]

5.1.2 2SAM 24

Abgrenzung sekundärer Bestandteile

Vers 1a stellt durch ויסף *"und abermals"* eine Rückbeziehung zu der Plagegeschichte 2Sam 21:1—14 her; mit ihm untrennbar verbunden ist auch V. 1b in בהם*"gegen sie"*.[15] Ein verbindendes Element zwischen 2Sam 21:1—14 und 2Sam 24 ist auch die Schlussnotiz 21:14b ויעתר אלהים לארץ אחרי כן *"danach liess sich Gott für das Land gnädig stimmen"*, die in 24:25ba in der Form ויעתר יהוה לארץ *"und Jahwe liess sich für das Land gnädig stimmen"*

---

[11] Vgl. Budde 1902, 307; Schulz 1920, 259; Gressmann 1921², 141; Eissfeldt 1931, 53; Hölscher 1952, 376; Caird 1953, 1158; de Vaux 1961², 233; Carlson 1964, 200³.

[12] S. o. S. 82—84.

[13] S. o. S. 83f.

[14] Historisch gesehen ist es wenig wahrscheinlich, dass sowohl Saul wie Jonathan einen Sohn namens Meribaal gehabt hätten. Die Überlieferung stützt eher die Annahme, dass Meribaal Sauls Sohn war; denn einerseits sprechen die Stellen, die nicht unter dtr Einfluss stehen, von Meribaal unmissverständlich als Sauls Sohn (2Sam 16:3; 19:25; 21:8), andererseits tritt er bei DtrG ständig als Jonathans Sohn auf (2Sam 4:4; 21:7). Zweideutig ist nur 2Sam 9, ein Kapitel, das DtrG nicht unangetastet gelassen hat (s. o. S. 87⁴³); die ältere Auffassung tritt auch hier aus V. 7aδ und 9 hervor. Höchst wahrscheinlich hat also DtrG in V. 3 *"Saul"* zu *"Jonathan"* geändert, in V. 6 *"Sohn Jonathans"* hinzugefügt (vgl. eine ähnlich ausführliche Genealogie bei DtrG auch in 2Sam 4:4 und 21:7) und V. 7aγ mit *"um deines Vaters Jonathans willen"* erweitert (s. o. S. 87⁴³). Die Manipulation mit genealogischen Angaben war ja für DtrG kein fremdes Gebiet (s. o. S. 41). Wenn Meribaal in Wirklichkeit Sauls Sohn war (vgl. übrigens auch Is*baal),* versteht sich leicht, warum David ihn unter seiner Aufsicht in Jerusalem haben wollte (2Sam 9).

[15] Vgl. Fuss ZAW 1962, 149; Räisänen 1972, 49f.

wiederkehrt.[16] Zusammengenommen deuten diese Wahrnehmungen auf redaktionelle Tätigkeit in 2Sam 24:(1)25ba hin; denn jene Schlussnotiz ist in 2Sam 21:14b eher zu Hause als in 24:25ba.[17]

Mit diesen Beobachtungen sind jedoch noch nicht alle jüngeren Bestandteile des Kapitels erfasst. V. 25bβ *"und der Seuche wurde Einhalt getan in Israel"* sieht neben V. 25ba wie eine zweite Schlussbemerkung aus; sie stellt ausdrücklich fest, dass die Seuche, über die im mittleren Teil des Kapitels (V. 15ff.) berichtet wird, erst nach Davids Opferdarbringung aufgehört habe, obwohl es schon in V. 16 heisst, Jahwe habe dem Wüten des Pestengels Einhalt geboten. Demnach ist V. 25bβ offenbar eine noch nach V. 25ba entstandene Ergänzung.[18] Von derselben Hand wird auch V. 21bβ herrühren, denn hier begegnet der gleiche Ausdruck mit einer geringfügigen Abweichung *("das Volk"* statt *"Israel"),* und auch hier lässt er sich gut entbehren.[19] Dieselbe Vorstellung vom weiteren Andauern der Seuche nach und trotz V. 16 erscheint auch in Davids Sündenbekenntnis (V. 17)[20]; ausserdem wird hier die Plage als Folge von Davids persönlicher Verfehlung aufgefasst, obwohl sie nach V. 1 allein auf Jahwes Zorn, der sich Davids nur als seines Werkzeuges bediente, zurückgeführt wird[21]. Darüber hinaus wäre V. 18 eine durchaus plausible Fortsetzung zu V. 16.[22] Davids Bekenntnis V. 17 hat eine enge Entsprechung in V. 10b, wo David in gleicher Weise seine Sünde bekennt. Hier wie dort wird das Bekenntnis mit ויאמר דוד אל יהוה *"und David sagte zu Jahwe"* eingeleitet, das eigentliche Bekenntnis mit (אנכי) חטאתי *"ich habe gesündigt"* eröffnet und die abschliessende Bitte durch Verb + נא ausgedrückt. Beide werden von einem prophetischen Bescheid begleitet und betonen — wie gesagt: im Unterschied von V. 1 — Davids persönliche Schuld. Wenn V. 10b sekundär ist, muss das auch für V. 10a gelten, wo das Schuldgefühl Davids als

---

[16] Es geht nicht an, V. 25 in vollem Umfang für ursprünglich zu halten (Fuss ZAW 1962, 159) und dennoch jegliche Verbindung zwischen 2Sam 21:1—14 und 2Sam 24 in Abrede zu stellen (Fuss ZAW 1962, 148f.).

[17] Mehr auf Übernahme einer Wendung als auf ein und denselben Verfasser weist auch die Differenz im Gottesnamen hin: einmal אלהים (21:14b), das andere Mal יהוה (24:25ba).

[18] Vgl. Budde 1902, 336; Eissfeldt 1931, 54; Hölscher 1952, 376; Schulte 1972, 167[116].

[19] Vgl. Eissfeldt 1931, 54; Hölscher 1952, 376; Schulte 1972, 167[116].

[20] Der Widerspruch zwischen V. 16/17 hat mannigfache Lösungsversuche hervorgerufen: Entweder wird in V. 17 die Zeitbestimmung (V. 17aβ) ausgelassen (Schulz 1920, 291; Hölscher 1952, 376), oder die Reihenfolge der Verse wird getauscht (Gressmann 1921[2], 145; Mowinckel 1936, 257), oder V. 17 wird ohne die Zeitbestimmung und unter Auslassung von V. 16 direkt an V. 15 angefügt (Fuss ZAW 1962, 158), oder aber V. 17 wird an V. 16aα angehängt (Budde 1902, 333; Dhorme 1910, 444). Alle diese Vorschläge haben isoliert betrachtet etwas für sich; sie sehen aber an dieser Stelle von der umfassenderen sekundären Bearbeitung von 2Sam 24, zu der auch V. 17 gehört, ab (vgl. auch die Kritik bei Segal JQR 1918/19, 67; Kittel 1922[4], 491; Hertzberg 1968[4], 341).

[21] Carlson 1964, 204, will die Diskrepanz in der Vorstellung von "corporate personality" aufgehoben wissen.

[22] Vgl. Smith 1951[4], 391; Caird 1953, 1175. Auch von Eissfeldt 1931, 54, wird V. 17 als sekundär betrachtet.

Hintergrund für sein Bekenntnis (V. 10b) geschildert wird.[23] In enger Verbindung mit V. 10 steht noch die vorbereitende Warnung Joabs in V. 3, zu der V. 4a die notwendige Fortsetzung bildet; in der Tat lässt sich V. 3—4a im Kontext entbehren, V. 4b schliesst glatt an V. 2 an.[24]

Mit diesen Entscheidungen sind wir so weit gekommen, dass wir die Passagen V. 3.4a.10.17.21bβ.25bβ als eine zusammenhängende Bearbeitungsschicht bezeichnen können, die die persönliche Schuld Davids und die Fortdauer der Seuche bis zum Ende der Altarbauszene hervorhebt. Dieser Schicht lag schon die ältere redaktionelle Rahmung der Geschichte in V. 1[25] und 25ba zugrunde. Jetzt muss noch die Gad-Episode V. 11—14 näher ins Auge gefasst werden.[26] Die durch das Wahlangebot modifizierte Gerichtsankündigung V. 11b—13 ist offensichtlich als Strafe für Davids Sünde dargestellt, setzt also die sekundären Verse 3.4a.10 voraus. Davids Antwort (V. 14) ist trotz ihrer Indirektheit[27] seine Reaktion auf die vorangehende Gerichtsankündigung; V. 11b—14 muss folglich im ganzen der umfangreichen zweiten Bearbeitungsstufe zugeordnet werden.[28] Zu dieser gehört endlich auch die Zeitbestimmung מהבקר ועד עת מועד *"vom Morgen bis zu der festgesetzten Zeit"* in V. 15a, weil sie die Seuche in die in V. 13 gegebenen *zeitlichen* Schranken setzt, während die ältere Geschichte nur ihre *lokale* Begrenzung kennt: Jahwe bereut und lässt den Pestengel vor Jerusalem Einhalt machen (V. 16).[29]

---

[23] Vgl. Gressmann 1921², 145; Eissfeldt 1931, 54; Smith 1951⁴, 390; Hölscher 1952, 376; Fuss ZAW 1962, 156.

[24] Vgl. Fuss ZAW 1962, 155.

[25] Für verschiedene Verfasser in V. 1 und 10 spricht auch der Unterschied im Verb: מנה (V. 1), ספר (V. 10).

[26] V. 11a ist grammatisch ungewöhnlich formuliert: Der Ausdruck "ויקם פ"+ Zeitbestimmung wird in der hier vorliegenden absoluten Form nirgends sonst im AT für das morgendliche bzw. nächtliche Aufstehen gebraucht; vielmehr wird er dem erstarrten Charakter von ויקם entsprechend, regelmässig mit einer verbalen Handlung des Subjekts (Verbform im *imperf.cons.*), fortgeführt (Gen 32:23; Nu 22:13.21; Ri 16:3; 19:27; 1Kön 3:20; 2Kön 7:12; Prov 31:15). Am einfachsten wird die Härte beseitigt, indem man V. 11a zwischen V. 10a und 10b setzt. (Allzu hypothetisch ist die Lesung *"Gad"* nach LXX[236] in V. 11a und die Verlegung der Vershälfte unmittelbar vor V. 13, so Fuss ZAW 1962, 154.) Vgl. auch das Spatium in der Handschrift sowohl hinter V. 10a wie 11a.

[27] Vielfach wird MT in V. 15 nach LXX ergänzt, wo Davids Entscheidung für die Pest ausdrücklich konstatiert wird (u.a. Wellhausen 1871, 220; Klostermann 1887, 258; Budde 1902, 332; Dhorme 1910, 444; Gressmann 1921², 145; Tiktin 1922, 70; Caird 1953, 1174; de Vaux 1961², 250f.; BHK). Doch scheint LXX hier nicht mehr als eine frühe Texterleichterung zu bieten (vgl. Schulz 1920, 289; Hölscher 1952, 376; Fuss ZAW 1962, 153; Hertzberg 1968⁴, 338¹).

[28] Vgl. Budde 1902, 331—333; Eissfeldt 1931, 54; Mowinckel 1936, 256; Hölscher 1952, 376; Fuss ZAW 1962, 157; Carlson 1964, 211.

[29] Als sekundär wird die Zeitbestimmung in V. 15a u.a. von Budde 1902, 333; Eissfeldt 1931, 54; Hölscher 1952, 376 und Fuss ZAW 1962, 157, betrachtet. Carlson 1964, 215, begründet seine gegenteilige Meinung mit der phantastischen Erklärung, die Zeitbestimmung sei entliehen "from the annual festival, where it serves as a technical term, denoting the intervention of Yahweh in judgement or salvation (Ps 75:3; Ps 102)".

Heimat der Bearbeitungen

Gegenstand der Erörterung soll in diesem Arbeitsgang zunächst die breite Bearbeitungsschicht in V. 3.4a.10—14.15aβ.17.21bβ.25bβ sein[30], deren Herkunft an Hand des Sprachgebrauchs und der Vorstellungswelt zu definieren ist. Danach wird ihr Verhältnis zu der älteren Rahmung des Kapitels (V. 1.25ba) zur Sprache kommen.

Der Wunsch Joabs ויוסף יהוה אלהיך אל העם כהם וכהם מאה פעמים "*Jahwe, dein Gott, füge zu diesem Volk noch hundertmal soviel hinzu, als ihrer jetzt schon sind!*" (V. 3) hat nahe dtr Parallelen in Dt 1:11 und 2Sam 12:8[31], vgl. auch 1Kön 3:8[32].

Ebenfalls dtr ist die Fortsetzung in V. 3: ועיני אדני המלך ראות "*und die Augen meines Herrn König mögen es sehen!*".[33]

Für den Satz ויך לב דוד אתו אחרי כן "*aber hinterher schlug David das Gewissen*" (V. 10) findet sich eine wörtliche Entsprechung in 1Sam 24:6, also in der Aufstiegsgeschichte, woher er im Zuge der dtr Redaktion leicht übernommen werden konnte.

David bekennt in V. 10: נסכלתי מאד "*ich habe sehr töricht gehandelt*"; das Verb סכל kommt im *ni.* im AT ausser in jungem Zusammenhang (2Chr 16:9) nur hier (≠1Chr 21:8) und in 1Sam 13:13, in dem von DtrN verfassten Verwerfungsurteil Sauls durch Samuel[34], vor.

In V. 17 hat Davids Bitte die Gestalt: תהי נא ידך בי ובבית אבי "*möge deine Hand gegen mich und gegen meine Familie sein*", die zu der einfachen Form יד יהוה היה ב... "*Jahwes Hand war gegen...*" transformiert werden kann. Abgesehen von einer Ausnahme (1Sam 5:9 Ladegeschichte) finden sich alle sonstigen Belege für diese Wendung in rein dtr Texten: Dt 2:15; Ri 2:15; 1Sam 7:13; 12:15 (1Chr 21:17≠2Sam 24:17).[35]

---

[30] Es handelt sich hier unmöglich um eine Parallelerzählung im Sinne einer eigenständigen "Quelle" (Eissfeldt 1931, 54), denn die abgehobenen Verse sind ohne den Grundbestand des Kapitels nicht zu verstehen.

[31] Nach Dietrichs (1972, 129) Unterscheidung gehört der Satz V. 8b mit V. 8aα zu dem alten Bestand der Nathan-David-Szene, während V. 8aβ von DtrP stammt. Die Gründe, die er für die Ursprünglichkeit von V. 8b nennt, sind sprachlich und stützen sich darauf, dass in dem jetzigen Zusammenhang statt כהנה וכהנה eigentlich כזאת וכזאת zu erwarten sei. In Wirklichkeit lässt sich jedoch weder das Negative für das *hap.leg.*כהנה וכהנה(der Ausdruck ist nur eine *pl.* Spielart von כזאת וכזאת) noch das Positive für כזאת וכזאת(dieser Ausdruck dient im AT ausnahmslos entweder zur Rekapitulation einer Rede, 2Sam 17:15bis; 2Kön 5:4, oder zu deren Einleitung, Jos 7:20; 2Kön 9:12, nie aber zu einem solchen Zweck wie כהנה וכהנה in 2Sam 12:8) nachweisen. Ich rechne deshalb auch V. 8b zu der dtr Bearbeitung, vgl. Carlson 1964, 158.

[32] Der Dialog zwischen Salomo und Jahwe (1Kön 3:5—14) ist mindestens stark dtr überarbeitet, s. Carlson 1964, 206; Weinfeld 1972, 246; etwas vorsichtiger Noth 1968, 50f., über V. 6—8.

[33] S. o. S. 27.

[34] S. o. S. 55—57.

[35] Ausserhalb des dtr Bereichs (Gen 16:12; 37:27) sowie in den Quellentexten des DtrG (Dt 13:10; 17:7; Jos 2:19; 1Sam 18:17.21; 24:13.14) handelt es sich immer um eine *menschliche* Hand.

Auch die prophetische Gerichtsankündigung V. 11b—13 trägt mehrere Merkmale jüngerer Zeit. Die *Trias* der Strafen Hungersnot-Feindesbedrohung-Pest wird in markanter Weise erst in der Exilsprophetie geläufig.[36] Dasselbe gilt auch für die *Wortereignisformel* (V. 11b), die erst seit Jer und Ez[37] sowie dem dtr Bereich[38] zu weiterer Verbreitung kommt[39]. Die Botenbeauftragung הלוך ודברת אל... "gehe und sage zu..." (V. 12) wird nirgendwo sonst im AT genauso ausgedrückt wie hier; die nächsten vergleichbaren Parallelen finden sich im Jer, wo sie viermal mit dem Synonym ואמרת statt ודברת auftaucht (Jer 28:13; 34:2; 35:13; 39:16)[40]. Aus alldem ergibt sich eindeutig, dass die Gerichtsankündigung (V. 11b—13) die grosse Schriftprophetie nicht vor sich hat, sondern schon durch eine relativ späte Erscheinungsform dieser Prophetie stark beeinflusst ist.[41]

Den endgültigen Beweis dafür, dass die hier untersuchte Bearbeitung von 2Sam 24 dtr Herkunft ist, liefert die eigentümliche *Struktur* der Bekenntnisse Davids in V. 10b und 17. Beide sind königliche Sündenbekenntnisse, die von einer prophetischen Botschaft begleitet werden. Hier handelt es sich um ein *Schema*, wofür es einige, und zwar ausschliesslich dtr Parallelen gibt. Diesem Schema können auch die Stellen zugerechnet werden, wo statt eines königlichen Sündenbekenntnisses ein Gebet des Königs auftritt, das mit einem prophetischen Bescheid beantwortet wird. Die meisten Parallelstellen haben ausserdem auch andere, detailliertere Gemeinsamkeiten mit 2Sam 24:10b.17, die im folgenden mitberücksichtigt werden.

In 1Sam 15:24—25[42] findet sich Sauls Sündenbekenntnis vor Samuel; ihm folgt unmittelbar eine prophetische Gerichtsankündigung (V. 26). Das Bekennen der Sünde erwirkt hier ebenso wenig wie in 2Sam 24:10b eine Vergebung, sondern das Gericht bleibt ohne Einschränkung in Kraft (vgl. V. 23). Formal erinnert Sauls Sündenbekenntnis an das von David auch darin, dass es in zwei Teile zerfällt: in

---

[36] Jer 14:12; 21:7.9; 24:10; 27:8.13; 29:17.18; 32:24.36; 34:17; 38:2; 42:17; 44:13; Ez 5:12; 6:11.12; 7:15; 12:16; 14:21; vgl. auch Lev 26:25 (P); 1Kön 8:37 (dtr). Sehr gezwungen ist die Erklärung von Seybold 1972, 24f., der hinter der *Trias* eine vorgegebene Fluchtradition vermutet und damit auch die Altertümlichkeit der Gad-Episode verteidigt.

[37] In verschiedenen Variationen im Jer 42mal, im Ez 50mal und danach gelegentlich bei den jüngeren Schriftpropheten.

[38] 1Sam 15:10; 1Kön 6:11; 16:1; 17:2.8; 18:1; 21:28; s. dazu Dietrich 1972,71f.

[39] Möglicherweise ältere Belege sind 2Sam 7:4 und 1Kön 21:17.

[40] Ausserdem an einer nachdtr Stelle Jes 38:5 (s. Veijola 1971, 73). In erweiterter Form kommt die Formel im Jer einmal auch mit ודברת vor (Jer 35:2) wie auch mit ואמרת zweimal (Jer 3:12; 17:19—20). Normalerweise wird in der Botenbeauftragung der *imp.* לך anstatt des *inf.abs.* הלוך verwendet (z.B. 2Sam 7:5; Jes 6:9; 20:2; 21:6; Ez 3:1.4.11; Hos 1:2; Am 7:15; Jon 1:2).

[41] Ausdruck der Spätzeit ist übrigens auch das Verb נטל (V. 12), sonst nur in Jes 40:15; 63:9 (*pi.*); Thr 3:28.

[42] Dass 1Sam 15 eine dtr Bearbeitung erfahren hat, wird allgemein angenommen (vgl. Bernhardt 1961, 150; Carlson 1964, 46; Schulte 1972, 105). In diesem Zusammenhang genügt die Feststellung, dass V. 24—26 eine offensichtliche Vorwegnahme der Zeichenhandlung V. 27—28 ist und demnach Element der Bearbeitung.

das eigentliche Bekenntnis (V. 24), das mit חטאתי *"ich habe gesündigt"* eröffnet wird (vgl. das gleiche Verb in 2Sam 24:10b.17), und in die Bitte (V. 25), die mit ועתה + Verb *(imp.)* + נא eingeleitet wird (vgl. ähnlich in 2Sam 24:10b, נא auch in V. 17).

2Sam 12:13—14[43] berichtet Davids Sündenbekenntnis vor Nathan nach der Bathseba-Affäre und Nathans Antwort darauf, die eine partielle Vergebung bedeutet[44]. Das Bekenntnis ist diesmal ohne jede Bitte prägnant durch חטאתי ליהוה *"ich habe gegen Jahwe gesündigt"* ausgedrückt (vgl. dasselbe Verb in 1Sam 15:24; 2Sam 24:10b.17). In Nathans Antwort wird das Verb עבר *hi.* verwendet, das nur hier und in 2Sam 24:10 (≠1Chr 21:8) in der geschichtlichen Überlieferung in der Bedeutung *"(eine Sünde) vergeben"* vorkommt[45].

In 2Kön 19:15—19[46] wird zwar kein Sündenbekenntnis, aber doch ein Gebet des Königs Hiskia vor Jahwe anlässlich der Bedrohung durch Sanherib erzählt[47], und dieses Gebet wird sogleich durch eine prophetische Botschaft beantwortet (V. 20—21a.32—34)[48]. Ausserdem wird die konkrete Bitte in V. 19 durch ועתה + Verb *(imp.)* + נא ausgedrückt, wie in 1Sam 15:25 und 2Sam 24:10b.

Ferner begegnet in 2Kön 20:2b—3a[49] ein dtr konzipiertes Gebet des Hiskia, auf das sofort eine prophetische Botschaft folgt, die die frühere Todesankündigung (V. 1) rückgängig macht.

Die Gemeinsamkeiten in der Struktur und vereinzelt auch in der Ausdrucksweise machen es unzweifelhaft, dass alle angeführten Stellen dem Deuteronomismus zu danken sind; auf diese doch recht schematische Weise wird nirgendwo in der echten Prophetie das Verhältnis zwischen Prophet und König dargestellt.

---

[43] Es darf als bewiesen gelten, dass die ganze Nathan-David-Szene 2Sam 11:27b—12:15a ein Einschub des DtrP ist, s. Dietrich 1972, 132; ihm zustimmend Würthwein 1974, 24. Vgl. schon Schwally ZAW 1892, 153—155; Nowack 1902, 194 und Smith 1951[4], 322, die hier ebenfalls einen Einschub vermuteten; die dtr Redaktion wird dafür ausdrücklich auch von Weinfeld 1972, 130[4] und offenbar auch von Carlson 1964, 160, verantwortlich gemacht (anders Schulte 1972, 154—160, die den Einschub dem *"Jahwisten"* zuweist und daraus folgern muss, dieser habe Davids Schuld trotz seiner sonstigen positiven Königsideologie hervorgehoben). Wenn nun 2Sam 11:27b—12:15a ein dtr Einschub ist, dann muss 12:13—14 von eben demselben Redaktor (DtrP) gebildet sein (anders Dietrich 1972, 130); denn diese Verse haben die Funktion einer Brücke von dem Einschub zu der älteren Erzählung über den Tod des Kindes in 12:15bff. (vgl. ein ähnliches Verfahren des DtrP in 1Sam 28:19aa, s. o. S. 58).

[44] V. 13b—14 widerspricht nicht den Drohungen in V. 7—12 (so u.a. Wellhausen 1871, 184; Rost 1926, 95; Eissfeldt 1931, 36), denn diese bleiben auch *nach* V. 13b—14 gültig; vielmehr wird lediglich das von David selber in V. 5 spontan ausgesprochene Todesurteil von David auf das Kind übertragen und die nachfolgende Erzählung auf diese Weise mit dem Einschub ausgeglichen.

[45] Sonst Sach 3:4; Ps 119:39; Hi 7:21.

[46] Zu dem dtr Charakter der Stelle s. Childs 1967, 99f.; vgl. auch Weinfeld 1972, 39.

[47] Bemerkenswert ist das Fehlen des Gebets in der älteren Parallelerzählung 2Kön 18:17—19:9a.

[48] V. 21b—31 ist ein jüngerer Einschub, s. Childs 1967, 96f.

[49] Zu der dtr Bearbeitung von 2Kön 20:1—11 s. Veijola 1971, 70—87.

Ist nun soviel klar, dass die in V. 3.4a.10—14.15aβ.17.21bβ.25bβ festgestellte Bearbeitung dtr ist[50], stellt sich dringend die Frage nach ihrem Verhältnis zu dem älteren Rahmen des Kapitels (V. 1.25ba). Über seine Herkunft informiert wieder der Sprachgebrauch. V. 25ba hilft hier nicht weiter, weil der Ausdruck aus 2Sam 21:14 übernommen ist. V. 1 dagegen ist aufschlussreich: Die Wendung חרה אף יהוה ב... *"Jahwes Zorn entbrannte gegen..."* mit dem Volk Israel als Gegenstand des göttlichen Zornes ist am häufigsten in der dt-dtr Literatur belegt[51]: Dt 6:15; 7:4; 11:17; 29:26[52]; 31:17; Jos 7:1; 23:16; Ri 2:14.20; 3:8; 10:7; 2Kön 13:3; 23:26[53]. Ausserhalb dieses Bereichs wird die Wendung in der geschichtlichen Überlieferung nur in Nu 11:33 und Nu 25:3 verwendet, wobei die zweite Stelle allerdings den Verdacht dtr Beeinflussung erweckt[54]; zweifellos unter dem dtr Einfluss stehen die restlichen drei Belege im Pentateuch (Ex 32:10.11; Nu 32:13)[55]. In der prophetischen und poetischen Literatur wird der Ausdruck nur in Jes 5:25 und Ps 106:40[56] gebraucht. Dieser Befund zeigt mit aller Deutlichkeit, dass die Wendung in aller Regel dtr Provenienz ist. Man könnte sogar vermuten, dass sie in 2Sam 24:1 auf Grund der Drohung von Dt 11:17 gebraucht wurde, nach der Jahwes Zorn die Verschliessung des Himmels, also Hunger hervorruft. In 2Sam 24:1 verbindet der Ausdruck ja die Hungersnot (2Sam 21:1—14) mit der Seuche, die beide als Manifestationen des göttlichen Zornes angesehen werden.

Obwohl V. 1b nicht so eindeutig dtr ist wie die erste Vershälfte, hindert doch nichts, ihn von der dtr Redaktion abzuleiten; denn das Verb סות *hi. "verführen"* ist zweifach aus direkt dt-dtr Texten bekannt (Dt 13:7; 1Kön 21:25), begegnet ausserdem dreimal in den Quellentexten des dtr Geschichtswerkes (Jos 15:18 = Ri 1:14; 1Sam 26:19; 2Kön 18:32), zweimal im Jer (38:22; 43:3); alle sonstigen Belege sind jünger (Hi 2:3; 36:18; 1Chr 21:1; 2Chr 18:2.31; 32:11.15).

Nach dieser Schichtung haben wir zwei miteinander konkurrierende Bearbeitungsstufen vor uns[57], denen beiden das Etikett *"dtr"* zukommt. Die einzige Möglichkeit, diesem Sachverhalt gerecht zu werden, wird wohl sein, mit *zwei* sukzessiven dtr Redaktionsphasen zu rechnen, von denen die in V. 1 zu Wort kommende offenbar die ältere ist, weil sie mit V. 25ba den Abschluss der

---

[50] Vgl. Carlson 1964, 211. Anders Fuss ZAW 1962, 164, der in der Gad-Interpolation Verwandtschaft mit dem Elohisten meint finden zu können (vgl. Mowinckel 1936, 256f.); anders auch Hölscher 1952, 376, der an einen nachdtr Priesterredaktor denkt.

[51] In paränetischen Zusammenhängen wird Israel oft durch *"du"* bzw. *"ihr"* vertreten.

[52] Gegen das Land.

[53] Gegen Juda.

[54] Nach Eissfeldt 1922, 164.190, gehören beide Stellen zu J; in Nu 25:3 scheint das jedoch zweifelhaft, denn das ganze Kapitel Nu 25 trägt Spuren dtr Überarbeitung: vgl. V. 3b und 2Sam 24:1a; V. 8b und 2Sam 24:21bβ.25bβ; V. 11 und 2Sam 21:2.

[55] Zu Ex 32:10.11 s. Noth 1948, 33[113]; zu Nu 32:13 s. Noth 1966, 205f.

[56] Ps 106 ist nachdtr, s. Kraus 1972[4], 728.

[57] Undurchsichtig bleibt mir die "ḥesīt-ideological interpretation", aufgrund derer Carlson 1964, 208—211, V. 1 mit der sonstigen Bearbeitung des Kapitels zu nivellieren vermag.

Geschichte gebildet hat⁵⁸. Demgegenüber ist V. 25bβ eine sekundäre Erweiterung, und mit ihr hängt die ganze umfangreiche Bearbeitungsschicht V. 3.4a. 10—14.15aβ.17.21bβ zusammen. Das prophetische Element, das neben dem "dtr" in dieser Schicht stark zutage tritt, sowie die erhebliche Nähe zu der Nathan-David-Episode (2Sam 11:27b—12:15a), die von DtrP erweitert und an ihrer jetzigen Stelle untergebracht worden ist⁵⁹, machen es äusserst wahrscheinlich, dass auch die prophetische Bearbeitung in 2Sam 24 ihre Existenz demselben Verfasser (DtrP) verdankt. Sein Vorgänger, der in V. 1 und 25ba das Wort ergreift, muss folglich der eigentliche "Geschichtsschreiber" DtrG sein.

Nach dieser Klärung können dem DtrG jetzt noch ein paar weitere Ergänzungen zugewiesen werden, die in 2Sam 24 sicher sekundär, aber keine Bestandteile der DtrP-Schicht sind. So steht in V. 19 der Satz כאשר צוה יהוה "wie Jahwe geboten hatte" in Konkurrenz zu den unmittelbar vorangehenden Wörtern כדבר גד "gemäss dem Wort des Gad"⁶⁰; sprachlich handelt es sich um eine der häufigsten dt-dtr Wendungen⁶¹. Wenn aber V. 19b sekundär ist⁶², dann müssen V. 19a und damit auch V. 18 alt sein. Daraus ergibt sich, dass schon DtrG Gad in der Altarbauszene (V. 18ff.) vorgefunden hat⁶³; freilich gab dieser ursprünglich nur die Anweisung zu einer *kultpolitischen* Massnahme, was vollkommen mit der sonst bekannten Funktion Gads übereinstimmt (1Sam 22:5). Erst DtrP hat aus ihm einen Gerichtspropheten im Stile der klassischen Prophetie gemacht.

V. 23b ist sicher sekundär, wie die erneute Redeeinleitung und die isolierte Stellung des Halbverses zeigen.⁶⁴ Ferner fällt ins Auge, dass der Jebusiter Arawna David wünscht, *Jahwe* möge Wohlgefallen an ihm haben. Das erinnert an die dtr Erweiterung der Ansprache der Königin von Saba an Salomo (1Kön 10:9)⁶⁵, die ganz ähnlich Jahwes besonderes Wohlgefallen an Salomo zu rühmen weiss.

Die Intentionen der beiden dtr Bearbeitungen

Die dtr Redaktion sah sich vor der Aufgabe, die sehr verschiedenartigen und

---

[58] Anders Fuss ZAW 1962, 149.155, nach dem V. 1 die jüngste Stufe des Kapitels vertritt; ihm folgt auch Räisänen 1972, 49f.

[59] Der Eigenanteil des DtrP umfasst in dieser Szene 2Sam 11:27b; 12:7b.8aab.9aa(ab לעשות).9aβγ.10aba.11aβ(?).13.14.15a(?), s. Dietrich 1972, 127—132 und die kleineren Korrekturen dazu o. S. 113⁴³. Grundsätzlich ähnlich wie hier dürfte der Sachverhalt auch in 1Sam 15 sein (vgl. o. S. 102¹⁵⁶). 2Kön 19:15ff. und 20:2bff. vertreten hingegen vermutlich noch jüngere Stufen des Deuteronomismus (in ihnen wird dem König ohne jede Bedingung Heil verkündet).

[60] Es ist bemerkenswert, wie 1Chr 21:19 die Stelle umformuliert.

[61] Vgl. Dt 1:19; 4:5; 5:12.16.32; 10:5; 20:17; 34:9; Jos 10:40; 11:15.20; 14:2; 21:8 u.ö.

[62] Vgl. Schulte 1972, 167¹¹⁶.

[63] Anders Budde 1902, 335; Eissfeldt 1931, 54 und Hölscher 1952, 376, die meinen, Gad sei in 2Sam 24 eine völlig sekundäre Erscheinung.

[64] Vgl. Gressmann 1921², 145; Schulte 1972, 167¹¹⁶.

[65] Dazu o. S. 97¹¹³.

theologisch nicht besonders aussagekräftigen Überlieferungen von Davids Volkszählung, von der Seuche und vom Erwerb des Altarplatzes auf der Tenne Arawnas, die wohl bereits zusammengewachsen waren, in einen grösseren Zusammenhang zu bringen und theologisch zu interpretieren.

DtrG verband Kap. 24 mit 2Sam 21:1—14 und deutete die Plagen als Folge von Jahwes Zorn, der sich seiner Meinung nach in solchen Erscheinungen äussert. Gewöhnlich entbrannte Jahwes Zorn gegen Israel allerdings wegen des Götzendienstes[66] oder ähnlicher unmittelbar jahwewidriger Vorfälle[67]; bei David aber wusste DtrG, anders als bei Saul (2Sam 21:2b), nichts von solchen Hintergründen — oder wollte nichts von ihnen wissen —, und so kam er zu seiner rätselhaften Aussage über den Zorn Jahwes, der ohne einen wirklich plausiblen Grund gegen das Volk entbrennt. Die Anschauung, dass Jahwe mit Menschen so frei bzw. willkürlich umgehen kann, hat er schon früher in 1Sam 2:25b[68] offenkundig gemacht, wo er die Unbussfertigkeit der Eli-Söhne auf Jahwe zurückführt, der "*sie töten wollte*". In dem vorliegenden Fall war es keineswegs David, der mit seiner Aktion die Plage hervorgerufen und die Schuld daran gehabt hätte, denn er handelte ja unter der Verführung Jahwes, der ihn als Werkzeug zur Züchtigung des Volkes benutzte (2Sam 24:1)[69].

Wie sehr DtrG daran lag, Davids Jahwe-Treue hervorzuheben, zeigt sich auch in V. 19b: was David tut, ist nicht allein dem Wort Gads gemäss, sondern er handelt, "*wie Jahwe geboten hatte*". David steht in einem besonders engen Verhältnis zu Jahwe und das weiss sogar der Jebusiter, der ihm Jahwes Wohlgefallen wünscht (V. 23b). David hat an dem neu erworbenen Kultort in Jerusalem einen Altar errichtet und auf ihm ein Opfer dargebracht — in den Augen des DtrG zweifellos eine Vorbereitung auf den Tempelbau Salomos[70]. Eben darum kann er feststellen, dass Jahwe sich habe gnädig stimmen lassen (V. 25ba). Für DtrG war das Kapitel durchaus geeignet, Davids pietätsvolles Handeln zu bezeugen.

Erheblich anders dachte der spätere, prophetisch eingestellte DtrP; er konnte sich nicht der Ansicht anschliessen, dass Jahwe sein Volk so launenhaft, wie es bei DtrG erschien, züchtigt. Er ging jedoch nicht so weit wie der Chronist, der einfach "*Jahwe*" durch "*Satan*" ersetzt hat (vgl. 2Sam 24:1 mit 1Chr 21:1), sondern er gestaltete die Geschichte von seinen eigenen Voraussetzungen her um und setzte dabei die Schwerpunkte anders als sein Vorgänger. Durch seine Neuinterpretation schuf er aus dem Kapitel eine Geschichte von der Sünde des Königs David. Jetzt weiss der Leser von Anfang an (V. 3—4a), wer die Verantwortung für die

---

[66] Dt 6:14f.; 7:4; 11:16f.; 29:25f.; 31:16f.; Jos 23:16; Ri 2:13f.19f.; 3:7f.;10:6f.
[67] Übertretung des Banngebots (Jos 7:1); Joahas' Wandeln in der Sünde Jerobeams (2Kön 13:2—3, falls V. 3 von V. 2 aus interpretiert werden darf); Manasses Sünden (2Kön 23:26).
[68] S. o. S. 101[149].
[69] Ganz ähnlich wie einmal zu dessen Befreiung (2Sam 3:18 DtrG).
[70] Zu 2Sam 24 als *hieros logos* des Jerusalemer Tempels vgl. Budde 1902, 326; von Rad 1966[5], 57; Hertzberg 1968[4], 339.

Volkszählung und ihre verhängnisvollen Folgen trägt, und die Fortsetzung liest sich wie eine Art *"ordo salutis"*: Sünde (V. 4b—9), Anfechtung (V. 10a), Sündenbekenntnis (V. 11a.10b), Strafe (V. 11b—16), erneutes Sündenbekenntnis (V. 17), Versöhnung (V. 18—25).

Natürlich kann gesagt werden, dass DtrP schon durch die Vorlage gezwungen war, so und nicht anders zu erzählen: David konnte Joabs Warnung nicht gehorchen, weil die Geschichte von der Volkszählung nun einmal dastand, und Davids erstes Sündenbekenntnis musste faktisch folgenlos bleiben, weil sonst die Plagegeschichte nicht mehr am Platze wäre. Immerhin, DtrP hat eben diese und nicht irgendeine andere Darstellungsweise gewählt und damit deutlich genug seine von DtrG abweichende Einstellung zu David zum Ausdruck gebracht, die schon früher andeutungsweise zu erkennen war (1Sam 28:17—19a*a*). Jetzt wird die Differenz ganz offenkundig. Für DtrP ist der König David nicht mehr unantastbar. Im Gegenteil, er kann sogar schwer sündigen und mit seiner Sünde das ganze Volk ins Unglück bringen. Davids Verfehlung ist so offensichtlich, dass selbst sein weltlicher Diener Joab — den DtrG für einen Meuchelmörder hält (2Sam 3:28—29; 1Kön 2:5—6.31b—33) — ihn davor zu warnen weiss.

In der Hervorhebung der Schuld Davids ist 2Sam 24 in seiner jetzigen Form aufs engste mit der dramatischen Begegnung zwischen Nathan und David (2Sam 12:1—14) verbunden, an deren Bewahrung und Gestaltung DtrP ebenfalls entscheidend mitgewirkt hat[71]. Nicht nur die Betonung der Schuld Davids ist beiden Geschichten gemeinsam, sondern auch die zentrale Rolle des Propheten, der hier wie dort dem König übergeordnet ist. Die Handlungen des Königs führen in eine Aporie, aus der nur das prophetische Wort den Ausweg weisen kann. Bedingung dafür ist das aufrichtige Bekennen der Sünde; erst dann wird der König einer prophetischen Antwort gewürdigt. Diese besteht allerdings nicht unbedingt in einem uneingeschränkten Heilswort. Im Falle Davids wird vielmehr das Moment des Gerichts trotz aller Selbstdemütigung des Königs beibehalten. Die Worte *"das Schwert soll niemals von deinem Hause lassen"* (2Sam 12:10) und *"möge deine Hand gegen mich und gegen meine Familie sein"* (2Sam 24:17) bleiben in Gültigkeit, obschon sich partiell auch ein heilvolles Handeln Jahwes abzeichnet[72]. Die kaum gemilderte Härte des DtrP gegen David und sein Haus, die ihn am tiefsten von DtrG unterscheidet, ist kaum anders zu deuten, als dass der prophetische Redaktor in den blutigen Vorgängen, die kurz nach der Bathseba-Affäre die Familie Davids dezimierten, nur den Anfang der göttlichen Strafe sah, die erst im Untergang der Dynastie ihr Ziel erreicht hat.

5.2 2SAM 21:15—22 UND 2SAM 23:8—39

Die oben ausgeführte literar- und redaktionskritische Analyse hat deutlich

[71] S. o. S. 113[43].
[72] In 2Sam 12 in der Aufhebung des eigenen Todesurteils von David und in 2Sam 24 im Aufhören der Seuche.

gemacht, dass von den Nachträgen 2Sam 21—24 wenigstens 2Sam 21:1—14 und 2Sam 24 bereits in dem dtr Geschichtswerk standen, ja sogar Gegenstand intensiver Bearbeitung waren. Jetzt soll dieselbe Frage an die beiden Überlieferungen von Davids "Helden" — die Anekdoten in 2Sam 21:15—22 und die Liste in 23:8—39 — gerichtet werden, die zwar heute durch die poetischen Überlieferungen 2Sam 22 und 23:1—7 auseinandergerissen sind, inhaltlich aber doch zusammenhängen.

5.2.1 2SAM 21:15—22

In 2Sam 21:15—17 wird eine kleine Episode aus Davids Philisterkriegen erzählt. David war erschöpft (V. 15b) und wäre beinahe ums Leben gekommen, wenn ihn nicht Abisai herausgehauen hätte (V. 17a). Daraufhin wird David von seinen Männern beschworen (V. 17b):   לא תצא עוד אתנו למלחמה ולא תכבה את
נר ישראל *"Du darfst nicht mehr mit uns in den Kampf ziehen, dass du die Leuchte Israels nicht auslöschest!"* Der Sinn des Satzes ist klar: Die Männer Davids wollen ihren König künftig schonen; er soll nicht durch die persönliche Teilnahme an den Kämpfen sein Leben und dadurch auch sein Königtum über Israel unnötig riskieren. Die Aussage ist höchst sinnvoll in einer Situation, da die Thronfolge noch nicht geregelt ist.[73]

Für den zitierten Satz gibt es drei bemerkenswerte dtr Parallelen in den Königsbüchern:

1Kön 11:36

למען היות ניר לדויד עבדי כל הימים לפני בירושלם

dass meinem Knechte David immerdar eine Leuchte vor mir bleibe in Jerusalem

1Kön 15:4

כי למען דוד נתן יהוה אלהיו לו ניר בירושלם

denn um Davids willen gab Jahwe, sein Gott, ihm eine Leuchte in Jerusalem

2Kön 8:19

למען דוד עבדו כאשר אמר לו לתת לו ניר (לפניו)[74] כל הימים

um seines Knechtes David willen, wie er ihm verheissen hatte, dass er ihm immerdar eine Leuchte (vor seinem Angesichte) geben wolle

An allen drei Stellen wird zwar ניר anstatt נר (2Sam 21:17) gebraucht, aber die Bedeutung ist doch dieselbe: *"Leuchte"*[75]. Jedesmal taucht der Ausdruck in formel-

---

[73] Vgl. das ganz ähnliche Bild in 2Sam 14:17, wo der letzte männliche Nachkomme einer Witwe als *"Kohlenglut"* (גחלת) bezeichnet wird, von dessen Auslöschen (כבה *pi.*) die Rede ist.

[74] S. BHK.

[75] S. KBL s.v.; vgl. die Wiedergaben in der LXX: λύχνος (2Kön 8:19), θέσις (1Kön 11:36) und κατάλειμμα (1Kön 15:4). Noth OTS 1950, 36f., dachte eine Zeitlang, das Wort bedeute *"Neubruch"* (=*"Neuanfang"*), hat jedoch später seine Vermutung zurückgezogen (Noth 1968, 243).

hafter Verbindung auf: Der Satz wird mit לְמַעַן eingeleitet, stets begründet er die Sonderstellung der Davididen. Zweimal trägt David den Ehrentitel *"(Jahwes) Knecht"* (1Kön 11:36; 2Kön 8:19); zweimal kommt die unbegrenzte Zeitbestimmung כל הימים *"immerdar"* vor (1Kön 11:36; 2Kön 8:19) und zweimal wird als Ort der Leuchte Jerusalem namentlich genannt (1Kön 11:36; 15:4). Den formelhaften Merkmalen kann endlich auch die Sonderform ניר statt נר zugerechnet werden, die nur an diesen Stellen im AT verwendet wird, während die Normalform נר insgesamt 45mal belegt ist. Der formelhafte Charakter des Ausdrucks im Vergleich zu der schlichten Aussage von 2Sam 21:17b macht es ganz unwahrscheinlich, dass schon in 2Sam 21:17 derselbe Verfasser am Werk wäre. Näher liegt die Annahme, dass der dtr Redaktor den Ausdruck auf Grund von 2Sam 21:17b konzipiert hat, denn eine andere Stelle, von der er ihn hätte übernehmen können, fehlt. Bei der Übernahme hat der Redaktor die Reichweite des Ausdrucks ausgedehnt: Während נר in 2Sam 21:17 Davids persönliche Stellung als König über Israel meint, umfasst ניר bei dem dtr Redaktor die Beständigkeit der ganzen davidischen Dynastie.

Redaktionsgeschichtlich ergibt sich aus der Priorität von 2Sam 21:17 vor den angeführten dtr Stellen, dass dieser Passus — und damit wohl auch der ganze Abschnitt 21:15—22 — dem betreffenden Redaktor bereits vorlag. Wenn es sich dabei um DtrN handelt[76], ist in seiner Tätigkeit der *terminus ad quem* für den Nachtrag 2Sam 21:15—22 gegeben.

5.2.2 2SAM 23:8—39

Dass auch die Fortsetzung von 2Sam 21:15—22 in 2Sam 23:8ff. der dtr Redaktion schon bekannt war, geht aus folgendem Sachverhalt hervor: In V. 10 und 12 wiederholt sich in gleicher Form die Feststellung ויעש יהוה תשועה גדולה (ביום ההוא) *"und Jahwe gab einen grossen Sieg (an jenem Tage);* sie folgt jeweils auf den Satz *"und er schlug die Philister"*. Gleichförmigkeit und Stellung dieser theologischen Kommentierung erwecken den Verdacht, dass hier eine sekundäre Deutung der beiden sonst ganz profanen Kurzberichte über die Taten der Helden Davids vorliegt.[77] In der Tat könnte der Satz in beiden Fällen fehlen, ohne dass der Kontext Schaden erlitte; vielmehr würde der jetzt nachklappende Satz V. 10b reibungslos mit dem vorangehenden harmonieren.

Wo der Ausdruck sonst im AT begegnet, ist seine Altertümlichkeit nicht minder fragwürdig: In 1Sam 19:5, wo er mit *"für ganz Israel"* erweitert vorkommt, geht ebenfalls der Satz *"und er schlug den Philister"* voran, der nur wenig von 2Sam 23:10.12 abweicht. Unentbehrlich ist der theologische Kommentar auch in diesem Kontext nicht, wo Jonathan Sauls Vertrauen zu David dadurch zu wecken versucht, dass er Davids *persönliche* Verdienste rühmt. Der

---

[76] So Dietrich 1972, 142.
[77] Anders z.B. Stoebe 1967, 214 f., der in dem Satz einen alten Zug der Heldengeschichte erblickt.

letzte Beleg für den Satz findet sich in einem eindeutig dtr Zusammenhang: 1Sam 11:13[78], diesmal als Kommentar zu Sauls Ammonitersieg und ohne das Attribut גדולה *"gross"*. Die grosse Streuung der Belege — Saul-Überlieferung, Aufstiegsgeschichte, Nachträge der Thronfolgegeschichte — sowie der reflektiert-theologische Charakter des Satzes[79] sprechen mit aller Wahrscheinlichkeit für seine dtr Herkunft.[80]

Dieser Befund erlaubt die Folgerung, dass 2Sam 23:8—39, zumindest aber der gleichförmige Stoff V. 8—23, und sehr wahrscheinlich auch die Liste V. 24—39 in der dtr Redaktion vorausgesetzt sind.[81]

5.3 2SAM 22 UND 2SAM 23:1—7

5.3.1 2SAM 22

Aussonderung der dtr Elemente

Vers 51 hebt sich spürbar von dem allgemeinen Aufbau des Psalms 2Sam 22 (=Ps 18) ab, der aus *Doppeldreiern* (3+3) besteht[82]. Es könnte sein, dass der überschiessende Teil V. 51bβ לדוד ולזרעו עד עולם *"David und seinem Hause ewiglich"*, vergleichbar mit den Wucherungen in V. 8.9.31[83], eine sekundäre Erweiterung des Psalms darstellt.[84] Damit wäre aber noch nicht die Schwierigkeit behoben, dass schon in V. 51a ein im ganzen Psalm einmaliger Übergang von der *1.* zur *3. pers.* erfolgt[85]. Auch die Merkmale des Sprachgebrauchs sprechen für die Möglichkeit, dass V. 51 im ganzen eine nachträgliche Erweiterung des Psalms ist: Das Vorkommen von מלך *"König"* und משיח *"Gesalbter"* im Parallelismus ist auffälligerweise sonst nie im Psalter belegt, dafür aber an der 2Sam 22:51 sehr ähnlichen Stelle 1Sam 2:10, wo die Vershälfte 10b ebenfalls den Verdacht auf

---

[78] S. dazu o. S. 34[101].

[79] Die alte Überlieferung kann Ähnliches unbefangen von einem menschlichen Subjekt aussagen (1Sam 14:45).

[80] Vgl. noch bes. 2Sam 3:18; 8:14b (beides DtrG).

[81] Vgl. Carlson 1964, 225.

[82] Zur Struktur des Psalms s. Baumann ZAW 1945/48, 132; Kraus 1972[4], 139.

[83] S. BHS; Kraus 1972[4], 139.

[84] S. z.B. Dhorme 1910, 432; Mowinckel 1936, 296; Baumann ZAW 1945/48, 135; Cross-Freedman JBL 1953, 34.

[85] Gunkel 1926[4], 66, ist auf das Problem eingegangen und hat es folgendermassen zu lösen versucht: "Nun ist es Brauch hebräischer Dichter, am Schluss ihrer Gedichte, besonders bei der abschliessenden Dank- und Preisformel in der dritten Person auf sich selber hinzudeuten." Die von Gunkel in der Fortsetzung genannten Belege sind jedoch für 2Sam 22:51 nicht beweiskräftig, weil es sich in ihnen allen um stereotype fromme Selbstbezeichnungen wie עני (Ps 22:25; 35:10), אביון (Ps 35:10; 109:31; Jer 20:13) und עבד (Ps 35:27) handelt, die in der Gebetssprache jederzeit als Ersatz für die *1. pers.* möglich sind.

spätere Interpolation aufkommen lässt[86]. Das Wort חסד *"Huld"* ist zwar typisch für die Psalmensprache[87], aber die Verbindung עשה חסד *"Huld erweisen"* kommt im Psalter abgesehen von Ps 18:51 (=2Sam 22:51) nur ein einziges Mal vor (Ps 109:16), wogegen sie im dtr Geschichtswerk samt seinen Quellen sehr häufig auftritt[88]. Insbesondere der oben zitierte Abschluss V. 51bβ hat einige sehr enge dtr Parallelen in den früher untersuchten Texten: 1Sam 20:42bβ[89]; 2Sam 3:28aβ[90]; 1Kön 2:33a.33b[91]. Alle diese Indizien machen es wahrscheinlich, dass V. 51 seine Entstehung der dtr Redaktion verdankt. Vorläufig kann noch offen bleiben, in welcher Phase der dtr Tätigkeit die Ergänzung zustande kam.

Zuerst muss die Frage beantwortet werden, ob der Psalm bereits vor der dtr Redaktion nachgetragen war oder erst von ihr der geschichtlichen Überlieferung einverleibt wurde. Eine Antwort hierauf ermöglicht die Einführung V. 1, die das Lied ausdrücklich mit David in Verbindung bringt — ähnlich wie V. 51. Formal ist V. 1a insofern bemerkenswert, als es für diese Überschrift eine fast wörtliche Entsprechung in der Einleitung des Mose-Liedes Dt 31:30 gibt. Beide Überschriften dürften von ein und demselben Verfasser herrühren[92], denn ausser der Parallelüberlieferung Ps 18:1 ist die Formulierung im AT singulär. Auch die an sich denkbare Möglichkeit, die Überschrift 2Sam 22:1 sei aus Ps 18:1 entliehen, entfällt; denn in der hier vorliegenden langen Überschrift erscheint der Hauptsatz von 2Sam 22:1 als Relativsatz, dessen Entstehung durch den vorgeschobenen *terminus technicus* למנצח לעבד יהוה לדוד (vgl. Ps. 36:1) leicht zu verstehen ist, während die umgekehrte Entwicklung schwer vorstellbar ist.[93] Ausschlaggebend für die Priorität von 2Sam 22:1 ist die *fem.* Form שירה für *"Lied"*, die ausser Ps 18:1 nirgendwo sonst im Psalter vorkommt, wo durchgehend[94] die *mask.* Form שיר — auch in den Überschriften — gebraucht wird; umgekehrt gibt es für שיר keinen einzigen Beleg im Dt, während שירה dort 6mal[95] begegnet. Einem dtr Verfasser ist auch die Wendung הציל יהוה פ" מכף פ" *"Jahwe rettete NN aus der Hand des NN"* (2Sam 22:1b) durchaus zuzutrauen.[96] Hat sich somit herausgestellt, dass 2Sam 22 in V. 1 und 51 durch einen dtr Redaktor gerahmt worden ist, dann ist

---

[86] 1Sam 2:10b könnte durchaus eine sekundäre *königliche* Interpretation des Liedes sein (Segal JQR 1915/16, 557), möglicherweise von der Hand des Verfassers, der auch 2Sam 22 in einem ähnlichen Sinne erweitert hat.

[87] Es kommt im Psalter insgesamt 127mal vor.

[88] Dt 5:10; Jos 2:12.14; Ri 1:24; 8:35; 1Sam 15:6; 20:8.14; 2Sam 2:5.6; 3:8; 9:1.3.7; 10:2; 1Kön 2:7; 3:6.

[89] S. o. S. 83f.

[90] S. o. S. 30f.

[91] S. o. S. 19.

[92] Vgl. Carlson 1964, 228.

[93] Vgl. Klostermann 1887, 240; Budde 1902, 314; Smith 1951⁴, 376.

[94] Insgesamt 35mal.

[95] Dt 31:19bis.21.22.30; 32:44.

[96] Wörtlich kommt sie zwar nur in 2Kön 20:6 vor, mehrmals dagegen mit מיד statt מכף (1Sam 7:3; 12:11; 2Sam 12:7; 2Kön 17:39).

auch die weitere Schlussfolgerung unumgänglich, dass derselbe Redaktor den Psalm auch in den jetzigen Zusammenhang eingeschoben hat.[97]

Nach dieser grundlegenden Klärung verdienen noch die Verse 21—25 nähere Berücksichtigung, weil sie Ausdrücke dtr Provenienz in grosser Dichte enthalten[98]. Ausserdem hebt sich der Abschnitt auch rein äusserlich von seinem Kontext ab[99], in den er durch die *Ringkomposition* V. 21/25 eingefügt zu sein scheint[100]. Aus diesen Gründen ist die Annahme berechtigt, dass 2Sam 22 in V. 22—25[101] durch dieselbe Hand erweitert wurde, die den Psalm in V. 1 und 51 auch gerahmt hat.[102]

Aussage und Hintergrund der dtr Interpolationen

Die Aussageintention der sekundären Interpretamente von 2Sam 22 lässt sich in vier Punkten thematisch fassen:

Deutlich ist zunächst, dass erst durch den red. Rahmen (V. 1.51) der Psalm ausdrücklich mit David in Verbindung gebracht wurde. Der Redaktor ist also einer von denen gewesen, die der Meinung waren, David habe Psalmen gedichtet. Es mag sein, dass der Psalm auch ohne diesen Rahmen als königliches Danklied o.dgl. anzusprechen wäre[103], vollends klar wird aber der Bezug auf den König erst durch V. 1 und 51. Das Abfassen von Psalmen war indessen nach diesem Redaktor kein königliches Privileg, denn er hat auch Mose kurz vor dessen Tod einen langen Psalm vortragen lassen. Die Parallelisierung beider Figuren ist mit Händen zu greifen.

Zweitens bezeugen diese Interpretamente die durchgängig theologisch-reflektierte Betrachtungsweise des Redaktors, der Davids Erfolge nicht auf dessen eigene Tüchtigkeit, sondern auf Jahwe zurückführt: Jahwe hat David aus der Hand aller Feinde errettet (V. 1), Jahwe hat ihm zu seinen grossen Siegen verholfen

---

[97] Gemeinhin wird angenommen, der ursprüngliche Ort des Liedes sei der Psalter (s. o. S. 106²); für die gegenteilige Auffassung liesse sich jedoch einiges ins Feld führen: 1. Die Zuordnung des Liedes zu den Davidpsalmen (Ps 18:1) ist von der expliziten Erwähnung Davids in 2Sam 22:1.51 her leicht erklärlich; 2. der Redaktor hat nachweislich auch sonst poetisches Material zur Verfügung gehabt, das nicht aus dem Psalter stammt (Dt 32, vielleicht auch 1Sam 2:1—10); 3. 2Sam 22 vertritt eine stilistisch und sogar orthographisch altertümlichere Gestalt als Ps 18 (s. Cross-Freedman JBL 1953, 15f.).

[98] Vgl. Termini wie שמר (Dt 11:1; Jos 22:3; Ri 2:22; 1Sam 13:13.14; 1Kön 2:3; 3:14; 8:58.61; 9:4.6; 11:11.34.38; 2Kön 17:13 u.ö.), דרכי יהוה (Dt 8:6; 19:9; 26:17; 28:9; 30:16; Ri 2:22; 1Kön 2:3; 3:14; 11:33.38 u.ö.), משפטיו וחקתיו (Dt 8:6; 11:1; 30:16; 1Kön 2:3; 6:12; 11:33 u.ö.), סור מן (Dt 9:12.16; 11:28; 31:29; Ri 2:17; 1Kön 22:43 u.ö.).

[99] Vgl. Baumann ZAW 1945/48, 133.

[100] Carlson 1964, 248f., macht auf die *Ringkomposition* aufmerksam, wertet sie aber nur als Stilmittel, nicht als literarkritisches Argument.

[101] Oder V. 21—24, was auf dasselbe herauskommt.

[102] Vgl. Segal JQR 1914/15, 212, der aus inhaltlichen Gründen für die dtr Herkunft dieser Verse plädiert.

[103] Vgl. Gunkel 1926², 67; Baumann ZAW 1945/48, 135 (über V. 32—51); Cross-Freedman JBL 1953, 15; de Vaux 1961², 236; Carlson 1964, 248f.; Hertzberg 1968⁴, 320.323; Kraus 1972⁴,141.

und ihm Huld erwiesen (V. 51). Dieselbe Vergeistlichung menschlicher Erfolge wurde zuletzt in den dtr Zusätzen 2Sam 23:10.12 sichtbar; es handelt sich hier um einen bekannten Grundzug der dtr Geschichtsschreibung in allen ihren Schichten.[104]

Drittens schliesst der Psalm (V. 51bβ) mit Ausdrücken, die den Glauben an den *"ewigen"* Bestand der davidischen Dynastie widerspiegeln.

Viertens erscheint David in der *nomistisch* formulierten Loyalitätserklärung V. 22—25 als ein vollkommen gerechter Mensch, der in allem Jahwes Gebote und Satzungen eingehalten hat. Das Bild ist unverkennbar dasselbe wie in den späteren dtr Rückverweisen der Königsbücher, wo David als der gerechte und fromme König *par excellence* hingestellt wird[105]. Dabei erhebt sich die redaktionsgeschichtliche Frage, wie sich dieses Davidbild mit den anderen Partien der dtr Bearbeitung in 2Sam 21—24 verträgt. Die Diskrepanz mit der DtrP-Schicht in 2Sam 24, in der Davids Schuld bewusst herausgearbeitet wird, ist auf den ersten Blick deutlich.[106] Weniger deutlich ist das Verhältnis zu dem eigentlichen Geschichtsschreiber DtrG, der David ebenfalls idealisiert[107]. Bei näherem Zusehen zeigt sich jedoch, dass er nirgendwo so stereotyp und überschwenglich redet wie der Interpolator von V. 22—25. Die nomistische Terminologie dieser Verse hat innerhalb der von uns analysierten Texte die nächsten Entsprechungen in 1Sam 13:13—14[108] und 1Kön 2:3.4aβ[109] — Stellen, die wir DtrN zugewiesen haben. Hier wie dort liegt eine ganz ähnliche Argumentationsweise vor: dem gerechten König wird eine *"ewige"* Nachkommenschaft in Aussicht gestellt[110]. Die Zuordnung des Psalms zu DtrN wird auch durch das in vielem eng verwandte Mose-Lied Dt 32:1—43 gestützt, das mit Hilfe einer Rahmung (31:27—30; 32:44—45) erst nachträglich in das Werk des DtrG eingeschoben wurde[111]. Andere Beobachtungen zur Kompositionstechnik, die bald zur Sprache kommen, werden unser Ergebnis erhärten.

---

[104] Vgl. 1Sam 7:3 DtrN; 12:11 DtrN; 2Sam 3:18 DtrG; 2Sam 8:14 DtrG; 2Sam 12:7 DtrP; 2Kön 17:39 spätdtr; 2Kön 20:6 DtrN(?) u.ö.

[105] S. Belege o. S. 5.

[106] Problematisch erscheinen in diesem Lichte die Lösungen von Hertzberg und Carlson, die ohne nähere Differenzierung alle Nachträge in 2Sam 21—24 von *einem* dtr Verfasser bzw. einer einheitlich denkenden Gruppe herleiten: Hertzberg 1968[4], 327, nimmt Zuflucht zu der Kategorie der *Vergebung:* "Wenn der Endverfasser V. 20—25 David in den Mund legt, also als sein Lebensbekenntnis ansieht, kann das nicht so erklärt werden, als lasse er damit jene Schuld des Königs (= 2Sam 11) fort, wie die Chronik es dann tut. Sie ist durchaus da, ist aber vergeben worden." Carlson 1964, 250, hingegen meint das Problem mit seiner Theorie von der *typologischen* Rolle Davids in der *"D-Gruppe"* lösen zu können.

[107] Vgl. innerhalb von 2Sam 21—24: Kap. 21:2b.7; 24:1.

[108] S. o. S. 55—57.

[109] S. o. S. 29.

[110] Vgl. 2Sam 22:22—25 + V. 51.

[111] S. Noth 1967[3], 40. — Von hier aus bestätigt sich noch die Annahme, dass die Zusätze V. 1.51 und V. 22—25 in einem Zuge entstanden sind und nicht etwa von zwei verschiedenen dtr Redaktoren vorgenommen wurden.

5.3.2 2SAM 23:1—7

Das zweite poetische Stück in den Nachträgen 2Sam 21—24, *"Davids letzte Worte"* (2Sam 23:1—7), bietet keine Spuren dtr Bearbeitung. Immerhin darf man vermuten, dass die beiden poetischen Überlieferungen 2Sam 22 und 23:1—7 von einem Redaktor eingefügt wurden[112], also von DtrN, dem der Gedanke von Gottes *"ewigem"* Bund mit dem Hause Davids (V. 5) sicherlich willkommen war (vgl. 2Sam 22:51).

5.4 EXKURS ZUR REDAKTIONSGESCHICHTE VON 2SAM 21—24

Die Einzelanalysen innerhalb von 2Sam 21—24 brachten in reichem Masse dtr Material zutage, welches das Vertrautsein der dtr Redaktion mit den hier gesammelten Stoffen zeigt und wertvolle Einblicke in die verschiedenen Davidbilder, die im dtr Geschichtswerk einander ablösen, gewährt. Am Rande soll noch die im engeren Sinne redaktionsgeschichtliche Frage nach der Entstehung des Gesamtkomplexes behandelt werden. An jedem Kapitel wurden dtr Eingriffe nachgewiesen; das besagt aber — abgesehen von der DtrN zuzuweisenden poetischen Überlieferung 2Sam 22 (und dann wohl auch 23:1—7) — noch nicht, dass die Nachträge erst durch die dtr Redaktion eingeschoben wurden. Es stellen sich also zwei Fragen: einmal die nach dem *terminus a quo* für die Nachträge, sodann die nach ihrem kompositionellen Verhältnis zueinander.

Den Ausgangspunkt unserer Überlegungen kann die den Nachträgen unmittelbar vorausgehende Liste von Davids Oberbeamten 2Sam 20:23—26 bilden. Sie ist an ihrer heutigen Stelle sicher sekundär[113] — und also gerade dort eingeschoben, wo der grosse Einschub in die Thronfolgegeschichte beginnt. Das ist ein starkes Indiz dafür, dass sie zusammen mit den anderen Nachträgen — oder einigen von ihnen — in den jetzigen Zusammenhang gelangte. Verräterisch ist auch ihre Stellung an der Spitze der Nachträge.

Für die Liste 2Sam 20:23—26 gibt es eine nahe Entsprechung in der Beamtenliste 2Sam 8:16—18. Der Vergleich zwischen diesen Listen zeigt, dass sie beide aus der gleichen offiziellen Quelle stammen; denn in ihnen werden genau dieselben Amtskategorien genannt[114], die Angaben sind in eine Reihe von Nominalsätze ohne Kopula gefasst[115], an der Spitze steht jeweils der Oberbefehlshaber, und in beiden

---

[112] Vgl. Budde 1890, 260; Dhorme 1910, 447f.; Segal JQR 1918/19, 64; de Vaux 1961², 231; Eissfeldt 1964³, 372; Noth 1967³, 62³.

[113] Vgl. den klassischen Erzählungsabschluss als *Doppelausklang* in 2Sam 20:22.

[114] Die Einführung eines obersten Beamten für das Frondienstwesen, Adoram (= Adoniram 1Kön 4:6; 5:28), in 2Sam 20:24 ist offenbar sekundär (vgl. Dhorme 1910, 416; de Vaux 1961², 230); denn aus der Regierungszeit Davids ist sonst nichts von Frondienst (מס) bekannt, während in den Berichten über die salomonische Herrschaft mehrfach davon die Rede ist (1Kön 4:6; 5:27f.; 9:15.21). Ausserdem übt derselbe Adoram noch unter Rehabeam seinen Beruf aus (1Kön 12:18). Im Hinblick auf die lange Regierungszeit Salomos (nach 1Kön 11:42 40 Jahre) ist die Wahrscheinlichkeit äusserst gering, dass derselbe Mann schon unter David dieses Amt bekleidet hätte. Dagegen spricht auch, dass er in 1Kön 4:2—6 unter den *neuen* Beamten aufgezählt wird (s. u. S. 125¹²³).

[115] Die am Ende der beiden Listen stehenden Sätze (2Sam 8:18b; 20:26) mit der Kopula היה/ויהי erweisen sich schon durch den Stilbruch als Glossen. Ausserdem werden die Priester in beiden Listen schon früher erwähnt (2Sam 8:17a; 20:25b). Zu grosses Gewicht wird der Kopula in 2Sam 8:18b von Hertzberg 1968⁴, 241, beigemessen, wenn er behauptet, "es habe sich um eine Sache gehandelt, die nach gewisser Zeit ein Ende gefunden habe".

Listen decken sich die Namen der meisten Amtsinhaber (Joab, Benaja, Josaphat, Zadok und Ebjathar[116]). Andererseits bestehen zwischen den Listen auch offenbare Unterschiede, von denen die abweichende Reihenfolge der Ämter der wichtigste ist: Der unsystematischen Liste 2Sam 8:*16—18 gegenüber erscheinen die Ämter in 2Sam 20:*23—26 in einer logischen Reihenfolge, wobei Militär, Zivilverwaltung und Kult als geschlossene Gruppen auftreten[117]. Dazu kommen noch kleinere stilistische Abweichungen[118], wahrscheinlich auch der Unterschied im Namen des Schreibers[119]. Diese Differenzen beweisen, dass nicht etwa eine der beiden Listen aus der anderen übernommen worden ist.[120]

Die Eigenständigkeit und hohe Altertümlichkeit der Listen geht auch aus 1Kön 4:2—6 hervor, wo Salomos Oberbeamte in einer ähnlichen Liste aufgezählt werden. Im ersten Teil (V. 2—4a)[121] kommen wieder dieselben Amtskategorien vor, nur das Amt des Anführers der *"Kreter und Pleter"* (2Sam 8:18; 20:23) fehlt, dessen ehemaliger Inhaber Benaja jetzt in den Rang des Oberbefehlshabers aufgestiegen ist (V. 4a). Bemerkenswert ist in diesem Zusammenhang die *Reihenfolge* der Ämter: Im Vergleich zu der zweiten Auflage der Liste aus der Davidzeit (2Sam 20:*23—26) stehen die hier im ersten Teil erwähnten, noch vorhandenen alten Ämter genau in der umgekehrten Reihenfolge, was m.E. die Erklärung nahelegt, dass bei der Abfassung der Liste 1Kön 4:*2—6 in ihrem ersten Teil (V.*2—4) die ältere Liste 2Sam 20:*23—26 als Muster benutzt wurde, wobei der Schreiber der alten Liste von unten nach oben folgte.[122] Die neuen, erst unter den angewachsenen Bedürfnissen der salomonischen Ära nötig gewordenen Ämter fügte er anschliessend hinzu (V. 5—6).[123] Durch diese Erwägungen wird die Selbständigkeit von 2Sam 20:*23—26 bestätigt.

Wird haben also jetzt drei eigenständige Beamtenlisten vor uns, die alle ihren Ursprung in alten Quellen haben, heute aber in ganz verschiedenartige literarische Komplexe eingestreut sind. Als Redaktor, der Zugang zu diesem Material hatte und derart frei damit disponieren konnte, kommt nach unseren Kenntnissen eigentlich nur DtrG in Frage.[124] Darüber hinaus wurde schon oben nachgewiesen, dass 2Sam 8 ein von DtrG stammender Nachtrag ist, und dass die Einleitung der dortigen Beamtenliste

---

[116] Zur Lesung von 2Sam 8:17a s. BHK und Komm.

[117] Rein spekulativ ist der Vorschlag von Begrich ZAW 1940/41, 6f. (ihm zustimmend auch Mettinger 1971, 8), nach dem die jetzige Reihenfolge der Ämter in 2Sam 8:16—18 durch verkehrte Abschreibung von nebeneinander stehenden Kolumnen entstanden sein soll.

[118] Vgl. 2Sam 8:16a und 2Sam 20:23a (dazu BHK).

[119] 2Sam 8:17 שריה, 2Sam 20:25 שיא (Q שוא). Manche vermuten hinter beiden Überlieferungen ein und denselben Namen (u.a. Wellhausen 1871, 177; Driver 1913², 283f.), was allerdings nicht ohne weiteres einleuchtet (vgl. Hertzberg 1968⁴, 309; Mettinger 1971, 27).

[120] Das spricht entscheidend gegen die Theorie von Budde 1890, 254f.265f. (1902, 237), der das zweifache Auftreten der Liste als *Wiederaufnahme* deutet (so auch Dhorme 1910, 341f.; Schulz 1920, 99; Mowinckel 1936, 261) und darin einen Hinweis darauf findet, dass 2Sam 9:1—20:22 in der dtr Redaktion als anstössig ausgeschaltet und erst von einem nachdtr Redaktor unter Wiederaufnahme von 2Sam 8:16—18 in 2Sam 20:23—26 nachgetragen wurde (ähnlich Hölscher 1952, 378; vgl. neuerdings auch Würthwein 1974, 59).

[121] Die Nennung von Zadok und Ebjathar in V. 4b ist eine unsachgemässe Glosse (vgl. V. 2b; auch 1Kön 2:26a), s. BHK; Noth 1968, 59; Mettinger 1971, 10.

[122] Folglich kann aus der Reihenfolge der Ämter keine Wertung ihrer Wichtigkeit abgelesen werden (gegen Mettinger 1971, 13).

[123] Adoniram (= Adoram) erscheint hier in der Gruppe derer, die ein neu eingerichtetes Amt verwalten (V. 6), vgl. o. S. 124[114]. Die Vermutung von Noth 1968, 55.57.59, die Angabe über Benaja (V. 4a) sei sekundär, und stattdessen müsste V. 6 nach LXX^B ergänzt werden: *"und Eliab, Sohn des Saphat, war gesetzt über die Wehrmacht"* (das letzte Wort nach LXX^{L+MSS}), steht in direktem Widerspruch zu dem aufgewiesenen Baumuster der Liste. Aus anderen Gründen negativ dazu Mettinger 1971, 10f.

[124] Vgl. Noth 1967³, 65.

V. 15, die teilweise der von 1Kön 4:1 entspricht, von ihm gebildet ist.[125] Damit ist vollends unmöglich, dass die Listen von jemand anderem eingeschoben wären.

Wenn folglich auch die Liste von 2Sam 20:23—26 von DtrG eingefügt wurde, dann in Anbetracht ihrer exponierten Stellung mit hoher Wahrscheinlichkeit nicht für sich allein, sondern zusammen mit den ersten Nachträgen von 2Sam 21ff.[126] So haben die beiden Listen aus der Davidzeit die Funktion kompositioneller Gliederung: Die erste (2Sam 8:16—18) steht dort, wo DtrG die alte Thronfolgegeschichte anfangen lässt (2Sam 9ff.), und die zweite (2Sam 20:23—26) kennzeichnet den Beginn des grossen Einschubs in die Thronfolgegeschichte (2Sam 21ff.).

Die zweite redaktionsgeschichtliche Frage betrifft das innere Anwachsen der Nachträge. Die literarische Analyse hat die Mitwirkung von drei Deuteronomisten, DtrG, DtrP und DtrN, zutage gebracht. Es hat sich gezeigt, dass die Verbindung von 2Sam 21:1—14 mit Kap. 24 von DtrG vorgenommen wurde[127]; weiter wurde sichtbar, dass der Psalm 2Sam 22 und wahrscheinlich auch die andere poetische Überlieferung 2Sam 23:1—7 von DtrN eingeschoben wurden. Es bleibt nur noch übrig, zu beantworten, von wem die miteinander verwandten Anekdoten und Listen von Davids Helden in 2Sam 21:15—22; 23:8—39 stammen.

2Sam 21:15—22 ist spätestens bei DtrN vorausgesetzt (V. 17b), aber kaum erst von ihm nachgetragen, denn warum sollte er den Stoff über die Helden (2Sam 21:15—22; 23:8—39) durch Kap. 22; 23:1—7 wieder voneinander getrennt haben?[128] Auch die Annahme, hier sei DtrP am Werk, hat nicht viel für sich, weil seine Sprache und überhaupt das prophetische Element in diesen Abschnitten völlig fehlen. Es bleibt demnach nur die Möglichkeit, dass DtrG, dem auch anderes Material über Davids Philisterkriege zur Verfügung stand (2Sam 5:17—25), diesen Stoff eingefügt und mit den beiden Plagegeschichten (2Sam 21:1—14; Kap. 24) gerahmt hat. Die von ihm vorgenommene Anordnung erfolgte sicherlich unter dem Gesichtspunkt, dass 2Sam 24 in die Errichtung eines Altars in Jerusalem mündet und insofern die in 1Kön 1 beginnenden Berichte über Salomo mit dem Tempelbau als Höhepunkt[129] vorbereitet.

---

[125] S. o. S. 96f.

[126] Zu gering ist die noch übrig gebliebene Möglichkeit, dass DtrG die Liste *nachher* gerade an die Spitze der von ihm bereits vorgefundenen Nachträge gestellt hätte. — Als eine merkwürdig isolierte dtr Eintragung mitten in der Thronfolgegeschichte erscheint die Liste bei Noth 1967³, 65, der 2Sam 21 — 24 zur Gänze als nachdtr betrachtet (Noth 1967³, 62³).

[127] Diese Plagegeschichten waren also bereits untergebracht, als DtrP die Nathan-David-Episode (2Sam 11:27b—12:15a) einschob (s. o. S. 113[43]); sie können folglich nicht unter dem Gesichtspunkt der sich verwirklichenden Gerichtsankündigung Nathans eingefügt worden sein (anders Carlson 1964, 202—204; auch Eissfeldt 1931, 53 und Schildenberger SAns 1951, 144).

[128] Bei den Forschern, die der Meinung sind, 2Sam 21—24 sei innerhalb der dtr Redaktion in einem Zuge entstanden, sucht man vergeblich nach einer befriedigenden Lösung dieses Problems (s. Schildenberger SAns 1951, 145f.; Carlson 1964, 246—248.257f.; Hertzberg 1968⁴, 343).

[129] Noth 1967³, 67.

6 SYNTHESE UND KONSEQUENZEN

Die am Anfang dieser Untersuchung gestellte Frage nach Existenz und Umfang einer dtr Bearbeitung der David-Überlieferungen hat sich im Verlaufe der literar- und redaktionskritischen Analysen dahingehend beantwortet, dass, nicht anders als die spätere Königsgeschichte, auch die Frühgeschichte der Daviddynastie von der dtr Redaktion eine planmässige Darstellung erfahren hat; der Unterschied besteht nur darin, dass ihr hier, anders als z.B. in den Königsbüchern, grossenteils fertige Überlieferungskomplexe breiten Umfangs (Aufstiegs-, Thronfolge- und Ladegeschichte) zur Verfügung standen, die zu kombinieren und neu zu akzentuieren waren. Bei der Eruierung des dtr Anteils erwies sich die Theorie von der Dreischichtigkeit der dtr Redaktion (DtrG, DtrP, DtrN) als nützlich, denn mit ihrer Hilfe konnten manche literarische Überlagerungen und gedankliche Widersprüche erklärt werden. Dabei zeigte sich auch, dass der exponierteste Vertreter der "typisch dtr Phraseologie", DtrN, in diesen Partien des Geschichtswerkes relativ selten anzutreffen ist[1], was einer der Hauptgründe dafür sein mag, dass in der redaktionsgeschichtlichen Erforschung der Samuelbücher die dtr Redaktion bisher nicht voll zu ihrem Recht gekommen zu sein scheint. In ihrer Auffassung von David zeigen die verschiedenen Deuteronomisten so starke Differenzen, dass man statt von einem von drei Davidbildern sprechen muss, welche die Auseinandersetzung der dtr Historiographie mit dem Dynastiegründer hervorgebracht hat. Darum empfiehlt es sich auch jetzt, wo es darum geht, die Eigenart der dtr David-Konzeption zusammenfassend darzustellen, jede für sich zu betrachten.

DtrG

Die ersten Hinweise auf den Stellenwert, den der Dynastiegründer in den Augen des DtrG besitzt, gibt die *Titulatur,* die er für ihn gebraucht. David trägt bei DtrG dreimal den Titel עבד *"(Jahwes) Knecht"* (2Sam 3:18; 7:5.8), der jedesmal Gott in den Mund gelegt ist *("mein Knecht David");* er hat hier also unverkennbar den Klang eines Ehrentitels — im Unterschied etwa zur Verwendung des Wortes als frommer Selbstbezeichnung, die schon von der alten Überlieferung (1Sam 23:10.11bis) und häufig auch von DtrG gebraucht wird[2]. Als Titel Davids hingegen ist es in der gesamten geschichtlichen Überlieferung, ja wohl im AT überhaupt, nicht vor DtrG nachzuweisen. Die acht Belege im Psalter gehören entweder zu Überschriften (Ps 18:1; 36:1) oder zu ohnehin jüngeren Psalmen, die

---

[1] Ihm wurde zugewiesen 1Sam 13:13—14; 2Sam 5:12b; 7:1b.6.11a.22—24; 22:1.22—25.51;1Kön 2:3.4aβ.
[2] Allein in Davids Dankgebet 2Sam 7:18ff. 10mal.

bereits unter dtr Einfluss stehen (Ps 78:70; 89:4.21.40; 132:10; 144:10)[3]. Von den sieben Belegen in der prophetischen Literatur stehen drei im Jer, jedoch in einem jungen, in LXX fehlenden Stück (Jer 33:14—26[4]; in V. 21.22.26), und weitere vier im Ez, wovon zwei in eindeutig jüngeren Zusammenhängen begegnen (Ez 37:24.25)[5] und die anderen zwei (Ez 34:23.24) zumindest diesem Verdacht unterliegen[6]; in jedem Fall sind alle Ez-Stellen nicht vorexilisch. So war es aller Wahrscheinlichkeit nach DtrG, der den Titel *"Jahwes Knecht"* erstmals auf David angewendet und darin Schule gemacht hat.

Die Sonderstellung Davids bei DtrG, die durch diesen Titel sichtbar wird, tritt deutlicher hervor, wenn man berücksichtigt, welche anderen Personen es bei DtrG verdienen, *"Jahwes Knechte"* genannt zu werden. Es sind nur Mose[7] und Josua[8]. Wie im Fall Davids, so nimmt DtrG auch hier eine besondere Position ein; denn ausser bei ihm wird Josua nirgends sonst als *"Jahwes Knecht"* bezeichnet[9]. Mose erhält den Titel zwar nach MT insgesamt 38mal im AT[10], aber die meisten Stellen gehen entweder auf DtrN zurück[11] oder gehören noch jüngeren Partien des AT an[12]; nur bei drei Belegen kommt die Zugehörigkeit zu alten Pentateuchquellen von ferne in Betracht[13].

Dieser Befund zeigt, dass DtrG der eigentliche Initiator und Systematiker in der Verwendung des עבד-Titels ist.[14] Von den Königen nennt er einzig und allein

---

[3] Ps 78 ist nachexilisch (Kraus 1972[4], 540f.); Ps 89 setzt die Katastrophe von 587 voraus und ist unverkennbar vom Deuteronomismus geprägt (vgl. North ZAW 1932, 26; Poulssen 1967, 131f.; Perlitt 1969, 51); ähnlich die heutige Diktion von Ps 132 (vgl. Herrmann 1965, 100[40]; Poulssen 1967, 132f.; Perlitt 1969, 51). Da Ps 144 nach dem Vorbild von Ps 18 gebildet ist (Gunkel 1926[4], 604f.; Kraus 1972[4], 942) und sich in V. 10, auf den es hier ankommt, eng an Ps 18:51 (DtrN) anlehnt, muss der Psalm exilisch bzw. nachexilisch sein.

[4] Der Abschnitt ist nachexilisch, Rudolph 1968[3], 219.

[5] Nach Zimmerli 1969, 907, handelt es sich in V. 24a und 24b—28 um sukzessive Nachträge.

[6] Nach Zimmerli 1969, 844, ist V. 23—24 echt, nach Kellermann 1971, 84f., jedoch eine redaktionelle Überarbeitung, in der "die Erwartung des Hirten Jahwe zur Erwartung seines Unterhirten, des neuen Davididen umgebogen" wird.

[7] Dt 34:5; Jos 1:1.2.13; 9:24; 11:12.15; 12:6; 14:7; 18:7; 22:2. Dazu kommen noch Jos 1:15 und 22:4, wo der Titel jedoch in LXX fehlt und in MT leicht auf Grund des vorangehenden Textes (Jos 1:13 bzw. 22:2) sekundär eingedrungen sein könnte; ähnlich dürfte die Zweitnennung in Jos 12:6 zustande gekommen sein (fehlt in LXX[BA]).

[8] Jos 24:29 = Ri 2:8. Noth 1967[3], 8[3], rechnet den Titel offenbar zu der alten Überlieferung, was aber wegen der Gleichförmigkeit der Notiz von Jos 24:29 mit Dt 34:5 (dtr) sowie wegen der allgemeinen Verbreitung des Titels im dtr Bereich kaum zutrifft.

[9] In der älteren Überlieferung galt er als *"Moses Diener"* (משרת), Ex 24:13; 33:11; Nu 11:28 (so auch Jos 1:1 dtr).

[10] Barth 1966, 68.

[11] S. u. S. 141[101].

[12] Jes 63:11 (s. BHS); Mal 3:22; Ps 105:26 (exilisch bzw. nachexilisch, s. Kraus 1972[4], 719); Dan 9:11; Neh 1:7.8; 9:14; 10:30; 1Chr 6:34; 2Chr 1:3; 24:6.9.

[13] Ex 14:31; Nu 12:7.8; dazu Smend VTSuppl 1967, 287.290.

[14] Dass eine kanaanäische Königsideologie dabei Pate gestanden hätte (Lindhagen 1950, 280f.285—287), ist im Blick auf das späte Auftauchen des Titels wenig wahrscheinlich.

David einen *"Knecht Jahwes"*; der gleichen Ehre für würdig befindet er nur mehr Mose und Josua!

Neben dem Prädikat *"Jahwes Knecht"* erhält David von DtrG viermal auch den Titel [15] נָגִיד (1Sam 25:30; 2Sam 5:2; 6:21; 7:8b), der sonst von ihm nur noch einmal für Salomo gebraucht wird (1Kön 1:35). Die Herkunft des *nāgīd*-Titels ist mit grosser Sicherheit in der alten Überlieferung von der Berufung Sauls (1Sam 9:1—10:16) zu suchen, in der er gleich zweimal auf Saul angewendet wird (1Sam 9:16; 10:1).

Man kann an diesem Punkt die Vorstellung des DtrG noch etwas weiter erhellen. In 1Sam 25:30 und 2Sam 5:2 redet er über Davids *nāgīd*-Stellung als etwas Bevorstehendes, während die Aussagen in 2Sam 6:21 und 2Sam 7:8b bereits auf die Vergangenheit bezogen sind. In der Zwischenzeit muss der Eintritt in die *nāgīd*-Würde erfolgt sein, obwohl DtrG das nirgends ausdrücklich sagt. Vermutlich hat man an 2Sam 5:3 zu denken, wo die Ältesten Nordisraels nach dem schon vordtr Wortlaut David zu ihrem König salben. Diese Annahme ist deshalb berechtigt, weil die *nāgīd*-Stellung in 1Sam 9:16 und 10:1 eben durch die Salbung zustande kommt, und weil die Bestellung zum *nāgīd* noch in 1Kön 1:35 als dtr Erweiterung des vorangehenden Salbungsbefehls (V. 34) erscheint. So scheint DtrG an dieser Stelle noch eine alte Erinnerung vom echten *nāgīd* bewahrt zu haben[16] und damit zum Ausdruck zu bringen, dass David als *nāgīd* voll das Erbe Sauls angetreten habe (vgl. 2Sam 6:21).

Der Sachverhalt, dass nur die Könige von Saul bis Salomo die Würdebezeichnung *nāgīd* tragen, darf nicht als Gleichstellung dieser drei Herrscher verstanden werden, denn der Gebrauch des Titels hat bei jedem seine eigene Bewandtnis: Bei Saul stand der Titel in der alten Tradition, die nicht mehr zu dementieren war; in die David-Überlieferungen wurde er erst von DtrG eingeführt und durch mehrfache Wiederholung besonders stark unterstrichen, während Salomo nur ein einziges Mal *nāgīd* heisst — freilich nur im Schatten Davids, der in 1Kön 1:35 die Beleihung seines Nachfolgers mit dieser Würde verfügt[17].[18]

---

[15] Die Bedeutung von נגיד ist immer noch ungeklärt, s. Richter BZ 1965, 71f.; Herrmann 1973, 178, mit Lit.

[16] Der Bezug auf eine militärische Rettungstat allerdings, der noch bei Saul konstitutiv war (1Sam 9:16; 10:1 LXX), fehlt in den dtr *nāgīd*-Aussagen (in der *Retterformel* 2Sam 3:18 bezeichnet DtrG David als עבד); ebenfalls ist bei DtrG der Prophet ausgefallen, der den Auserwählten mit der *nāgīd*-Würde betraut (vgl. 1Sam 9:16; 10:1).

[17] In der alten Saul-Überlieferung und auch bei David selbst (DtrG) ist *Jahwe* der Handelnde. Davids Wort gilt DtrG also fast soviel wie Jahwes Wort, wenn es um die Legitimierung des in zweifelhaftem Licht stehenden David-Nachfolgers geht.

[18] Wird die Herkunft aller *nāgīd*-Stellen schon in der David-Überlieferung anerkannt, kann man die Verwendung des Titels in 1Kön 1:35 nicht als "groben Missbrauch eines inhaltlich längst bestimmten Ausdrucks" bezeichnen (Alt 1953, 62[1]; vgl. Soggin 1967a, 78[3]; Noth 1968, 25), ebenso wenig darin einen Ausdruck von Davids Staatsräson sehen (Richter BZ 1965, 83) oder gar die unerfindliche Hypothese aufstellen, David habe dadurch Salomo zum Führer des Heerbannes bestimmt (Schmidt 1970, 162).

Das Portrait des Mannes, der die Ehrentitel עבד und נגיד trägt, ist das eines vollkommen gerechten und frommen Königs. Das zeigt sich schon an seinem *Verhältnis zu Saul,* das für DtrG nicht ganz einfach zu erklären war. Saul hatte ja eine regelrechte Berufung zu seinem Amt (1Sam 9:1ff.), Jahwe hatte durch ihn Befreiung aus der Ammonitergefahr gewirkt, wie DtrG selber zugibt (1Sam 11:13), und Jahwe war auch *"bei Saul gewesen"* (1Sam 20:13 DtrG). Freilich, der göttliche Beistand war nicht von Dauer; Jahwe hatte nicht Saul und seine Familie, sondern erst David und sein Haus zum beständigen Königtum erwählt (1Sam 24:21; 2Sam 6:21), denn David war *gerechter* (צדיק) als Saul, was in seiner grossmütigen Behandlung des ärgsten Feindes in der Höhle von Engedi zum Ausdruck kam (1Sam 24:18). Noch als König hat er seine edle Einstellung bezeugt, als er den Sauliden Meribaal an der königlichen Tafel *"wie einen von den Söhnen des Königs"* speisen liess (2Sam 9) und ihn vor der Auslieferung an die Gibeoniten bewahrte (2Sam 21:7), obwohl dessen Stammvater durch seinen törichten Eifer die aktuelle Notlage verursacht (2Sam 21:2b) und damit die Opferung von sieben seiner Nachkommen selbst bewirkt hatte (2Sam 21:8). Um so deutlicher trat nun aber in der Begnadigung des einzigen Sohnes von Jonathan, des verkrüppelten Meribaal, die standhafte Treue Davids Jonathan gegenüber hervor, der einst zu seinen Gunsten freiwillig auf die Thronnachfolge verzichtet (1Sam 23:17) und sich dafür von David eine freundliche Behandlung seiner Nachkommen erbeten hatte (1Sam 20:14—15).

Es gehört weiter zur Theorie des DtrG, dass David sich *nicht mit seiner eigenen Hand Recht verschaffen darf* (1Sam 25:26.31.33)[19], sondern dass seine Feinde durch Jahwe selber vernichtet werden (1Sam 20:15; 25:26.29.39a). David ist nur ein Diener Jahwes, der ihn bei der Befreiung seines Volkes Israel aus der Hand der Philister und aller anderer Feinde als Werkzeug benutzt (2Sam 3:18).[20] Damit hängt zusammen, dass David, der ja in Jahwes Auftrag handelt, auch in den fragwürdigsten Verwicklungen als absolut *unschuldig* dargestellt wird: Die Ermordung der Priester von Nob durch Saul, die dem fliehenden David geholfen hatten, war nur Erfüllung eines längst verkündeten Drohwortes gegen die Eliden (1Sam 2:27—36), also keine persönliche Schuld Davids, wie dieser noch nach dem alten Bericht einräumt (1Sam 22:22). Von Joabs Mord an Abner distanziert sich David mit Vehemenz (2Sam 3:28—29.38—39). Dass 700.000 Menschen durch eine Seuche, die ursprünglich auf Davids Volkszählung zurückgeführt war, weggerafft werden, ist letzten Endes Folge unergründlichen göttlichen Zornes, für dessen Wüten David nur den Anlass zu liefern hat (2Sam 24:1).

Die Überzeugung von der uneingeschränkten Unschuld des Königs hat DtrG besonders stark bei der Darstellung von Salomos Regierungsantritt (1Kön 1—2) hervorgehoben. Hier war er mit dem Umstand konfrontiert, dass die alte Überlieferung noch deutlich die Skrupellosigkeit Salomos beim Umgang mit

---

[19] Vgl. auch 2Sam 3:39; 16:11—12; 19:22—23.
[20] Vgl. auch die kompositionelle Funktion von 2Sam 5:17—25 und 2Sam 8, s. o. S. 103f.

seinen Gegnern durchblicken liess. DtrG sucht die Säuberungswelle dadurch zu rechtfertigen, dass er den Opfern die Schuld zuschiebt: Sie haben durch ihr böses Verhalten David gegenüber ihr Los wohl verdient (1Kön 2:5—6.8—9.31b—33.44), und Jahwe lässt nur Gerechtigkeit walten, wenn er ihr Blut über ihr eigenes Haupt kommen lässt (1Kön 2:32.33.37, vgl. auch V. 44); die davidische Dynastie aber wird von jeder Schuld für immer frei sein (1Kön 2:33b; vgl. 2Sam 3:28).

Wie in 1Kön 2 zeigt DtrG auch in der Nabal-Abigail-Geschichte (1Sam 25) ängstliche *Scheu vor unschuldigem Blut*[21], das für die Dynastie verhängnisvolle Folgen haben könnte. Gewiss hat man in Israel seit jeher das Vergiessen unschuldigen Blutes, auch durch die Könige, scharf verurteilt[22], aber bemerkenswerterweise gewinnt die Rede von *"unschuldigem Blut"* (דם נקי)[23] neue Aktualität in den dtr Kreisen[24]: In der dt Gesetzgebung wird peinlichst auf unschuldiges Blut Rücksicht genommen (Dt 19:10.13; 21:8.9; 27:25), der dtr Bearbeiter des Jeremiabuches warnt dringend vor dessen Vergiessen (Jer 7:6; 22:3; 26:15)[25] und begründet mit der Nichtberücksichtigung dieses Verbots die Notwendigkeit des Gerichts (Jer 19:4; 22:17b)[26]; noch DtrN beschuldigt Manasse neben anderem des vielen Vergiessens von unschuldigem Blut (2Kön 21:16; 24:4)[27]. Mit der Forderung, dass der Dynastieträger seine Hände nicht mit dem Blut Unschuldiger beflecken darf, hat DtrG also ein aktuelles Thema seiner eigenen Zeit[28] in die Frühgeschichte der Davididen hineinprojiziert und dort alles noch bestens in Ordnung gesehen.

Die "innenpolitische" Tätigkeit Davids hat DtrG als *"Üben des Rechts und der Gerechtigkeit"* (עשה משפט וצדקה) charakterisiert (2Sam 8:15). Keinem anderen König hat er dieses lobende Urteil ausgesprochen; nur von Salomo lässt er die Königin von Saba sagen, Jahwe habe ihn zum König eingesetzt, *"damit er Recht und Gerechtigkeit übe"* (1Kön 10:9), aber hintergründig genug schweigt er darüber, ob Salomo dieses Ideal auch wirklich erfüllt habe.

An sich ist die Forderung, dass der König Recht und Gerechtigkeit üben soll, nicht neu; es lassen sich dafür schon in der vorisraelitischen Königsideologie inner- und ausserhalb des AT beliebig viele Belege finden[29]; nur wird sie im AT speziell als Forderung an den König auf die programmatische Formel עשה משפט וצדקה erst im Zeitalter des DtrG gebracht, und zwar neben den genannten dtr Stellen im Jer: einmal von Jeremia selbst in seiner wohlwollenden Beurteilung Josias, der zwar *"ass und trank"*, aber doch *"Recht und Gerechtigkeit*

---

[21] 1Kön 2:5 (s. o. S. 19[20]).31; 1Sam 25:31; vgl. auch 1Sam 25:26.33.39.
[22] Vgl. z.B. die vordtr Gestalt von 2Sam 12:1—14 und 1Kön 21:1—20a.
[23] Das Synonym דמי חנם/ס ist nur in 1Sam 25:31 und 1Kön 2:31 belegt.
[24] In den alten Quellen des DtrG kommt דם נקי nur in 1Sam 19:5 vor.
[25] Dazu Thiel 1973, 67.103.241.
[26] Dazu Thiel 1973, 222.241f.; nur einmal beim echten Jeremia (2:34).
[27] Dazu Dietrich 1972, 29—31.
[28] Vgl. auch Ezechiels Anklagen gegen die *"Blutstadt"* Jerusalem (Ez 22:2ff.; 24:6.9).
[29] S. o. S. 97[114].

übte" (Jer 22:15), einmal in einer dtr Paränese an das Königshaus (Jer 22:3)[30], einmal in der in ihrer Echtheit umstrittenen messianischen Weissagung über den kommenden, gerechten Davididen (Jer 23:5—6)[31], und davon abhängig noch in einem späten Zusammenhang (Jer 33:15)[32]. Daran zeigt sich, dass DtrG wieder ein altes Ideal, das in seiner eigenen Gegenwart (durch Jeremia?) neue Aktualität gewonnen hatte, übernommen und in dem geschichtlichen Handeln Davids als verwirklicht angesehen hat.

Dieses Davidbild wird noch durch speziell *religiöse Tugenden* vervollständigt: durch Davids exemplarische Frömmigkeit, die sich in den ergebenen Dankgebeten (2Sam 7:18ff.; 1Kön 1:47b—48) und in der Sorge um das Schicksal der Lade (2Sam 15:25—26, die Stellung von 2Sam 6) eindrucksvoll bekundet, sowie durch seine Demut, in der er Leid (2Sam 15:25—26) und sogar Lästerungen (2Sam 16:11—12) widerstandslos als Jahwes Fügung entgegennimmt und alle Zuversicht hoffnungsvoll auf seinen Gott richtet (2Sam 3:39).

Dieses Bild, das DtrG von David und von der Entstehung seiner Dynastie entworfen hat, ist ohne Zweifel in hohem Masse idealisiert. Die entscheidende theologische Sachfrage lautet nun aber, *welchem Zweck* diese Verherrlichung dient. Ist sie nur als späte Ehrenrettung Davids (und Salomos) und als Glorifizierung der Frühgeschichte der davidischen Dynastie zu verstehen, von der sich die Schuld der späteren Generationen um so drastischer abhebt? Bevor diese Frage beantwortet werden kann, müssen wir uns den verschiedenen *Legitimationsaussagen* zuwenden, die in den dtr Interpretamenten besonders zahlreich vertreten sind.

Die Legitimationsaussagen des DtrG betreffen einerseits *individuell* David[33] und Salomo[34], andererseits *kollektiv* die gesamte davidische Dynastie[35]. Sie sind meist *theologisch* begründet[36], gelegentlich aber auch *politisch*[37], zuweilen auch beides gleichzeitig[38]. Rein quantitativ fällt an dem Befund zunächst auf, dass trotz des geringen Umfangs der Textbasis, die über Salomo berichtet (1Kön 1—2), eine verhältnismässig grosse Anzahl der Legitimationsaussagen gerade in diesem Abschnitt begegnet. Das hängt offenbar damit zusammen, dass die vordtr Gestalt der Thronfolgegeschichte Salomos Thronbesteigung kritisch, wenn nicht geradezu feindselig, darstellt, während die David-Überlieferungen im grossen und ganzen

---

[30] S. o. S. 131.
[31] Vgl. die abweichenden Stellungnahmen zur Echtheit der Stelle z.B. bei Noth RHPhR 1953, 91 und Rudolph 1968³, 145—148, einerseits (zugunsten der Echtheit) und bei Herrmann 1965, 212 und Nicholson 1970, 90f., andererseits. Thiel 1973, 129, rechnet Jer 23:5—6 zu "den umstrittenen Stellen".
[32] S. o. S. 128.
[33] 1Sam 23:17; 24:21; 25:30; 2Sam 3:9—10.17—19; 5:1—2.12a; 6:12aβ.
[34] 2Sam 7:13; 1Kön 1:*30.35—37.47—48; 2:15by.24aa.
[35] 1Sam 25:28; 2Sam 7:11b.16; 1Kön 2:4aab.24aβ.33b.45b.
[36] 1Sam 25:28.30; 2Sam 3:9—10; 5:12a; 6:21aβ; 7:11b.13.16; 1Kön 1:36—37.47; 1Kön 2:4aab.24a.33b.45b.
[37] 1Sam 23:17; 24:21; 1Kön 1:*30.35.
[38] 2Sam 3:17—19; 5:1—2; 1Kön 1:48; 2:15by.

bereits vor DtrG ein für David günstigeres Gepräge hatten[39].

Eine Diskrepanz zwischen der theologischen und der politischen Begründung des davidischen Königtums hat DtrG nicht empfunden: Abner und die Israeliten können ihren Wunsch, David zu ihrem König zu bekommen, in einem Atemzug politisch mit Davids Popularität und theologisch mit Jahwes Zusage motivieren (2Sam 3:17—19; 5:1—2). Auf der politischen Ebene hat DtrG viel Wert darauf gelegt, dass David und Salomo zu ihrem Königtum eine ausdrückliche Zustimmung sowohl von dem noch amtierenden Vorgänger (1Sam 24:21; 1Kön 1:*30.48) als auch von dem eigentlichen Kronprinzen (1Sam 23:17; 1Kön 2:15bγ) erhielten; dies war anscheinend deswegen notwendig, weil beide in Wirklichkeit durch Sonderregelungen gegen das von DtrG hochgeschätzte dynastische Prinzip auf den Thron kamen[40].

Der Frage der Rechtmässigkeit der davidischen Dynastie ist DtrG am breitesten in seinen *theologisch* argumentierenden Legitimationsaussagen nachgegangen. Das Besondere an diesen Reflexionen ist, dass sie sehr oft die Form einer Verheissung haben, deren Grundlage aber nirgendwo mitgeteilt wird; immer wieder wird auf eine göttliche Willenskundgabe verwiesen[41], ohne dass man eine Stelle angeben könnte, die der Verfasser dabei im Sinn gehabt hätte. Nach ihrem Charakter ist diese Verheissung, die sich auf David und seine Dynastie bezieht, vergleichbar mit der anderen grossen Verheissung des dtr Geschichtswerkes, der Zusage des gelobten Landes, die bis zum Ende der Landnahme stets aufs neue wiederholt wird[42]. Anders als die Davidverheissung hat die Landverheissung aber ihre klare Grundlage gleich in Dt 1:8, wo wiederum die Existenz einer solchen Verheissung an die Patriarchen vorausgesetzt ist. DtrG hat also die Verheissung über das davidische Königtum neben das grosse Thema der älteren Überlieferungen, die jetzt im Hexateuch zusammengekommen sind, gestellt und ihr auf diese Weise "kanonischen" Rang zugewiesen, zugleich aber durch die fehlende Basis und stark variierende Form der Zusage, eher unbewusst als bewusst, dem Sachverhalt Rechnung getragen, dass darin eine in der Heilsgeschichte Israels junge Erscheinung zur Sprache kommt.[43]

Natürlich ist DtrG nicht der erste gewesen, der Davids Weg auf den Thron der Doppelmonarchie und die Bildung der Dynastie theologisch beurteilt hat. Damit hatten schon die von ihm benutzten Quellen begonnen, freilich in ziemlich bescheidenem Ausmass: So lautet das wichtigste *Theologumenon* der Aufstiegsgeschichte schlicht "*Jahwe war bei ihm*"[44], und das zweite Orakel der

---

[39] Für 1Sam vgl. Knierim EvTh 1970, 113—133.

[40] In Davids Fall musste der Übergang des Königtums in eine völlig andere Familie gerechtfertigt werden, bei Salomo bestand das Defizit darin, dass er nicht der Älteste in der Erbfolge war.

[41] 1Sam 25:30; 2Sam 3:9—10.18; 5:2b; 7:11b.21.25; 1Kön 2:4aab.24a.

[42] Dt 1:8.21.35; 3:2; 19:8; 31:7; 34:4; Jos 1:2.3.6.13.15; 5:6; 11:23; 21:43—45.

[43] Diese Rezeption kommt schön zur Geltung in dem nachexilischen Lehrpsalm 78, wo die Erwählung Davids als letztes Faktum in die kanonische Heilsgeschichte einbezogen wird (V. 70—72).

[44] 1Sam 16:18; 17:37; 18:12.14.28; 2Sam 5:10; vgl. auch 2Sam 7:3.9.

Nathanweissagung (2Sam 7:8a.9.10.12.14.15), von dem man allerdings nicht weiss, wie weit es überhaupt in die vordtr Zeit hineinreicht, redet nur von dem unmittelbaren Nachfolger Davids, dessen Königtum Jahwe zu befestigen verspricht. Im Vergleich dazu bedeuten die dtr Interpretamente, die die Reichweite der Verheissung bis in die "Ewigkeit" ausdehnen (2Sam 7:13b.16.25.26.29) und die gesamte David-Überlieferung durchziehen, eine nicht unerhebliche Erweiterung des Horizonts. Von dem Wort עולם "Ewigkeit", das in diesen Zusammenhängen häufig verwendet wird, müssen selbstverständlich alle Jenseitsvorstellungen ferngehalten werden; mit ihm ist nicht mehr, aber auch nicht weniger, als eine unüberschaubar lange Zeit gemeint[45], die nach Meinung von DtrG die göttlich begründete davidische Dynastie bestehen kann[46].

Welchen Stellenwert diese Aussagen *im weiteren Rahmen des alttestamentlichen Zeugnisses* besitzen, wird sichtbar, wenn man den Blick über den dtr Bereich hinausrichtet und fragt, wo die Überzeugung von dem "ewigen" bzw. dauerhaften Bestand der davidischen Dynastie sonst zu finden ist. Im Hinblick auf ihre Kompliziertheit, besonders was ihre Echtheit anlangt, kann in diesem Zusammenhang von den sog. messianischen Weissagungen in der prophetischen Literatur abgesehen werden.[47] Beschränkt man sich hingegen auf Texte, die den Glauben an die Unerschütterlichkeit der Dynastie erkennen lassen, findet man noch in der Spätzeit die dtr Aussagen vom Chronisten rezipiert[48]; in den Psalmen begegnet man dieser Überzeugung nur in der DtrN-Erweiterung Ps 18:51 (=2Sam 22:51)[49] und sehr wortreich in den Psalmen 89[50] und 132[51], die gerade auch in diesem Punkt ihre terminologische und gedankliche Abhängigkeit von der dtr Theologie verraten[52]. Nahe verwandt mit diesen Psalmen ist 2Sam 23:5, eine Stelle in den *"letzten Worten Davids"* (2Sam 23:1—7), an der von einem *"ewigen Bund"* (ברית עולם), den Gott mit David und seinem Haus geschlossen habe, die Rede ist. Alle sonstigen Belege, die ausdrücklich einen *"Davidsbund"* erwähnen, stammen aus der Spätzeit[53]; das macht auch die Altertümlichkeit von

---

[45] Vgl. Jenni ZAW 1952, 202. Als Synonyma von לעולם/עד עולם kommen bei DtrG כל הימים (1Sam 2:35) und למרחוק (2Sam 7:19) vor.

[46] Dieselbe Überzeugung drückt er auch durch seine Rede vom *"beständigen Haus"* (בית נאמן) 1Sam 25:28; 2Sam 7:16; vgl. 1Sam 2:35, oder durch die *Unaufhörlichkeitsformel*, 1Kön 2:4b, aus.

[47] Sie unterscheiden sich von den dtr Aussagen von vornherein darin, dass sie einen Bruch mit der herrschenden davidischen Linie voraussetzen, der in den dtr Aussagen nicht einkalkuliert ist. Durch diese Begrenzung scheiden z.B. aus Jes 11:1—5; Jer 23:5—6; 33:15; Ez 17:22—24 (wenn die Stelle überhaupt "messianisch" zu verstehen ist, s. Herrmann 1965, 258f.); Ez 34:23—24; 37:25; Mi 5:1—5.

[48] 1Chr 17:12.14; 22:10; 2Chr 6:16; 7:18.

[49] S. o. S. 120f.

[50] V. 4.5.29.30.37.38.

[51] V. 10—12.

[52] Vgl. o. S. 128.

[53] Jes 55:3; Jer 33:21; Ps 89:4.29.35.40; 2Chr 13:5; 21:7. Dieser Befund sollte vor einer vorbehaltlosen Verwendung des Begriffs *"Davidsbund"* in der vorexilischen Zeit warnen (vgl. die so betitelten Aufsätze von Rost ThLZ 1947, 129—134; Sekine VT 1959, 47—58; Gunneweg VT 1960, 335—341 und Prussner 1968, 17—41).

2Sam 23:5 sehr fragwürdig⁵⁴, zumal sich früher herausgestellt hat, dass *"die letzten Worte Davids"* innerhalb der dtr Redaktion erst DtrN bekannt geworden sind⁵⁵.

Auch in der prophetischen Literatur ist das Bild relativ einheitlich. In der spät- bzw. nachexilischen Zeit bleibt hier der Glaube an die Beständigkeit der davidischen Dynastie bestehen⁵⁶; allerdings sind Modifikationen möglich, so etwa, wenn in Jes 55:3 das Volk zum eigentlichen Empfänger der Gaben des Davidsbundes erklärt wird. Im Jeremiabuch sind sämtliche Belege, die das Weiterbestehen der Dynastie unter bestimmten Bedingungen in Aussicht stellen, eindeutig dtr (Jer 17:25; 22:4)⁵⁷ oder noch jünger (Jer 33:20ff.)⁵⁸, während der Prophet selbst die Zeit der Dynastie endgültig abgelaufen sah (Jer 13:13f.; 22:30). Auch die Rede vom *"Aufrichten der zerfallenen Hütte Davids"* am Schluss des Amosbuches (Am 9:11) stammt aus einer Zeit, da diese Hütte tatsächlich zerfallen war.⁵⁹ Am problematischsten ist der Befund im Jesajabuch. Vielfach wird angenommen, dass hinter dem Spruch Jes 7:9b אם לא תאמינו כי לא תאמנו *"Glaubt ihr nicht, so bleibt ihr nicht"* eine Anspielung auf 2Sam 7:16 stehe (Stichwort אמן).⁶⁰ Selbst vorausgesetzt, der Prophet hätte seinen Hörern solche feinsinnigen Anspielungen zumuten können, scheitert die Theorie an der dtr Herkunft von 2Sam 7:16; außerdem ist der Spruch ohne Schwierigkeiten auf dem Hintergrund von Jes 1:21.26 zu verstehen⁶¹. Noch schwieriger ist es, über die Echtheit von Jes 9:6, wo die Überzeugung von der *"ewigen"* Festigkeit der Daviddynastie klar zutage tritt, ohne Voreingenommenheit eine Entscheidung zu treffen.⁶² Ist man aber zuvor zu dem Ergebnis gekommen, dass die volltönenden dynastischen Aussagen mit עד עולם in 2Sam 7 dtr Bildungen, und keine altertümlichen Bestandteile der Jerusalemer Davidtradition sind, wird man die in der vorexilischen Zeit sonst singuläre Aussage Jes 9:6 (und damit auch Jes 9:1—5) dem Propheten absprechen müssen; dies umso mehr, als die Echtheit der Stelle auch innerhalb der Jesaja-Exegese mit guten Gründen bestritten wird⁶³.

Dieser Überblick lässt deutlich erkennen, dass die Entfaltung der Davidtradition zu ihrem vollen theologischen Format *erst eine Leistung der dtr*

---

[54] Vgl. Noth 1966³, 122; Herrmann 1965, 100⁴¹; Perlitt 1969, 50f.
[55] S. o. S. 124.
[56] Jes 55:3; Sach 12:7—10; 13:1.
[57] Thiel 1973, 203—209.238—240.
[58] S. o. S. 128.
[59] Vgl. u.a. Smend EvTh 1963, 413; Herrmann 1965, 125f.
[60] Diese von Würthwein 1954, 59—63, aufgestellte These ist ungezählte Male wiederholt worden.
[61] S. Smend VTSuppl 1967, 287f.
[62] Zur Forschungslage s. Wildberger 1972, 368.
[63] S. die nüchternen inhaltlichen bzw. sprachlichen Argumente von Heaton 1968, 320f. und Vollmer ZAW 1968, 343—350.

Reflexion ist.[64] Aus dieser Perspektive müssten manche Behauptungen der neueren traditionsgeschichtlichen Forschung über die ausschlaggebende Bedeutung der Davidtradition bereits in der vorexilischen Zeit überprüft werden.[65]

Es ist jedoch nicht anzunehmen, dass die Reflexionen des DtrG über die Daviddynastie völlig unvorbereitet waren. Fragt man nach dem *traditionsgeschichtlichen Hintergrund* seiner Aussagen, stösst man, rein auf die Terminologie gesehen, auf eine relativ einheitliche Gruppe von älteren poetischen Texten, die von dem *"ewigen"* Leben bzw. der *"ewigen"* Herrschaft eines Königs[66] oder von der *"Ewigkeit"* bzw. Beständigkeit seines Thrones[67] reden. Wie zu erwarten, sind solche Aussagen auch in die Vorstellung vom Königtum Jahwes eingedrungen[68], zumal auch dem irdischen König in solchem Kontext göttliche Qualität zugesprochen werden konnte (Ps 45:7). Mit allem Vorbehalt darf man wohl annehmen, dass in diesen Texten eine schon vorisraelitische Königsideologie greifbar wird, die ihren Weg in die poetische Literatur des AT gefunden hat.[69] Wichtig ist in diesem Zusammenhang die Beobachtung, dass an den angeführten Stellen von einem *einzelnen* König oder seinem Thron die Rede ist, nicht aber von einer Dynastie. Das geschieht erst bei DtrG und in den dtr beeinflussten Psalmen 89 und 132.[70] Demnach war es DtrG, der mit seinen Aussagen über die *"Ewigkeit"* und Beständigkeit der davidischen Dynastie und ihrer Herrschaft die älteren, mythologisch gefärbten Vorstellungen an ein geschichtlich vorfindliches Königshaus gebunden hat.[71] An dieser Stelle könnte man mit Recht von einer *"Historisierung des Mythus"*[72] sprechen.

[64] Zu einem grundverschiedenen Ergebnis kommt Seybold in seiner traditionsgeschichtlichen Untersuchung über *"Das davidische Königtum im Zeugnis der Propheten"* (1972), wo er S. 167 zusammenfassend feststellt: "Anerkannt wird die der davidischen Dynastie zugesprochene Verheissung von Ahia aus Silo bis zu den Exilspropheten (und darüber hinaus), indem sie ihr eine der jeweiligen Situation entsprechende Aktualisierung zuteil werden lassen." Möglich wird dieses Ergebnis durch selektive Auswahl literarkritischer Theorien, die die Echtheit der betr. prophetischen Texte stützen (S. 16—23), sowie durch Frühdatierung der Jetztgestalt von 2Sam 7 (S. 26—29).

[65] Beispielsweise seien genannt für die Psalmenforschung die Ausführungen von Kraus 1951, 34—50 u.ö. (ders. 1972⁴, 880—882), über das "königliche Zionfest", für die Prophetenforschung Rohland 1956, 209—265 und für die gesamte alttestamentliche Theologie von Rad 1966⁵, 53—55.320—324 u.ö. (vgl. Grundsätzliches dagegen Vollmer 1971, 189—191). Es dürfte kein Zufall sein, dass dieser in sich natürlich nicht einheitlichen Forschungsrichtung das hohe Alter der Dynastiezusage von 2Sam 7 als Axiom gilt, s. o. S. 69[138].70[148].

[66] Ps 21:5— 7; 61:7—8; 72:5.17; 110:4; als höfische Formel auch in 1Kön 1:31.

[67] Ps 45:7; Prov 29:14; nach vielen Stellen wird die Beständigkeit des Thrones durch Gerechtigkeit gewährleistet: Prov 16:12; 20:28 (s. BHK); 25:5; vgl. auch Jes 9:6; 16:5.

[68] Ex 15:18; Ps 9:8; 10:16; 29:10; 89:15; 93:2; 97:2; 103:19; 145:13; Thr 5:19.

[69] Vgl. u.a. Jenni ZAW 1953, 7—10; Amsler 1963, 44; speziell zur Vorstellung von Gerechtigkeit als Fundament des Thrones s. Brunner VT 1958, 426—428.

[70] Nicht ganz plausibel ist der Versuch von North ZAW 1932, 24, die älteren Stellen, die den individuellen König betreffen, von 2Sam 7 und damit zusammenhängenden Texten (wie Ps 89 und 132) aus zu interpretieren.

[71] Dass eine solche Abwandlung älterer Königsideologie sich durch 2Sam 7 vollzogen hat, wird auch von Noth ZThK 1950, 186f., betont.

[72] Zum Stichwort s. Noth ChuW 1928, 265—272.301—309.

Als ein besonderes Problem kann noch empfunden werden, dass diese tiefgreifende Besinnung auf den unerschütterlichen Bestand der davidischen Dynastie zu einer Zeit stattgefunden hat, da dieses Königshaus in Wirklichkeit entmachtet war[73]. Konnte von der *"Ewigkeit"* der Dynastie nach der Katastrophe von 587 überhaupt noch geredet werden?[74] Oder sind wir gezwungen, mit der Ansetzung der ersten dtr Redaktion in die vorexilische Zeit hinaufzugehen?[75] Dazu gibt es m.E. keinen Anlass. Würde man nämlich auf dieser Linie konsequent weiter argumentieren, geriete man in unüberwindliche Schwierigkeiten bei den entsprechenden Äusserungen in den eindeutig späteren Partien des AT. Wie wäre es denn zu erklären, dass der Chronist in einer erheblich späteren Zeit die dtr Zusagen über die *"Ewigkeit"* der Dynastie rezipiert, und das anscheinend noch mit vollem Glauben an ihre Gültigkeit tut[76], oder dass die nach der Katastrophe von 587 entstandenen Psalmen 89 und 132 mit äusserster Intensität an die der Dynastie gegebenen Verheissungen appellieren, oder dass die Überzeugung von der Unvergänglichkeit der Daviddynastie in der prophetischen Literatur erst bei den späteren Propheten und in den sekundären Erweiterungen der älteren Prophetenschriften zu entdecken ist[77]?[78]

Wir sind also zu dem Ergebnis gekommen, dass die Katastrophe von 587 nicht den Untergang, *sondern den eigentlichen Anfang der Hoffnungen* bedeutete, die sich um das davidische Königtum zu bilden begannen[79]; ohne an die Zukunft der Dynastie zu glauben, hätte DtrG doch wohl keine göttlichen Zusagen über ihren immerwährenden Bestand formuliert. Futurisch kann diese Hoffnung in einem Werk, das die Vergangenheit auf die Gegenwart hin auslegt und die Gegenwart im Lichte der Vergangenheit sieht, natürlich nicht ausgedrückt werden[80], sondern der geschichtlichen Ausrichtung des Werkes entsprechend muss auch sie die Gestalt einer Geschichtsaussage erhalten.

Aus dieser Perspektive fällt nun neues Licht auch auf das idealisierte

---

[73] Von Noth 1967³, 91 (vgl. ders. Proceedings 1957, 563—566), wird die Tätigkeit des Dtr(G) bekanntlich um die Mitte des 6. Jahrhunderts angesetzt.

[74] Nach Noth RHPhR 1953, 83, "war für alle, die sich an diese Zusage (2Sam 7) gehalten hatten, mit der Absetzung des letzten in Jerusalem regierenden Davididen diese göttliche Verheissung dahingefallen".

[75] So als erster Kuenen 1890, 90; neuerdings wieder Cross 1973, 287—289.

[76] Das wird selbst von Noth 1967³, 179, zugegeben; vgl. Wilda 1959, 32—35.

[77] Aufschlussreich sind in diesem Zusammenhang die zwei dtr Stellen in der Bearbeitung des Jeremiabuches (Jer 17:25; 22:4), die direkt die Existenz der Hoffnung auf die Daviddynastie für diese Kreise *nach* 587 bezeugen, vgl. Herrmann 1965, 176—178. Möglicherweise darf man dazu auch Am 9:11 rechnen, s. Kellermann EvTh 1969, 169—183, der die dtr Herkunft des Amosschlusses nachzuweisen versucht (dazu jedoch negativ Wolff 1969, 405f.).

[78] Vgl. Pfeiffer 1948², 370f.

[79] Vgl. Soggin VTSuppl 1972, 26, über die Rolle des Königtums in der israelitischen Religion: "Dabei ergibt sich das Paradox, dass, um das Königtum erst recht in eine Institution der israelitischen Religion zu verwandeln, zu der es kein gebrochenes Verhältnis, sondern eine klare Hoffnung gab, es seiner Zerstörung auf politischem Gebiet bedurfte."

[80] Kellermann 1971, 81.

Davidbild, dessen Funktion oben noch nicht festgelegt wurde. Gewiss hat die Verherrlichung des Dynastiegründers und seines ersten Nachfolgers auch die Aufgabe, die Schuld der späteren Könige, die DtrG fast ausnahmslos negativ beurteilt hat[81], aufzuweisen und damit die theologische Notwendigkeit der Katastrophe von 587 zu begründen. Aber wäre der *Schuldaufweis* die einzige Funktion der Idealisierung, dann wäre sie kaum mit der Zukunftshoffnung des DtrG vereinbar. So muss man sein idealisiertes Davidbild als Vehikel zur Mitteilung dieser Hoffnung sehen: Weil DtrG an der Zukunft der göttlich begründeten davidischen Dynastie festhält, sich aber zugleich völlig darüber im klaren ist, dass die bisherige Geschichte Judas — nicht zuletzt wegen des Versagens seiner Könige — in 587 ein düsteres Ende gefunden hat, will er an der Gestalt Davids und an seinen grossen Erfolgen zeigen, wie der treue Vertreter des erwählten Königshauses beschaffen sein soll und welcher Lohn ihm winkt.[82] Als Geschichtsschreiber kann er dies nur in Form der Rückprojizierung in die Vergangenheit tun.[82a] Im Endeffekt läuft es jedoch auf dasselbe hinaus, wenn er feststellt, David *habe* Recht und Gerechtigkeit geübt, und wenn Jer 23:5 von dem kommenden Messias verkündet, er *werde* Recht und Gerechtigkeit üben. Inwiefern seine Haltung zum davidischen Königtum wirklich vertretbar ist, wird sich zeigen, wenn wir uns noch den Bildern zuwenden, die DtrP und DtrN von David gezeichnet haben.

DtrP

Bereits durch die *Titulatur* verrät DtrP seine von DtrG abweichende Einstellung zu David. Bei ihm trägt David nie den Ehrentitel עבד.[83] Stattdessen werden von ihm ausschliesslich Propheten als *"Jahwes Knechte"* bezeichnet: Ahia (1Kön 14:18b; 15:29), Elia (1Kön 18:36; 2Kön 9:36) und Jona ben Amitthai (2Kön 14:25b) sowie *"die Propheten"* überhaupt (2Kön 9:7; 17:23; 21:10; 24:2)[84]. Das lässt deutlich den prophetischen Ansatz des DtrP erkennen, zugleich aber auch seine Eigenständigkeit; denn vor ihm wird nur einmal ein Prophet *"Knecht Jahwes"* genannt, nämlich Jesaja in Jes 20:3; allerdings ist hier die Möglichkeit einer nachträglichen Übermalung des Fremdberichts nicht ganz von der Hand zu weisen. Alle sonstigen Belege sind hingegen jung und setzen bereits den dtr Sprachgebrauch voraus: In Am 3:7 handelt es sich um eine dtr Interpolation[85];

---

[81] Die einzigen vollen Ausnahmen sind Hiskia (2Kön 18:3ff.) und Josia (2Kön 22:2; 23:25).

[82] Daher kommt es auch, dass DtrG keine Illusionen über Jojachin hegt (2Kön 24:9), wie einige seiner Landsleute (Jer 22:24.28—30; 28:1—4).

[82a] In diesem Zusammenhang darf an den lehrreichen Satz von Gyllenberg TA 1970, 225, erinnert werden: "Die Darstellung der Geschichte und die Erklärung ihrer Geschehnisse ist in die Vergangenheit projizierte Eschatologie."

[83] Von Davids Selbstbezeichnung im Gebet 2Sam 24:10 kann abgesehen werden.

[84] Zur DtrP-Verfasserschaft aller dieser Stellen s. Dietrich 1972, 41.54[20].111.113 u.ö.

[85] S. Schmidt ZAW 1965, 183—188; vgl. auch Wolff 1969, 218.

eine ähnliche jüngere Ergänzung ist auch Ez 38:17[86]; im Jer kehrt der Titel ständig in der stereotypen *Prophetenaussage* der dtr Bearbeitung wieder (Jer 7:25; 25:4; 26:5; 29:19; 35:15; 44:4)[87]; noch jünger sind die übrigen Stellen (Sach 1:6; Dan 9:6.10; Esr 9:11). Daran zeigt sich, dass DtrP durch die Verwendung des Titels für die Propheten ebenso Tradition gebildet hat wie DtrG mit demselben Titel für Mose und David.[88]

Auch die andere Würdebezeichnung, *nāgīd,* die DtrG in der Saul-Überlieferung gefunden und selbständig auf David und Salomo übertragen hat, wird von DtrP für die Davididen nicht verwendet.[89] Dagegen taucht *nāgīd* bei DtrP zweimal als Titel der sündhaften nordisraelitischen Könige Jerobeam und Baesa in Gerichtsbegründungen auf (1Kön 14:7; 16:2)[90]. Der Kontext zeigt in beiden Fällen, dass *nāgīd* auch von DtrP als Würdebezeichnung aufgefasst wird[91], nur ist sie nicht mehr für die ersten Könige reserviert; sie hat bei DtrP auch keinen Bezug zur Salbung[92]. Gott kann also nach DtrP ebenso gut wie einen Davididen auch einen Nordisraeliten, dessen Verwerfung von vornherein klar war, zum *nāgīd* einsetzen.

Hatte DtrG in seinem Davidbild die Grossmut und moralische Vollkommenheit des Dynastiegründers mit Nachdruck herausgestellt, so bringt DtrP mit ebenso grossem Eifer die gegenteiligen Eigenschaften Davids ans Licht. Andeutungsweise ist das schon an seiner Darstellung des Verhältnisses zwischen Saul und David zu erkennen, das für ihn offenbar kein Problem mehr ist: Weil Saul auf die Stimme Jahwes nicht gehört und das ihm durch den Propheten Samuel auferlegte Banngebot nicht gehalten hat, ist ihm von Jahwe das Königtum entrissen und dem David gegeben worden (1Sam 28:17—18, vgl. 1Sam 15).[93] Dass David aber *"besser"* (1Sam 15:28) — oder gar *"gerechter"* (1Sam 24:18 DtrG) — gewesen sei als sein Vorgänger, darüber bewahrt DtrP ein vielsagendes Schweigen. Seiner Meinung nach war dies in Wirklichkeit nicht der Fall; warum sonst hätte er etwas später die für den König wenig schmeichelhafte Nathan-David-Episode (2Sam 12:1—14) einfügen sollen?[94] Besonders frappant ist der Unterschied zwischen DtrG und DtrP in der Beurteilung Davids in 2Sam 24, wo jener das

---

[86] Zimmerli 1969, 958.

[87] Dazu Nicholson 1970, 55f.

[88] Dass der Titel in Verbindung mit Propheten seinen Urheber in Jeremia hätte (Lindhagen 1950, 279f.), ist wegen des stark formelhaften Charakters der Belege im Jer kaum glaubhaft.

[89] Gelegenheiten dazu gab es, z.B. in 2Sam 12:7, wo jedoch das neutrale Wort מלך gewählt wurde.

[90] Dazu Dietrich 1972, 86.

[91] Gott hat die *nāgīd*-Würde *"gegeben".*

[92] Das dürfte unabhängig von der historischen Frage sein, ob die Könige des Nordreiches überhaupt gesalbt wurden (nach Kutsch 1963, 59f., hat die Königssalbung in Israel im Unterschied zu Juda gefehlt).

[93] In vielem sehr ähnlich hat sich DtrP auch den Abfall der Nordisraeliten unter Jerobeam vom Südreich im Ahia-Orakel zurechtgelegt (abgesehen von späteren nomistischen Erweiterungen stammt 1Kön 11:29 ff. von DtrP, s. Dietrich 1972, 15—20).

[94] Zum Eigenanteil des DtrP s. o. S. 115[69].

Movens zu der verhängnisvollen Volkszählung Davids in dem nicht ergründbaren Zorn Jahwes fand (V. 1), dieser hingegen aus dem Ganzen eine paradigmatische Erzählung über die Sündhaftigkeit Davids machte. In seiner strengen Einstellung gegenüber David erweist sich DtrP als ein echter Schüler der Propheten, die seit jeher die Machenschaften der Könige angeprangert hatten[95].

Eine totale Profanisierung Davids, die bei einem antiken Schriftsteller überhaupt schwer vorstellbar wäre, bedeutet die Kritik des DtrP freilich nicht. David *kennt* (2Sam 24:10a), ja *bekennt* sogar seine Sünde (2Sam 12:13a; 24:10b.17), und sein Sündenbekenntnis wird mit einem prophetischen Bescheid beantwortet (2Sam 12:13b.14; 24:11b—13.18). Aber im Grunde wird ihm nur dies zugestanden, dass er der Anrede Gottes durch dessen Boten überhaupt noch würdig ist. Die restlose Vergebung der Sünde wird ihm vorenthalten: Einmal leitet die prophetische Botschaft allererst den Strafvollzug ein (2Sam 24:11b—13), ein andermal enthält sie eine nur partielle Vergebung (2Sam 12:13b.14; 24:18ff.). Dabei wird auch deutlich, dass DtrP den Lauf der Geschichte stärker als DtrG schematisiert hat: Menschliche Sünde und göttliche Strafe korrespondieren einander aufs genaueste, und zwischen beiden mediatisiert der Prophet.

Die eigentlichen Legitimationsaussagen, die bei DtrG so zentral waren, fehlen bei DtrP. Wohl kann auch er sagen, Jahwe selbst habe David zum Nachfolger von Saul bestellt (2Sam 12:7b.8aβ), doch besagt das grundsätzlich nicht mehr als bei den eben erwähnten nordisraelitischen Königen Jerobeam und Baesa (1Kön 14:7; 16:2). Ganz ähnlich wie bei diesen findet Davids Designation durch Jahwe Erwähnung in einer Gerichtsbegründung (2Sam 12:7b—9): weil David seine Stellung allein Jahwe verdankt, wird er auch für seine Sünde besonders hart bestraft. Hierin beweist DtrP wiederum, dass er von den Propheten gelernt hat (vgl. Am 3:2). Das wohl entscheidende Element innerhalb der göttlichen Legitimationsaussagen des DtrG, die Wendung עד עולם *"für immer"*, kommt bei DtrP nur in Gerichtsankündigungen vor (1Sam 3:13.14; 2Sam 12:10): niemals soll das Schwert von Davids Haus lassen! Die Distanz zu DtrG ist unverkennbar.

Dem entspricht es, dass DtrP an den weiteren Bestand der Daviddynastie *keinerlei Hoffnungen* geknüpft hat.[96] Er steht offensichtlich auch hier auf dem Boden der zeitgenössischen Schriftprophetie von Jeremia und Ezechiel, die in der Daviddynastie keinen Ansatzpunkt mehr für eine Hoffnung sah[97]. Daran bestätigt sich negativ, was zuvor über die Funktion des idealisierten Davidbildes bei DtrG gesagt wurde: Idealisierung und Hoffnung gehen Hand in Hand; wo keine Hoffnung auf das Überleben der Daviddynastie existiert, da besteht auch kein Grund zur Verherrlichung ihres Begründers.

---

[95] S. z.B. Zimmerli VTSuppl 1972, 50—52.

[96] Zu dem DtrP-Anteil an der Redaktion der Königsbücher vgl. die entsprechende Feststellung bei Dietrich 1972, 104f.

[97] S. z.B. Noth RHPhR 1953, 102.

DtrN

Im Gebrauch von *Würdebezeichnungen* geht DtrN in den Spuren seiner Vorgänger. So kann er, ähnlich wie DtrP, die Propheten als *"Jahwes Knechte"* bezeichnen (2Kön 17:13; 2Kön 10:10)[98]. Viel häufiger ist es aber bei ihm, wie schon bei DtrG, David, der diesen Titel trägt[99]; anderen Königen gesteht er ihn nicht zu.[100] Wohl aber legt er ihn, wie auch DtrG, dem Mose bei[101], der ihn dann für die Folgezeit behält[102]. In der Anwendung des עבד-Titels zeigt DtrN also unverkennbare Verwandtschaft mit DtrG.

DtrN kennt auch den spezifisch königlichen Titel *nāgīd;* er findet bei ihm zweimal Gebrauch: einmal für David (1Sam 13:14), einmal für Hiskia (2Kön 20:5). Indem DtrN bereits in 1Sam 13:14 von Davids Bestellung zum *nāgīd* als einem Ereignis der Vergangenheit spricht, verrät er, dass er sie, ebenso wenig wie DtrP, nicht mehr im Zusammenhang mit der Königssalbung sieht, wie noch DtrG auf Grund der alten Tradition. In 2Kön 20:5 ist *nāgīd* eine schlichte Würdebezeichnung Hiskias, eines der wenigen gottgefälligen Könige in der judäischen Königsgeschichte (2Kön 18:3ff.). Für DtrN ist *nāgīd* demnach für besonders verdienstvolle Vertreter des Davidhauses reserviert.

Dieser Titulatur entspricht das hoch idealisierte Davidbild des DtrN. Davids Vorgänger Saul wurde verworfen, weil er Jahwes Gebot nicht strikt eingehalten hatte (1Sam 13:13). David hingegen ist der Mann nach Gottes eigenem Herzen (1Sam 13:14), der nie von ihm frevelnd abgefallen ist, sondern stets seine Rechte und Satzungen vor sich gehabt hat (2Sam 22:22—25). Noch auf dem Sterbelager legt David seinem Sohn und Nachfolger Salomo die Befolgung der göttlichen Gebote, die der Inhalt seines Lebens waren, ans Herz (1Kön 2:3.4aβ). In diesem entpersonalisierten David, der mit dem konkreten David der Aufstiegs- und Thronfolgegeschichte über den Namen hinaus kaum noch etwas gemeinsam hat, dafür aber vorzüglich mit den Forderungen des Königsgesetzes im Dt (17:18—19) übereinstimmt[103], hat DtrN das unerreichbare Vorbild aller späteren Könige erblickt[104].[105]

---

[98] Die Zuweisung von 2Kön 10:10 zu DtrN ist nicht ganz sicher, der Erfüllungsvermerk könnte u.U. auch von DtrP stammen, s. Dietrich 1972, 24f.86[73], der jedoch für DtrN plädiert.

[99] 1Kön 3:6; 8:24.25.26.66; 11:13.32.34.36.38; 14:8; 2Kön 8:19; 19:34; 20:6. Die eine oder andere dieser Stellen könnte bereits von DtrG herrühren; das würde jedoch am Gesamtbild nichts ändern.

[100] Der Titel ist dann mit David und seinem Haus verbunden geblieben: Der Chronist verleiht ihn ausser David (1Chr 17:4.7; 2Chr 6:15.16.17.42) auch dem frommen Hiskia (2Chr 32:16). Als Ehrenbezeichnung für den davidischen Messias kommt er auch in Hag 2:23 und Sach 3:8 vor. Das Neue Testament verwendet ihn in der griechischen Form παῖς θεοῦ für David (Lk 1:69; Act 4:25) und Jesus (Act 3:13.26; 4:27.30).

[101] Jos 1:7; 8:31.33; 13:8; 22:5; 1Kön 8:53.56; 2Kön 18:12; 21:8. S. o. Anm. 99.

[102] S. die Belege o. S. 128[12].

[103] Vgl. auch die Parallelisierung Davids mit Mose durch 2Sam 22:1 (Dt 31:30).

[104] 1Kön 3:6.14; 11:4.6.33.38; 14:8; 15:3; 2Kön 14:3 u.ö.

[105] Gewöhnlich beansprucht dieses Davidbild des DtrN zu Unrecht die Alleinvertretung der dtr Auffassung von David (s. z.B. von Rad 1948[2], 59—64; Amsler 1963, 61f.; Kellermann 1971, 82f.; Weinfeld 1972, 170f.).

Die Idealisierung des Begründers der Dynastie ist wieder mit der *Hoffnung* auf ihren bleibenden Bestand verbunden: David und seine Nachkommenschaft sollen *"für immer"* Jahwes Huld geniessen (2Sam 22:51); die *"Leuchte"* ist ihnen *"für allezeit"* in Jerusalem aufgestellt worden (1Kön 11:36; 15:4; 2Kön 8:19)[106]. Die Hoffnung enthält jedoch bei DtrN auch einige neue Aspekte, die bei DtrG noch nicht vorhanden waren. Neu ist die Einschaltung des *Gesetzes* in die Legitimationsaussagen. Was noch bei DtrG ohne Vorbedingung verheissen war, das wird jetzt von der Gesetzestreue abhängig gemacht (1Sam 13:13—14; 1Kön 2:3.4aβ; vgl. 1Kön 8:25; 9:4—5). Neu ist auch die Einbeziehung des *Volkes Israel* in den Wirkungsbereich der Davidverheissung: Wie die Dynastie, so soll auch Israel *"für immer"* das Volk Jahwes sein[107], für dessen Heil Jahwe letzten Endes in David gehandelt hatte (2Sam 5:12b).[108]

Die Untersuchung der dtr Davidbilder hat offen zutage treten lassen, wie selbst innerhalb der dtr Geschichtsschreibung drei wichtige Komponenten des alttestamentlichen Zeugnisses — Geschichte, Prophetie und Gesetz — an der Gestaltung der David-Überlieferung wirksam gewesen sind und sich in einem vielfältig nuancierten Gesamtbild zusammengefunden haben. Jede Komponente hat ihre *Berechtigung*. Historisch gesehen hat allerdings allein DtrP recht behalten: Die Daviddynastie ist tatsächlich nie in der erwarteten Form wieder zu Ehren gekommen. Auch theologisch hat DtrP eine unerlässliche kritische Aufgabe erfüllt, indem er die Fehlbarkeit des göttlich legitimierten Machthabers schonungslos ans Licht brachte. Damit sind jedoch die Davidbilder von DtrG und DtrN nicht disqualifiziert. Man kann die konkrete Bedeutung der Hoffnung kaum überschätzen, von der sie mitten in der bis dahin schwersten Krise Israels Zeugnis ablegen. Die Bindung der Hoffnung an eine objektive Norm durch DtrN war nach der tiefgreifenden Kritik von DtrP ein Gebot der Stunde. Freilich, das Gesetz wurde erst *"um der Sünden willen hinzugefügt"* (Gal 3:19); die Hoffnung selbst — bekräftigt durch viele andere Zeugen — hat sich bis in das Neue Testament hinein fortgesetzt; hier wird auch ihre Erfüllung durch einen spät geborenen Davididen verkündet, dessen Königtum im vollen Sinn des Wortes *ewig* sein soll (Lk 1:32—33).

[106] Recht gezwungen versucht Noth die positive Zukunftserwartung, die aus diesen Stellen spricht, von seiner Darstellung des "Dtr" fernzuhalten: 1Kön 11:36 sei nur als Verzögerung der Bestrafung zu verstehen, wenn V. 35—36 nicht überhaupt eine sekundäre Ergänzung sei (Noth 1968, 261f.; ders. Proceedings 1957, 564, hielt V. 36ba noch für quellenhaft); in 1Kön 15:4 handle es sich um einen nachdtr Zusatz (Noth 1968, 334) und auch 2Kön 8:19 verspreche nicht mehr als den Aufschub des Gerichtes (Noth Proceedings 1957, 565f.). Vgl. dagegen Dietrich 1972, 142f., der mit dem Vorhandensein einer Hoffnung bei DtrN rechnet.

[107] 2Sam 7:24; vgl. zur Anwendung der *Bundesformel* in einem ähnlichen Kontext das nachezechielische Stück Ez 37:24b—28 (s. Zimmerli 1969, 913—915).

[108] Davon ist nicht mehr Deuterojesaja weit entfernt, der in Jes 55:3 die David gegebene Zusage vollständig zugunsten des Volkes "demokratisiert" hat, s. Eissfeldt 1962, 196—207; vgl. auch Brueggemann ZAW 1968, 191—203, der auf traditionsgeschichtliche Verbindungslinien zwischen der dtr Theologie und Jes 55 hinweist.

ABKÜRZUNGEN

AHw	von Soden, Wolfram, Akkadisches Handwörterbuch I. Wiesbaden 1965.
AJSL	The American Journal of Semitic Languages and Literatures
ASTI	Annual of the Swedish Theological Institute
ATD	Das Alte Testament Deutsch
BA	The Biblical Archaeologist
BBB	Bonner Biblische Beiträge
BHHW	Biblisch-Historisches Handwörterbuch. Hrsg. von B. Reicke und L. Rost. Göttingen 1962—1966.
BHK	Biblia Hebraica. Ed. Rud. Kittel. Stuttgart 1966[14].
BHS	Biblia Hebraica Stuttgartensia. Ed. K. Elliger et W. Rudolph. Stuttgart 1968ff.
BHTh	Beiträge zur historischen Theologie
Bibl	Biblica
BK	Biblischer Kommentar
BL	Bibel-Lexion. Hrsg. von H. Haag. Einsiedeln 1968[2].
BZ	Biblische Zeitschrift
BWANT	Beiträge zur Wissenschaft vom Alten und Neuen Testament
BWAT	Beiträge zur Wissenschaft vom Alten Testament
BZAW	Beihefte zur Zeitschrift für die alttestamentliche Wissenschaft
CBQ	The Catholic Biblical Quarterly
ChuW	Christentum und Wissenschaft
CJT	Canadian Journal of Theology
EH	Exegetisches Handbuch zum Alten Testament
EvTh	Evangelische Theologie
FRLANT	Forschungen zur Religion und Literatur des Alten und Neuen Testaments
Ges-Buhl	Gesenius, Wilhelm — Buhl, Frants, Hebräisches und aramäisches Handwörterbuch über das Alte Testament. Berlin-Göttingen-Heidelberg 1962 (unveränderter Neudruck der 1915 erschienenen 17. Aufl.).
Ges-K	Gesenius, Wilhelm — Kautzsch, E., Hebräische Grammatik. Hildesheim 1962 (reprographischer Nachdruck der 28. Aufl. Leipzig 1909).
HAT	Handbuch zum Alten Testament
HK	Göttinger Handkommentar zum Alten Testament
HUCA	Hebrew Union College Annual
ICC	The International Critical Commentary
Interp	Interpretation
JBL	Journal of Biblical Literature
JQR	The Jewish Quarterly Review
KAT	Kommentar zum Alten Testament
KBL	Koehler, Ludwig — Baumgartner, Walter, Lexicon in Veteris Testamenti Libros. Leiden 1953 (KBL³ = 3. Aufl. 1967ff.)
KeH	Kurzgefasstes exegetisches Handbuch zum Alten Testament
KHC	Kurzer Hand-Commentar zum Alten Testament
Lat	Versio vetus latina
LXX	Septuaginta. Id est Vetus Testamentum graece iuxta LXX interpretes I—II. Ed. A. Rahlfs. Stuttgart 1965[8].
MHG	Meyer, Rudolf, Hebräische Grammatik I—III. Sammlung Göschen 763/763a/763b—764/764a/764b—5765. Berlin 1966—1972³.
OLZ	Orientalistische Literaturzeitung
OrNe	Orientalia Neerlandica
OTS	Outestamentische Studiën

PThR	Princeton Theological Review
RGG³	Die Religion in Geschichte und Gegenwart. Hrsg. von K. Galling. Tübingen 1957—1965³.
RHPhR	Revue d'Histoire et de Philosophie Religieuses
RSO	Rivista degli Studi Orientali
SAns	Studia Anselmiana
SEÅ	Svensk Exegetisk Årsbok
StBTh	Studies in Biblical Theology
Syr	Versio syriaca
TA	Teologinen Aikakauskirja
Targ	Targum
THAT	Theologisches Handwörterbuch zum Alten Testament. Hrsg. von E. Jenni unter Mitarbeit von C. Westermann. München-Zürich 1971ff.
ThB	Theologische Bücherei
ThLZ	Theologische Literaturzeitung
ThR	Theologische Rundschau
ThSt	Theologische Studien
ThW	Theologisches Wörterbuch zum Neuen Testament. Begr. von G. Kittel, hrsg. von G. Friedrich. Stuttgart 1933—1973.
ThZ	Theologische Zeitschrift
VT	Vetus Testamentum
VTSuppl	Supplements to Vetus Testamentum
Vulg	Vulgata
WMANT	Wissenschaftliche Monographien zum Alten und Neuen Testament
WZ Leipzig	Wissenschaftliche Zeitschrift der Karl-Marx-Universität Leipzig
ZAW	Zeitschrift für die alttestamentliche Wissenschaft
ZThK	Zeitschrift für Theologie und Kirche

LITERATURVERZEICHNIS*

Abel, F.-M., Géographie de la Palestine II. Études Bibliques. Paris 1967³.
Ackroyd, Peter R., The First Book of Samuel. The Cambridge Bible Commentary. Cambridge 1971.
Ahlström, G. W., Der Prophet Nathan und der Tempelbau. VT 11, 1961, 113—127.
Alt, Albrecht, Zu IISamuel 8_1. ZAW 54, 1936, 149—152.
Alt, Albrecht, Die Staatenbildung der Israeliten in Palästina. Kleine Schriften zur Geschichte des Volkes Israel II, München 1953, 1—65 (vorher: Reformationsprogramm der Universität Leipzig 1930).
Amsler, Samuel, David, Roi et Messie. La tradition davidique dans l'Ancien Testament. Cahiers Théologiques 49. Neuchâtel 1963.
Barth, Christoph, Mose, Knecht Gottes. Parresia, Festschrift Karl Barth, Zürich 1966, 68—81.
Barth, Hermann — Steck, Odil Hannes, Exegese des Alten Testaments. Leitfaden der Methodik. Neukirchen-Vluyn 1971².
Baumann, Eberhard, Struktur-Untersuchungen im Psalter I. ZAW 61, 1945/48, 114—176.
Begrich, Joachim, Das priesterliche Heilsorakel. ZAW 52, 1934, 81—92.
Begrich, Joachim, Sōfēr und Mazkīr. ZAW 58, 1940/41, 1—29.
Begrich, Joachim, Berit. Ein Beitrag zur Erfassung einer alttestamentlichen Denkform. ZAW 60, 1944, 1—11.
Bentzen, Aage, Studier over det zadokidiske Praesteskabs Historie. Festskrift udgivet af Københavns Universitet. København 1931.
Benzinger, Immanuel, Die Bücher der Könige. KHC 9. Leipzig 1899.
Bernhardt, Karl-Heinz, Das Problem der altorientalischen Königsideologie im Alten Testament. VTSuppl 8. Leiden 1961.
Boecker, Hans Jochen, Die Beurteilung der Anfänge des Königtums in den deuteronomistischen Abschnitten des I. Samuelbuches. Ein Beitrag zum Problem des "Deuteronomistischen Geschichtswerks". WMANT 31. Neukirchen-Vluyn 1969.
de Boer, P. A. H., Research into the Text of 1 Samuel XVIII—XXXI. OTS 6, 1949, 1—100.
van den Born, A., Ephod. BL, 402—403.
Boyd, James Oscar, The Davidic Covenant. PThR 25, 1927, 213—239.
Bright, John, The Date of the Prose Sermons of Jeremiah. JBL 70, 1951, 15—35.
Brongers, H. A., Bemerkungen zum Gebrauch des adverbialen $w^{ec}att\bar{a}h$ im Alten Testament. Ein lexikologischer Beitrag. VT 15, 1965, 289—299.
Brueggemann, Walter, Isaiah 55 and Deuteronomic Theology. ZAW 80, 1968, 191—203.
Brueggemann, Walter, The Kerygma of the Deuteronomistic Historian. Gospel for Exiles. Interp 22, 1968, 387—402.
Brueggemann, Walter, On Trust and Freedom. A Study of Faith in the Succession Narrative. Interp 26, 1972, 3—19.
Brunner, Hellmut, Gerechtigkeit als Fundament des Thrones. VT 8, 1958, 426—428.
Budde, Karl, Die Bücher Richter und Samuel. Ihre Quellen und ihr Aufbau. Giessen 1890.
Budde, Karl, Die Bücher Samuel. KHC 18. Leipzig 1902.
van den Bussche, H., Le Texte de la Prophétie de Nathan sur la Dynastie Davidique. Ephemerides Theologicae Lovanienses 24, 1948, 354—394.
Caird, George B., The First and Second Book of Samuel. Introduction and Exegesis. The Interpreter's Bible 2. New York-Nashville 1953.
Carlson, R. A., David, the chosen King. A Traditio-Historical Approach to the Second Book of Samuel. Uppsala 1964.
Caspari, Wilhelm, Die Samuelbücher. KAT 7. Leipzig 1926.

---

*Die im Abkürzungsverzeichnis genannten Standardwerke werden hier nicht noch einmal aufgeführt.

Cazelles, H., Martin-Achard, R., Israel et les nations. VT 10, 1960, 91—95.
Childs, Brevard S., Isaiah and the Assyrian Crisis. StBTh II, 3. London 1967.
Cook, Stanley A., Notes on the Composition of 2 Samuel. AJSL 16, 1899/1900, 145—177.
Cross, Frank Moore Jr., Canaanite Myth and Hebrew Epic. Essays in the History of the Religion of Israel. Cambridge/Mass. 1973.
Cross, Frank Moore Jr. — *Freedman, David Noel,* A Royal Song of Thanksgiving. IISamuel 22 = Psalm 18. JBL 72, 1953, 15—34.
Debus, Jörg, Die Sünde Jerobeams. Studien zur Darstellung Jerobeams und der Geschichte des Nordreichs in der deuteronomistischen Geschichtsschreibung. FRLANT 93. Göttingen 1967.
Delekat, Lienhard, Tendenz und Theologie der David-Salomo-Erzählung. Das ferne und nahe Wort, Festschrift Leonhard Rost, BZAW 105, Berlin 1967, 26—36.
Dhorme, Paul, Les Livres de Samuel. Études Bibliques. Paris 1910.
Dietrich, Walter, Prophetie und Geschichte. Eine redaktionsgeschichtliche Untersuchung zum deuteronomistischen Geschichtswerk. FRLANT 108. Göttingen 1972.
Driver, S. R., Notes on the Hebrew Text and Topography of the Books of Samuel. Oxford 1913².
Dumermuth, Fritz, Zur deuteronomischen Kulttheologie und ihren Voraussetzungen. ZAW 70, 1958, 59—98.
Dus, Jan, Die Geburtslegende Samuels I. Sam. 1. Eine traditionsgeschichtliche Untersuchung zu I. Sam. 1—3. RSO 43, 1968, 163—194.
Ehrlich, Arnold B., Randglossen zur hebräischen Bibel III, VII. Hildesheim 1968 (reprografischer Nachdruck der Ausgabe Leipzig 1910, 1914).
Eissfeldt, Otto, Hexateuch-Synopse. Die Erzählung der fünf Bücher Mose und des Buches Josua mit dem Anfange des Richterbuches. Leipzig 1922.
Eissfeldt, Otto, Noch einmal: Text-, Stil- und Literarkritik in den Samuelisbüchern. OLZ 31, 1928, 801—812.
Eissfeldt, Otto, Die Komposition der Samuelisbücher. Leipzig 1931.
Eissfeldt, Otto, The Promises of Grace to David in Isaiah 55:1—5. Israel's Prophetic Heritage, Essays in honor of James Muilenburg, New York 1962, 196—207.
Eissfeldt, Otto, Einleitung in das Alte Testament. Neue theologische Grundrisse. Tübingen 1964³.
Elliger, K., Ephod. RGG³ II, 521—522.
Engnell, Ivan, Gamla Testamentet. En traditionshistorisk inledning I. Stockholm 1945.
Engnell, Ivan, Methodological Aspects of Old Testament Study. VTSuppl 7 (Congress Volume Oxford 1959), Leiden 1960, 13—30.
Fichtner, Johannes, Das erste Buch von den Königen. Hrsg. von K. D. Fricke. Die Botschaft des Alten Testaments XII, 1. Stuttgart 1964.
Fohrer, Georg, Der Vertrag zwischen König und Volk in Israel. ZAW 71, 1959, 1—22.
Fuss, Werner, II Samuel 24. ZAW 74, 1962, 145—164.
Gese, Hartmut, Der Davidsbund und die Zionserwählung. ZThK 61, 1964, 10—26.
Gray, John, I & II Kings. The Old Testament Library. London 1970².
Gressmann, Hugo, Die älteste Geschichtsschreibung und Prophetie Israels. Die Schriften des Alten Testaments II, 1. Göttingen 1921².
Gressmann, Hugo, Rost, L., Die Überlieferung von der Thronnachfolge Davids. ZAW 44, 1926, 309—310.
Grønbaek, Jakob H., Die Geschichte vom Aufstieg Davids (1. Sam. 15 — 2. Sam. 5). Tradition und Komposition. Acta Theologica Danica 10. Kopenhagen 1971.
Gunkel, Hermann, Die Psalmen. HK II, 2. Göttingen 1926⁴.
Gunneweg, A. H. J., Sinaibund und Davidsbund. VT 10, 1960, 335—341.
Gunneweg, A. H. J., Leviten und Priester. Hauptlinien der Traditionsbildung und Geschichte des israelitisch-jüdischen Kultpersonals. FRLANT 89. Göttingen 1965.
Gyllenberg, Rafael, Totuus ja totuudellisuus eksegetiikassa. TA 75, 1970, 217—231.
Heaton, E. W., The Hebrew Kingdoms. The New Clarendon Bible, Old Testament 3. Oxford 1968.

Herrmann, Siegfried, Die Königsnovelle in Ägypten und in Israel. Ein Beitrag zur Gattungsgeschichte in den Geschichtsbüchern des Alten Testaments. Festschrift Albrecht Alt, WZ Leipzig, gesellschafts- und sprachwissenschaftliche Reihe 3, 1953/54, 33—44.

Herrmann, Siegfried, Die prophetischen Heilserwartungen im Alten Testament. Ursprung und Gestaltwandel. BWANT V, 5. Stuttgart 1965.

Herrmann, Siegfried, Geschichte Israels in alttestamentlicher Zeit. München 1973.

Hertzberg, Hans Wilhelm, Die Bücher Josua, Richter, Ruth. ATD 9. Göttingen 1965³.

Hertzberg, Hans Wilhelm, Die Samuelbücher. ATD 10. Göttingen 1968⁴.

Hölscher, Gustav, Die Anfänge der hebräischen Geschichtsschreibung. Sitzungsberichte der Heidelberger Akademie der Wissenschaften 1941/42, 3. Heidelberg 1942.

Hölscher, Gustav, Geschichtsschreibung in Israel. Untersuchungen zum Jahvisten und Elohisten. Skrifter utgivna av Kungl. Humanistiska Vetenskapssamfundet i Lund 50. Lund 1952.

Jackson, Jared, J., David's Throne. Patterns in the Succession Story. CJT 11, 1965, 183—195.

Janssen, Enno, Juda in der Exilszeit. Ein Beitrag zur Frage der Entstehung des Judentums. FRLANT 69. Göttingen 1956.

Jenni, Ernst, Das Wort ^{c}ōlām im Alten Testament. ZAW 64, 1952, 197—248; ZAW 65, 1953, 1—35.

Jepsen, Alfred, Die Quellen des Königsbuches. Halle/Saale 1956².

Jepsen, Alfred, Ama^h und Schiphcha^h. VT 8, 1958, 293—297.

Jepsen, Alfred, Berith. Ein Beitrag zur Theologie der Exilszeit. Verbannung und Heimkehr, Festschrift Wilhelm Rudolph, Tübingen 1961, 161—179.

Johnson, Aubrey R., Sacral Kingship in Ancient Israel. Cardiff 1955.

Kaiser, Otto, Einleitung in das Alte Testament. Eine Einführung in ihre Ergebnisse und Probleme. Gütersloh 1970².

Kapelrud, Arvid S., König David und die Söhne des Saul. ZAW 67, 1955, 198—205.

Kellermann, Ulrich, Der Amosschluss als Stimme deuteronomistischer Heilshoffnung. EvTh 29, 1969, 169—183.

Kellermann, Ulrich, Messias und Gesetz. Grundlinien einer alttestamentlichen Heilserwartung. Eine traditionsgeschichtliche Einführung. Biblische Studien 61. Neukirchen-Vluyn 1971.

Kittel, Rudolf, Die Bücher Samuel. Die Heilige Schrift des Alten Testaments 1. Tübingen 1922⁴.

Klostermann, August, Die Bücher Samuelis und der Könige. Kurzgefasster Kommentar zu den heiligen Schriften Alten und Neuen Testamentes sowie zu den Apokryphen A 3. Nördlingen 1887.

Knierim, Rolf, Die Messianologie des ersten Buches Samuel. EvTh 30, 1970, 113—133.

Koch, Klaus, Der Spruch "Sein Blut bleibe auf seinem Haupt" und die israelitische Auffassung vom vergossenen Blut. VT 12, 1962, 396—416.

Koch, Klaus, Was ist Formgeschichte? Neue Wege der Bibelexegese. Neukirchen-Vluyn 1967².

Kraetzschmar, Richard, Die Bundesvorstellung im Alten Testament in ihrer geschichtlichen Entwickelung. Marburg 1896.

Kraus, Hans-Joachim, Die Königsherrschaft Gottes im Alten Testament. Untersuchungen zu den Liedern von Jahwes Thronbesteigung. BHTh 13. Tübingen 1951.

Kraus, Hans-Joachim, Psalmen. BK XV, 1—2. Neukirchen-Vluyn 1972⁴.

Kuenen, A., Historisch-kritische Einleitung in die Bücher des alten Testaments 1, 2. Autorisirte deutsche Ausgabe von Th. Weber. Leipzig 1890.

Kuhl, Curt, Rost, L., Die Überlieferung von der Thronnachfolge Davids. ThLZ 53, 1928, 99—100.

Kuhl, Curt, Die "Wiederaufnahme" — ein literarkritisches Prinzip? ZAW 64, 1952, 1—11.

Kutsch, Ernst, Die Dynastie von Gottes Gnaden. Probleme der Nathanweissagung in 2. Sam 7. ZThK 58, 1961, 137—153.

Kutsch, Ernst, Salbung als Rechtsakt im Alten Testament und im Alten Orient. BZAW 87. Berlin 1963.

Kutsch, Ernst, Verheissung und Gesetz. Untersuchungen zum sogenannten "Bund" im Alten Testament. BZAW 131. Berlin 1973.

Labuschagne, C. J., Some Remarks on the Prayer of David in II Sam. 7. Studies on the Books of Samuel, Die Ou Testamentiese Werkgemeenskap in Suid-Africa, Pretoria 1960, 28—35.

Lauha, Aarre, Några randanmärkningar till diskussionen om kungaideologien i Gamla Testamentet. SEÅ 12, 1947, 167—175.

Leimbach, Karl A., Die Bücher Samuel. Die Heilige Schrift des Alten Testaments III, 1. Bonn 1936.

Lindhagen, Curt, The Servant Motif in the Old Testament. A Preliminary Study to the 'Ebed-Yahweh Problem' in Deutero-Isaiah. Uppsala 1950.

Lohfink, Norbert, Bilanz nach der Katastrophe. Das deuteronomistische Geschichtswerk. Wort und Botschaft des Alten Testaments, hrsg. von J. Schreiner, Würzburg 1969², 212—225.

Lohfink, Norbert, Beobachtungen zur Geschichte des Ausdrucks עם יהוה. Probleme Biblischer Theologie, Festschrift Gerhard von Rad, München 1971, 275—305.

Loretz, Oswald, The Perfectum Copulativum in 2 Sam 7, 9—11. CBQ 23, 1961, 294—296.

Macholz, Georg Christian, Untersuchungen zur Geschichte der Samuel-Überlieferungen. Diss. theol. Heidelberg 1966.

Mandelkern, Solomon, Veteris Testamenti Concordantiae Hebraicae atque Chaldaicae. Hierosolymis-Tel Aviv 1969⁸.

McCarthy, Dennis J., II Samuel 7 and the Structure of the Deuteronomic History. JBL 84, 1965, 131—138.

McCarthy, Dennis J., Berît and Covenant in the Deuteronomistic History. Studies in the Religion of Ancient Israel, VTSuppl 23, Leiden 1972, 65—85.

Mendenhall, Georg E., Covenant in Israelite Tradition. BA 17, 1954, 50—76.

Mettinger, Tryggve N. D., Solomonic State Officials. A Study of the Civil Government Officials of the Israelite Monarchy. Coniectanea Biblica, Old Testament Series 5. Lund 1971.

Meyer, Rudolf, Auffallender Erzählungsstil in einem angeblichen Auszug aus der "Chronik der Könige von Juda". Festschrift Friedrich Baumgärtel, Erlanger Forschungen Reihe A 10, Erlangen 1959, 114—123.

Mildenberger, Friedrich, Die vordeuteronomistische Saul-Davidüberlieferung. Diss. theol. Tübingen 1962 (Referat: ThLZ 87, 1962, 778—779).

Montgomery, James A., A Critical and Exegetical Commentary on the Books of Kings. Ed. by H. S. Gehman. ICC. Edinburgh 1951.

Morgenstern, Julian, David and Jonathan. JBL 78, 1959, 322—325.

Mowinckel, Sigmund, Samuelsboken: Det Gamle Testamente 2. Oversatt av S. Michelet — S. Mowinckel. Oslo 1936.

Mowinckel, Sigmund, Natanforjettelsen 2 Sam. kap. 7. SEÅ 12, 1947, 220—229.

Mowinckel, Sigmund, Israelite Historiography. ASTI 2, 1963, 4—26.

Nicholson, E. W., Preaching to the Exiles. A Study of the Prose Tradition in the Book of Jeremiah. Oxford 1970.

Niebuhr, Carl, Zur Glossierung im AT. OLZ 18, 1915, 65—70, 97—103.

Niese, Benedictus, Flavii Iosephi Opera V. De Iudaeorum Vetustate sive Contra Apionem Libri II. Berolini 1889.

North, C. R., The Religious Aspects of Hebrew Kingship. ZAW 50, 1932, 8—38.

Noth, Martin, Die Historisierung des Mythus im Alten Testament. ChuW 4, 1928, 265—272, 301—309.

Noth, Martin, Überlieferungsgeschichte des Pentateuch. Stuttgart 1948.

Noth, Martin, Gott, König, Volk im Alten Testament. Eine methodologische Auseinandersetzung mit einer gegenwärtigen Forschungsrichtung. ZThK 47, 1950, 157—191.

Noth, Martin, Jerusalem und die israelitische Tradition. OTS 8, 1950, 28—46.

Noth, Martin, Das Buch Josua. HAT I, 7. Tübingen 1953².

Noth, Martin, La Catastrophe de Jérusalem en l'an 587 avant Jésus-Christ et sa signification pour Israël. RHPhR 33, 1953, 81—102.

Noth, Martin, David und Israel in II Samuel, 7. Mélanges André Robert, Travaux de l'Institut Catholique de Paris 4, Paris 1957, 122—130.

Noth, Martin, Zur Geschichtsauffassung des Deuteronomisten. Proceedings of the Twenty-Second Congress of Orientalists held in Istanbul September 15th to 22nd, 1951, II (Communications), Leiden 1957, 558—566.

Noth, Martin, Samuel und Silo. VT 13, 1963, 390—400.

Noth, Martin, Das vierte Buch Mose. ATD 7. Göttingen 1966.

Noth, Martin, Das alttestamentliche Bundschliessen im Lichte eines Mari-Textes. Gesammelte Studien zum Alten Testament, ThB 6, München 1966³, 142—154 (vorher: Mélanges Isidore Lévy, Annuaire de l'Institut de Philologie et d'Histoire Orientales et Slaves 13, 1953, 433—444).

Noth, Martin, Die Gesetze im Pentateuch. Ihre Voraussetzungen und ihr Sinn. Gesammelte Studien zum Alten Testament, ThB 6, München 1966³, 9—141 (vorher: Schriften der Königsberger Gelehrten Gesellschaft, geisteswissenschaftliche Klasse 17, 1940, Heft 2, Halle/Saale).

Noth, Martin, Überlieferungsgeschichtliche Studien. Die sammelnden und bearbeitenden Geschichtswerke im Alten Testament. Tübingen 1967³.

Noth, Martin, Könige. BK IX, 1. Neukirchen-Vluyn 1968.

Nowack, W., Richter, Ruth u. Bücher Samuelis. Handkommentar zum Alten Testament I, 4. Göttingen 1902.

Nübel, Hans-Ulrich, Davids Aufstieg in der Frühe israelitischer Geschichtsschreibung. Diss. theol. Bonn 1959.

Pedersen, Johs., Israel. Its Life and Culture I—II, III—IV. London-Copenhagen 1926, 1940.

Perlitt, Lothar, Bundestheologie im Alten Testament. WMANT 36. Neukirchen-Vluyn 1969.

Pfeiffer, Robert H., Introduction to the Old Testament. New York 1948².

Poulssen, Niek, König und Tempel im Glaubenszeugnis des Alten Testaments. Stuttgarter Biblische Monographien 3. Stuttgart 1967.

Prussner, Frederick C., The Covenant of David and the Problem of Unity in Old Testament Theology. Transitions in Biblical Scholarship, ed. by J. C. Rylaarsdam, Chicago 1968, 17—41.

von Rad, Gerhard, Das Geschichtsbild des chronistischen Werkes. BWANT IV, 3. Stuttgart 1930.

von Rad, Gerhard, Deuteronomiumstudien. FRLANT 58. Göttingen 1948².

von Rad, Gerhard, Der Anfang der Geschichtsschreibung im alten Israel. Gesammelte Studien zum Alten Testament, ThB 8, München 1958, 148—188 (vorher: Archiv für Kulturgeschichte 32, 1944, 1—42).

von Rad, Gerhard, Theologie des Alten Testaments I. Die Theologie der geschichtlichen Überlieferungen Israels. München 1966⁵.

von Rad, Gerhard, Der Heilige Krieg im alten Israel. Göttingen 1969⁵.

Radjawane, Arnold Nicolaas, Das deuteronomistische Geschichtswerk. Forschungsbericht. ThR 38, 1974, 177—216.

Räisänen, Heikki, The Idea of Divine Hardening. A Comparative Study of the Notion of Divine Hardening, Leading Astray and Inciting to Evil in the Bible and the Qur'ān. Publications of the Finnish Exegetical Society 25. Kuopio 1972.

Rendtorff, Rolf, Beobachtungen zur altisraelitischen Geschichtsschreibung anhand der Geschichte vom Aufstieg Davids. Probleme Biblischer Theologie, Festschrift Gerhard von Rad, München 1971, 428—439.

Reventlow, Henning Graf, "Sein Blut komme über sein Haupt". VT 10, 1960, 311—327.

Richter, Wolfgang, Die Bearbeitung des "Retterbuches" in der deuteronomischen Epoche. BBB 21. Bonn 1964.

Richter, Wolfgang, Die nāgīd-Formel. Ein Beitrag zur Erhellung des nāgīd-Problems. BZ N.F. 9, 1965, 71—84.

Richter, Wolfgang, Traditionsgeschichtliche Untersuchungen zum Richterbuch. BBB 18. Bonn 1966².

Richter, Wolfgang, Die sogenannten vorprophetischen Berufungsberichte. Eine literaturwissenschaftliche Studie zu 1 Sam 9,1 — 10,16, Ex 3f. und Ri 6,11b—17. FRLANT 101. Göttingen 1970.

Richter, Wolfgang, Exegese als Literaturwissenschaft. Entwurf einer alttestamentlichen Literaturtheorie und Methodologie. Göttingen 1971.

de Robert, Philippe, Juges ou tribus en 2 Samuel VII 7? VT 21, 1971, 116—118.

Rohland, Edzard, Die Bedeutung der Erwählungstraditionen Israels für die Eschatologie der alttestamentlichen Propheten. Diss. theol. Heidelberg 1956.

Rost, Leonhard, Die Überlieferung von der Thronnachfolge Davids. BWANT III, 6. Stuttgart 1926.

Rost, Leonhard, Sinaibund und Davidsbund. ThLZ 72, 1947, 129—134.

Rudolph, W., Zum Text der Königsbücher. ZAW 63, 1951, 201—215.

Rudolph, W., Jeremia. HAT I, 12. Tübingen 1968³.

Šanda, A., Die Bücher der Könige I. EH 9. Münster/Westf. 1911.

Scharbert, Josef, Die Geschichte der bārûk-Formel. BZ N.F. 17, 1973, 1—28.

Schildenberger, Johannes, Zur Einleitung in die Samuelbücher. SAns 27/28, 1951, 130—168.

Schmid, Hans Heinrich, Gerechtigkeit als Weltordnung. Hintergrund und Geschichte des alttestamentlichen Gerechtigkeitsbegriffes. BHTh 40. Tübingen 1968.

Schmidt, Ludwig, Menschlicher Erfolg und Jahwes Initiative. Studien zu Tradition, Interpretation und Historie in Überlieferungen von Gideon, Saul und David. WMANT 38. Neukirchen-Vluyn 1970.

Schmidt, Werner H., Die deuteronomistische Redaktion des Amosbuches. Zu den theologischen Unterschieden zwischen dem Prophetenwort und seinem Sammler. ZAW 77, 1965, 168—193.

Schulte, Hannelis, Die Entstehung der Geschichtsschreibung im Alten Israel. BZAW 128. Berlin 1972.

Schulz, Alfons, Die Bücher Samuel I—II. EH 8. Münster/Westf. 1919—1920.

Schulz, Alfons, Erzählungskunst in den Samuel-Büchern. Biblische Zeitfragen XI, 6/7. Münster/Westf. 1923.

Schunck, Klaus-Dietrich, Benjamin. Untersuchungen zur Entstehung und Geschichte eines israelitischen Stammes. BZAW 86. Berlin 1963.

Schwally, Friedrich, Zur Quellenkritik der historischen Bücher. ZAW 12, 1892, 153—161.

Seebass, Horst, I Sam 15 als Schlüssel für das Verständnis der sogenannten königsfreudlichen Reihe I Sam 9_1—$10_{16}11_{1-15}$ und 13_2—14_{52}. ZAW 78, 1966, 148—179.

Seeligmann, Isac Leo, Hebräische Erzählung und biblische Geschichtsschreibung. ThZ 18, 1962, 305—325.

Segal, M. H., Studies in the Books of Samuel. JQR 5, 1914/15, 201—231; JQR 6, 1915/16, 267—302, 555—587; JQR 8, 1917/18, 75—100; JQR 9, 1918/19, 43—70.

Sekine, Masao, Davidsbund und Sinaibund bei Jeremia. VT 9, 1959, 47—57.

Sellin, Ernst — Fohrer, Georg, Einleitung in das Alte Testament. Heidelberg 1965¹⁰.

Sellin, Ernst — Rost, Leonhard, Einleitung in das Alte Testament. Heidelberg 1959⁹.

Seybold, Klaus, Das davidische Königtum im Zeugnis der Propheten. FRLANT 107. Göttingen 1972.

Simon, Marcel, La prophétie de Nathan et la temple. Remarques sur II Sam. 7. RHPhR 32, 1952, 41—58.

Smend, R., J E in den geschichtlichen Büchern des AT. Hrsg. von H. Holzinger. ZAW 39, 1921, 181—217.

Smend, Rudolf Jr., Ephod. BHHW I, 420.

Smend, Rudolf Jr., Die Bundesformel. ThSt 68. Zürich 1963.

Smend, Rudolf Jr., Das Nein des Amos. EvTh 23, 1963, 404—423.

Smend, Rudolf Jr., Jahwekrieg und Stämmebund. Erwägungen zur ältesten Geschichte Israels. FRLANT 84. Göttingen 1966².

Smend, Rudolf Jr., Zur Geschichte von האמין. Hebräische Wortforschung, Festschrift Walter Baumgartner, VTSuppl 16, Leiden 1967, 284—290.

Smend, Rudolf Jr., Biblische Zeugnisse. Literatur des alten Israel. Hrsg. von R. Smend. Fischer Bücherei 817. Hamburg 1967.

Smend, Rudolf Jr., Das Gesetz und die Völker. Ein Beitrag zur deuteronomistischen Redaktionsgeschichte. Probleme Biblischer Theologie, Festschrift Gerhard von Rad, München 1971, 494—509.

Smith, Henry Preserved, A Critical and Exegetical Commentary on the Books of Samuel. ICC. Edinburgh 1951⁴.

Soggin, Alberto J., Deuteronomistische Geschichtsauslegung während des babylonischen Exils. Oikonomia, Heilsgeschichte als Thema der Theologie, Festschrift Oscar Cullmann, Hamburg-Bergstedt 1967, 11—17.
Soggin, Alberto J., Das Königtum in Israel. Ursprünge, Spannungen, Entwicklung. BZAW 104. Berlin 1967 (= 1967a).
Soggin, Alberto J., Der Beitrag des Königtums zur israelitischen Religion. Studies in the Religion of Ancient Israel, VTSuppl 23, Leiden 1972, 9—26.
Soisalon-Soininen, Ilmari, Aabrahamista Joosefiin. Patriarkkatraditioiden historiaa. Lahti 1965.
Soisalon-Soininen, Ilmari, Der Infinitivus constructus mit ל im Hebräischen. VT 22, 1972, 82—90.
Stade, Bernhard — Schwally, Friedrich, The Books of Kings. Critical Edition of the Hebrew Text. The Sacred Books of the Old Testament 9. Leipzig 1904.
Steck, Odil Hannes, Israel und das gewaltsame Geschick der Propheten. Untersuchungen zur Überlieferung des deuteronomistischen Geschichtsbildes im Alten Testament, Spätjudentum und Urchristentum. WMANT 23. Neukirchen-Vluyn 1967.
Steuernagel, Carl, Lehrbuch der Einleitung in das Alte Testament. Tübingen 1912.
Steuernagel, Carl, Die Weissagung über die Eliden (1. Sam. 2:27—36). Festschrift Rudolf Kittel, BWAT 13, Leipzig 1913, 204—221.
Steuernagel, Carl, Das Buch Josua. HK I, 3/2. Göttingen 1923².
Stoebe, Hans Joachim, Gedanken zur Heldensage in den Samuelbüchern. Das ferne und nahe Wort, Festschrift Leonhard Rost, BZAW 105, Berlin 1967, 208—218.
Stoebe, Hans Joachim, Das erste Buch Samuelis. KAT VIII, 1. Gütersloh 1973.
Stolz, Fritz, Jahwes und Israels Kriege. Kriegstheorien und Kriegserfahrungen im Glauben des alten Israel. Abhandlungen zur Theologie des Alten und Neuen Testaments 60. Zürich 1972.
Thenius, Otto, Die Bücher Samuels. KeH 4. Leipzig 1864².
Thenius, Otto — Löhr, Max, Die Bücher Samuels. KeH 4. Leipzig 1898³.
Thiel, Winfried, Die deuteronomistische Redaktion von Jeremia 1 — 25. WMANT 41. Neukirchen-Vluyn 1973.
Tiktin, H., Kritische Untersuchungen zu den Büchern Samuelis. FRLANT 16. Göttingen 1922.
Tsevat, Matitiahu, Studies in the Book of Samuel I (Interpretation of I Sam. 2:27—36). HUCA 32, 1961, 191—216; III (The Steadfast House). HUCA 34, 1963, 71—82.
Tsevat, Matitiahu, The House of David in Nathan's Prophecy. Bibl 46, 1965, 353—356.
de Vaux, R., Les Livres de Samuel. La Sainte Bible. Paris 1961².
Veijola, Timo, Hiskian sairaus. Suomen Eksegeettisen Seuran vuosikirja 1971, 70—87.
Vollmer, Jochen, Zur Sprache von Jesaja 9_{1-6}. ZAW 80, 1968, 343—350.
Vollmer, Jochen, Geschichtliche Rückblicke und Motive in der Prophetie des Amos, Hosea und Jesaja. BZAW 119. Berlin 1971.
Vriezen, Th. C., De compositie van de Samuel-boëken. OrNe 1948, 167—189.
Weinfeld, Moshe, Deuteronomy and the Deuteronomic School. Oxford 1972.
Weiser, Artur, Die Tempelbaukrise unter David. ZAW 77, 1965, 153—168.
Weiser, Artur, Die Legitimation des Königs David. Zur Eigenart und Entstehung der sogen. Geschichte von Davids Aufstieg. VT 16, 1966, 325—354.
Wellhausen, Julius, Der Text der Bücher Samuelis. Göttingen 1871.
Wellhausen, Julius, Die Composition des Hexateuchs und der historischen Bücher des Alten Testaments. Berlin 1963⁴ (unveränderter Nachdruck der 3. Aufl. Berlin 1899).
Wevers, J. W., Exegetical Principles underlying the Septuagint Text 1 Kings II 12—XXI 43. OTS 8, 1950, 300—322.
Whybray, R. N., The Succession Narrative. A Study of II Samuel 9 — 20; I Kings 1 and 2. StBTh II, 9. London 1968.
Wilda, Gudrun, Das Königsbild des chronistischen Geschichtswerkes. Diss. theol. Bonn 1959.
Wildberger, Hans, בחר. THAT I, 275—300.
Wildberger, Hans, Jesaja. BK X, 1. Neukirchen-Vluyn 1972.

Willis, John T., An Anti-Elide Narrative Tradition from a Prophetic Circle at the Ramah Sanctuary. JBL 90, 1971, 288—308.
Wolff, Hans Walter, Das Kerygma des deuteronomistischen Geschichtswerks. ZAW 73, 1961, 171—186.
Wolff, Hans Walter, Dodekapropheton 2. Joel und Amos. BK XIV, 2. Neukirchen-Vluyn 1969.
Wolff, Hans Walter, Anthropologie des Alten Testaments. München 1973.
Würthwein, Ernst, Jesaja 7, 1—9. Ein Beitrag zu dem Thema: Prophetie und Politik. Theologie als Glaubenswagnis, Festschrift Karl Heim, Hamburg 1954, 47—63.
Würthwein, Ernst, Die Erzählung von der Thronfolge Davids — theologische oder politische Geschichtsschreibung? ThSt 115. Zürich 1974.
Zenger, Erich, Die deuteronomistische Interpretation der Rehabilitierung Jojachins. BZ N.F. 12, 1968, 16—30.
Zenger, Erich, Ein Beispiel exegetischer Methoden aus dem Alten Testament. Einführung in die Methoden der biblischen Exegese, hrsg. von J. Schreiner, Würzburg 1971, 97—148.
Zimmerli, Walther, παῖς θεοῦ. ThW V, 653—676.
Zimmerli, Walther, Ezechiel. BK XIII, 1—2. Neukirchen-Vluyn 1969.
Zimmerli, Walther, Die Bedeutung der grossen Schriftprophetie für das alttestamentliche Reden von Gott. Studies in the Religion of Ancient Israel, VTSuppl 23, Leiden 1972, 48—64.
Zimmerli, Walther, Grundriss der alttestamentlichen Theologie. Theologische Wissenschaft 3. Stuttgart 1972.

STELLENREGISTER (AUSWAHL)

Gen	
2: 23	64
21: 16	91
21: 23	87
21: 23—24. 27	85f.
21: 27	89
26: 28—31	85f.
27: 38	91
29: 11	91
29: 14	64
31: 42	56
31: 44—53	86
32: 10—13	69f.
43: 10	56
45: 12	27
48: 15	65
49: 24	65

Ex	
4: 27	83
14: 31	128
18: 8—11	53
32: 10. 11	114

Lev	
26: 25	112
26: 41	96

Nu	
11: 33	114
12: 7. 8	128
22: 29	56
25: 3	114
27: 17	65
32: 13	114

Dt	
1: 8	133
1: 11	111
2: 15	111
3: 11	107
3: 21	27
4: 3	27
4: 31	85
5: 14. 21	51
5: 29	75
6: 15	114
7: 4	114
7: 9. 12	87
7: 12	85
8: 18	85
8: 18—19	86
9: 3	96
9: 5	27. 75
9: 7	77
11: 7	27
11: 17	114
12: 10	72
12: 12. 18	51
12: 28	75
13: 7	114
13: 16f.	41
15: 17	51
16: 11. 14	51
17: 18—19	141
18: 6—8	37
19: 10. 13	131
20: 8	51
10: 15ff.	41
21: 8	19
21: 8. 9	131
23: 4. 7	75
25: 19	72
27: 25	131
28: 32	27
28: 46	75
28: 68	51
28: 69	89
29: 26	114
29: 28	75
31: 17	114
31: 19—21	86
31: 27—30	123
31: 30	121
32	122
32: 1—43	123
32: 44—45	123
34: 5	128

Jos	
1: 1. 2. 13	128
1: 1—6	28f.
1: 5. 17	84
1: 7	29. 141
1: 15	128
3: 6. 8. 13. 14. 15. 17	42
3: 7	84

4: 7	75	7: 2—8	51
4: 9. 10. 18	42	8: 26f.	42
6: 6. 12	42	8: 28	96
6: 21	41	9: 2	64
7: 1	114	9: 56—57	53
7: 20	111	10: 7	114
8: 28	75	11: 33	96
8: 31. 33	141	17—21	11. 55
8: 33	42	18: 17ff.	42
9: 6. 11. 15	86		
9: 15	85	*1 Sam*	
9: 15. 18. 19	107	1—3	35. 101f.
9: 24	128	1: 22	75
10: 28. 30. 32.		1: 23	27
35. 37	41	2: 1—10	122
11: 12. 15	128	2: 10	121
11: 14	41	2: 11	35
11: 20	93	2: 18	35. 40. 42
12: 4	107	2: 25	101. 116
12: 6	128	2: 26	35
13: 8	141	2: 27—36	21. 28f. 35ff. 130
13: 12	107	2: 28	40
13: 12. 21. 27.		2: 30	56. 60. 75f. 84
30. 31	58	2: 34	101
14: 7	128	2: 35	15. 21. 52. 54. 56.
14: 9	75		74f.
14: 11	65	2: 36	9
18: 7	128	3: 1—10	38
21: 44	72	3: 1	35
21: 45	102	3: 11—14	38ff.
22: 2. 4	128	3: 12	27. 75
22: 5	141	3: 13. 14	75. 140
23: 1	72	3: 19—4: 1	102
23: 12	107	4: 1—7: 1	6. 101f.
23: 14	27. 102	4: 4	42
23: 16	114	4: 9	27
24: 2	75	4: 11	37. 39
24: 22—25	86	4: 19—22	102
24: 29 (= Ri		5: 9	111
2: 8)	128	7: 2	102
		7: 3	121. 123
Ri		7: 13	96. 111
2: 1	75. 85	8: 8	77
2: 14. 20	114	9: 1—10: 16	7
2: 15	111	9: 3—4	83
2: 16. 18	72	9: 16	52. 62. 65. 129
3: 8	114	10: 1	52. 65. 129
3: 30	96	10: 7	87
4: 23	96	10: 8	55
6: 8	35	10: 17ff.	34
6: 14—15	83	11: 1—11	34

11: 2	85	22: 20	39
11: 12—13	34	22: 20—23	21. 29. 37
11: 13	120. 130	22: 21	40
12: 11	121. 123	22: 22	43. 130
12: 15	111	23: 6. 9	42
13: 7—15	55f.	23: 9	40
13: 13	75. 99. 111. 141	23: 10. 11	84
13: 13—14	55f. 68. 80. 92. 123. 127	23: 16—18	88ff. 94. 108
		23: 17	99. 130. 132f.
13: 14	52. 65. 141f.	24: 6	111
14: 3	39ff.	24: 18	130. 139
14: 18	40ff.	24: 18—23	90ff.
14: 30	56	24: 21	99. 130. 132
14: 47—52	41. 102	24: 22—23	6
15	7. 56. 102. 112. 115	25	11. 47ff.
		25: 21	60
15: 1—16: 13	102	25: 21—22	63
15: 2. 6	7	25: 21—26. 28—34. 39	79
15: 10	112		
15: 24—25	112f.	25: 22	84
15: 19. 20. 22	58	25: 26. 29	104. 130
15: 27—28	57. 112	25: 26. 31. 33	62. 130f.
16	62	25: 26. 29. 39	87
16: 1—13	102	25: 28	74f. 79. 132
16: 14	102	25: 30	60. 65. 79. 129. 132f.
16: 18	99. 133		
17: 37	99. 133	25: 32. 34	84
17: 45	84	25: 32. 39	76. 78
17: 53—54	7	26	91
18: 3	85f. 88	26: 17	91
18: 12. 14. 28	99. 133	26: 25	53. 94
18: 16	65	27: 7	7
18: 17	52. 65	27: 12	75
19: 5	119. 131	28: 16—19	11. 57
20	81ff.	28: 17—18	139
20: 12—17. 42	88. 90. 92. 94. 108	28: 17—19	14. 57ff. 68. 80. 92. 102. 117
20: 13	51. 60.130		
20: 14—15	130	29: 6	65
20: 15	6. 75. 104	30: 7	40. 42
20: 17	108	30: 21—25	7
20: 23	75		
20: 31	93	2 Sam	
20: 42	75. 108. 121	1: 5—10. 13—16	11. 55
21: 10	42		
22: 5	115	1: 17—27	7
22: 8	85f.	2: 4	64
22: 9ff.	39	2: 4—7	53
22: 11—19	39	2: 10f.	6f. 8. 10f.
22: 11—23	37	2: 10	7
22: 18	40ff.	2: 22	30
22: 19	11. 40f.	3: 1. 2—5	11

3: 9	51. 84	6: 21	11. 52. 66ff. 79. 84. 129. 132
3: 9—10	59ff. 68. 76. 79. 94. 133	7	6. 8f. 11f. 14. 22. 30. 47. 68ff. 81. 104. 136
3: 9—10. 17—19	79. 132	7: 1	8. 127
3: 10	11. 75. 107	7: 2—4	7
3: 12. 21	64	7: 4	112
3: 16	83	7: 5—7	7
3: 17—19	60ff. 133	7: 5. 8	127
3: 17	64. 79	7: 6	80. 127
3: 18	76. 79. 87. 103. 120. 123. 127. 130. 133	7: 7	10. 65
		7: 8—12. 14—15. 17	8
3: 22—39	6. 19. 28ff.	7: 8	52. 65. 127
3: 28	56. 75. 121. 131	7: 8. 11. 13. 16. 21. 25—29	18— 79
3: 28—29	46. 117	7: 11	8. 79f. 132f.
3: 28—29. 38—39	46. 130	7: 11. 16. 26. 27	52
3: 29	36	7: 12f.	6
3: 30	11	7: 13	6ff. 79. 99. 132. 134
3: 38	33		
3: 38—39	34. 46	7: 16	60. 99. 132. 134f.
3: 39	11. 33. 45. 55. 78. 92. 130. 132	7: 18ff.	8. 80. 94. 132
4: 1	61	7: 21	133
4: 2	11	7: 22—24	6f. 80. 99. 127
4: 2—3	107	7: 23—24	8
4: 2—4	94	7: 24	142
4: 4	11. 94. 108	7: 25	27. 133f.
5	97ff.	7: 27	84
5: 1—2	79. 132f.	8	6. 8. 10. 49. 82. 95ff. 103f. 125 104. 120. 123
5: 1—3	63ff. 94		
5: 2	11. 52. 76. 79. 129	8: 14	
5: 3	103. 129	8: 15	105. 126. 131
5: 4f.	6ff. 23. 97	8: 16—18	124ff.
5: 5	97	8: 17	21
5: 6—9	103	9	6. 8. 82. 86f. 90. 94ff. 104. 108. 130
5: 10	103. 133		
5: 11	6f. 103	9—20	6. 10. 106. 125
5: 11—15	11	9—24	12
5: 12	7. 103. 127. 132. 142	9: 3. 13	94
		10—12	8
5: 13—16	7. 103	10: 6—11: 1	6
5: 17	103	11: 2—12: 25	12
5: 17—25	6f. 97. 103	11: 27	14
6	6. 12. 104. 132	11: 27—12: 15	113. 115. 126
6—7	7. 95f. 100f.	12: 1—14	14. 117. 131. 139f.
6: 1—20	6	12: 1—15	11
6: 3. 4. 13	42	12: 6	13. 107
6: 14	40. 42	12: 7	102. 121. 123
6: 16. 20—23	68	12: 7—12	14. 113

12: 8	111	22: 51	75. 127. 142
12: 10	75. 117. 140	23: 1—7	106. 124. 126
12: 13—14	113	23: 5	75. 135
12: 15	14	23: 8—39	106. 119f. 126
12: 25	18	23: 10. 12	123
12: 26—31	6	24	106. 108ff. 126. 139f.
13—14	8		
14: 4—20	47	24: 1	130. 140
14: 9	75		
14: 17	118	*1 Kön*	
15—20	8	1	16ff.
15: 9	83	1—2	5f. 8. 26ff. 31. 78. 93. 106. 130. 132
15: 24	21. 42		
15: 24—29	21. 29. 44f.	1—10	25
15: 25—26	11. 46. 78. 103. 132	1: 8	25
		1: 30	36. 60. 84. 132f.
15: 29	21	1: 31	75. 136
16: 1—4	82. 95	1: 35	52. 54. 60. 65. 107. 129
16: 3	58. 108		
16: 5—13	20. 29. 33ff.	1: 35—37	132
16: 5—14	46	1: 37	60. 75. 84
16: 10	11.55	1: 46—48	102
16: 11—12	46. 78. 130. 132	1: 47	60. 75. 132
16: 12	92	1: 47—48	32. 78. 132
17: 15	21. 111	1: 48	36. 47. 52. 76. 84. 132
17: 25	32		
17: 27—29	20. 29. 32f. 46	2	19ff. 33f.
18: 10—14	46	2: 1	6
18: 28	53	2: 1—4	8
19: 10	62	2: 1—9	10
19: 12	21	2: 2	6
19: 13. 14	64	2: 2—4	11
19: 17—24	20. 29. 33ff.	2: 3—4	5f. 56. 123. 127. 141
19: 22—23	11. 46. 130		
19: 23	55	2: 4	14. 30. 36. 38. 47. 56. 75. 132f.
19: 25	108		
19: 25—31	82. 95	2: 5	32
19: 27	94	2: 5—6	6. 30ff. 46. 117. 131
19: 29	87		
19: 32—41	20. 29. 32f. 46	2: 5—9	46. 87. 93
20: 4—13	20. 26. 32. 46	2: 7	32f. 87
20: 4. 5. 8—13	46	2: 8	33f.
20: 23—26	96. 124ff.	2: 8—9	34. 131
20: 25	21	2: 10—12	8
21: 1—14	106ff. 126	2: 11	6. 10
21: 2	130	2: 13—26	10
21: 7	82. 86. 130	2: 15	93. 132f.
21: 12—14	11	2: 24	36. 47. 52. 54. 69f. 74. 99. 132f.
21: 15—22	106. 118f. 126		
22	106. 120ff. 126	2: 26	37. 44
22: 1. 22—25	127. 141	2: 26—27	37. 45

2: 27	6. 35f.	10: 9	53. 75f. 97. 115.
2: 28—46	10		131
2: 31	36. 52	11: 4. 6	5. 141
2: 31—33	6. 30ff. 46. 117.	11: 12	5
	131	11: 13	5. 63. 141
2: 32	63. 92. 107	11: 29ff.	43
2: 33	36. 47. 56. 60. 75.	11: 31	58
	121. 132	11: 32	5. 63. 141
2: 35	43. 45	11: 33	5. 141
2: 37	30. 131	11: 34	5. 63. 141
2: 42. 43	35	11: 36	5. 63. 118f. 141f.
2: 44	31. 53. 131	11: 38	5. 52. 56. 63. 74f.
2: 44—45	33. 46		141
2: 45	32. 36. 47. 56. 60.	11: 42	23
	75f. 99. 132	11: 43	23
3ff.	28	12: 15	27. 75. 93
3: 3	5	12: 19	10
3: 5—14	111	13: 15—16	83
3: 6	5. 27. 63. 141	14: 7	52. 65. 139f.
3: 8	111	14: 7—11	42
3: 14	5. 141	14: 8	5. 63. 141
4: 1	96. 126	14: 10	51
4: 2—6	96. 124ff.	14: 18	138
5: 15	98ff.	14: 20	23
5: 15—26	53. 89	14: 31	23
5: 17	104	15: 3	5. 141
5: 17—19	5	15: 4	5. 118f. 142
5: 17. 19	72	15: 5. 11	5
5: 18	72f.	15: 8	23
5: 21	53. 76	15: 23	104
6: 11	112	15: 24	23
6: 12	27. 75	15: 29	57. 138
8: 3	42	16: 1	112
8: 15	27. 52. 76	16: 1—4	42
8: 16	77	16: 2	52. 65. 139f.
8: 16. 17. 18. 19.		16: 5. 27	104
20	72	16: 6	23
8: 17—19	5	16: 11	51
8: 20	27. 75	16: 12	57
8: 23	87	17: 2. 8	112
8: 23—26	69f.	17: 3—5	83
8: 24	27	17: 9—10	83
8: 24. 25. 26. 66	63. 141	18: 1	112
8: 25	5. 27. 36. 142	18: 36	138
8: 37	112	21: 1—20	131
8: 53. 56	141	21: 17	112
8: 56	53. 76. 102	21: 20ff.	43
9: 3. 5	75	21: 20—24	42
9: 4—5	5. 142	21: 21	51
9: 5	27. 36. 75	21: 25	114
9: 20	107	21: 28	112

21: 29	96	23: 9	37
22: 46	104	23: 10	107
		23: 22	72
2 Kön		23: 26	114
5: 4	111	24: 2	57. 138
5: 19	83	24: 4	131
5: 27	75	25: 27—30	5
8: 19	5. 63. 118f. 141f.	25: 29	87
9: 7	138	25: 30	10
9: 7—10	42		
9: 8	51	*Jes*	
9: 12	111	1: 21. 26	135
9: 36	57. 138	5: 25	114
10: 10	102. 141	7: 9	135
10: 17	57	9: 1—5	135
10: 34	104	9: 6	135
11: 4	85	16: 5	36
11: 17	64	20: 3	138
13: 3	114	25: 5	96
13: 8. 12	104	30: 20	27
13: 13	23	38: 5	112
14: 3	5. 141	40: 11	65
14: 15. 28	104	40: 15	112
14: 25	138	55: 3	134f. 142
16: 2	5	59: 16	51
16: 3	107	63: 5	51
17: 13	141	63: 9	112
17: 17	107	63: 11	128
17: 23	138		
17: 39	121. 123	*Jer*	
18: 3	5	2: 8	65
18: 12	141	2: 34	131
19: 15—19	113. 115	3: 12	112
19: 34	5. 63. 141	3: 15	56. 65
20: 1—11	113. 115	3: 25	57
20: 2—3	113	7: 6	131
20: 5	52. 65. 141	7: 25	77. 139
20: 6	5. 63. 121. 123 141	9: 23	97
20: 20	104	10: 21	65
21: 6	107	11: 7	77
21: 7	75	13: 13f.	135
21: 8	141	14: 12	112
21: 10	138	17: 19—20	112
21: 10—15	42f.	17: 25	135. 137
21: 12	38f.	19: 3	38f.
21: 15	77	19: 4	131
21: 16	131	20: 4	27
22: 2	5	21: 7. 9	112
22: 16—17	42	22: 3	131f.
22: 19	96	22: 3. 15	97
23: 3	64	22: 4	135. 137

22: 15	132	14: 21	112
22: 17	131	16: 8	85
22: 21	57	17: 13	85
22: 22	65	18: 5. 19. 21. 27	97
22: 24. 28—30	138	22: 2ff.	131
22: 30	135	24: 6. 9	131
23: 1ff.	65	33: 14. 16. 19	97
23: 5	97. 138	34: 2ff.	65
23: 5—6	132	34: 23. 24	128
23: 19	30	37: 24. 25	128
24: 10	112	37: 24—28	142
25: 4	139	38: 17	139
25: 34—36	65		
26: 1	58	*Hos*	
26: 5	139	1: 4	58
26: 15	131	3: 4	42
27: 8. 13	112	4: 16	65
28: 1—4	138	11: 9	58
28: 13	112		
29: 10	27. 75	*Am*	
29: 17. 18	112	1: 9	89
29: 19	139	3: 2	140
30: 23	30	3: 7	138
32: 24. 36	112	9: 11	135. 137
33: 14	27		
33: 14—26	128	*Mi*	
33: 15	97. 132	5: 3—5	65
33: 17. 18	27	7: 14	65
33: 20ff.	135		
33: 21	134	*Hag*	
34: 2	112	2: 23	141
34: 17	112		
35: 2	112	*Sach*	
35: 13	112	1: 6	139
35: 15	139	3: 8	141
35: 19	27	12: 7—10	135
38: 2	112	13: 1	135
38: 20	57		
39: 16	112	*Mal*	
42: 2	27	3: 22	128
42: 17	112		
44: 4	139	*Ps*	
44: 13	112	18 (= 2 Sam 22)	106. 120ff.
49: 19	65	18: 1	127
50: 6. 44	65	18: 51	134
		21: 5—7	136
Ez		23: 1	65
5: 12	112	28: 9	65
6: 11. 12	112	36: 1	121
7: 15	112	41: 14	52
12: 16	112	44: 4	51

45: 7	136	10: 3—5	85f.
45: 7—8	97		
61: 7—8	136	*Neh*	
72: 1ff.	97	1: 7. 8	128
72: 5. 17	136	9: 8	27
72: 18	52	9: 14	128
78	133	9: 24	96
78: 70	128	10: 30	128
80: 2	65		
81: 15	96	*1 Chr*	
89	79. 128. 134. 136f.	6: 34	128
89: 4. 21. 40	128	11: 2	64
89: 4. 29. 35. 40	134	15—16	67
89: 4. 35—36	85	16: 36	52
89: 29. 34	87	17: 4. 7	141
97: 2	97	17: 10	96
98: 1	51	17: 12	72
105: 9	85	17: 12. 14	134
105: 26	128	18: 1	96
106: 40	114	21: 1	116
106: 42	96	22: 10	134
106: 48	52	29: 10—19	69f.
107: 12	96		
110: 4	136	*2 Chr*	
132	128. 134. 136f.	1: 3	128
132: 10	128	1: 10	65
144: 10	128	2: 11	52
		6: 4	52
Hi		6: 10	27
40: 12	96	6: 15. 16. 17. 42	141
40: 14	51	6: 16	134
		7: 18	85. 134
Prov		10: 15	27
16: 12	97. 136	13: 5	134
20: 28	97. 136	16: 9	111
25: 5	97. 136	21: 7	134
29: 14	136	24: 6. 9	128
		28: 19	96
Rt		32: 16	141
4: 14	53		
		Lk	
Thr		1: 32—33	142
3: 28	112	1: 69	141
Dan		*Act*	
9: 6. 10	139	3: 13. 26	141
9: 11	128	4: 25	141
9: 12	27	4: 27. 30	141
Esr		*Gal*	
9: 11	139	3: 19	142

REGISTER HEBRÄISCHER WÖRTER UND WENDUNGEN

Angeführt sind nur Wörter und Wendungen, auf die näher eingegangen wird oder die für den dtr Sprachgebrauch charakteristisch sind.

אחרי	16f.27
אמה	48.51
אמן	
אם לא תאמינו כי לא תאמנו	135
בית נאמן	49.52.75.134
כהן נאמן	21
אשר	
ויעש יהוה לך כאשר דבר	57
יען אשר	43
כאשר דבר	22
כאשר... על כן	58
אתמול	
(גם) (א)תמול (גם) שלשום	64
בוא	
הנני מביא רעה על ירושלם ויהודה/המקום הזה	39
בחר	68
בית	36.39.73ff.
בנה	74
בנה בית לשם יהוה	72
ברית עולם	134
ברך	
ברוך יהוה (אלהי ישראל) אשר...	52f.
גבורה	104
וגם	16.22.26.28.102
דוד	
לדוד ולזרעו עד עולם	120
דם	
דמך יהיה בראשך	20
דרכי יהוה	122
היה	
ויהי יהוה עמך כאשר היה עם אבי	84
יד יהוה היה ב...	111
למען היות ניר לדויד עבדי כל הימים לפני בירושלם	118
הלך	
אנכי הלך בדרך כל הארץ	27
הלוך ודברת/ואמרת אל...	112
הנה אנכי	43
(לכן) הנני	43
חזק	
חזק ואמץ	28f.
וחזקת והיית לאיש	27f.
חטאתי (ליהוה)	113
חרה אף יהוה ב...	114
ידע	
וידע דוד כי...	99
יהוה אלהי ישראל	17.35.84
יום	
ביום ההוא	39
היום (הזה)	17.34.53.60.91
כל הימים	36.118f.134

יסף		
ויוסף יהוה אלהיך אל העם כהם וכהם מאה פעמים	111	
יצא		
אתה הייתה המוציא והמביא את ישראל	64	
יתר האמרי/הגוים/הרפאים	107	
ישע		
ביד דוד עבדי אושיע את עמי ישראל...	62	
הושיע ידו לו	51	
כהנה וכהנה	111	
כון	99	
ובית עבדך דוד יהיה נכון לפניך	75	
כזאת וכזאת	111	
כנע	96	
כסא	26.60.75f.	
כרת		
ואיש לא אכרית לך מעם מזבחי	36	
ואל יכרת מבית יואב...	30	
כרת (ברית) עם	85	
לא יכרת לך איש מעל כסא ישראל	27	
לחם		
מלחמות יהוה נלחם	52	
לבב		
איש כלבבו	56	
כאשר כלבבו	56	
מלא		
למלא את דבר יהוה	27	
מלכות (ישראל)	23.58	
(ה)ממלכה	23.58	
משפטיו וחקתיו	122	
נא	113	
נגיד	8f.17.52.54ff.62.65 68.76f.129.139.141	
נגש	40	
נוח		
והניחתי לך מכל איביך	72	
נטל	112	
נכה		
ויך לב דוד אתו אחרי כן	111	
נמרצת	20	
נצל		
הציל יהוה פ" מכף פ"	121	
נקי	30.52	
דם נקי	19.131	
ניר/נר	118f.	
נשא אפוד	40ff.	
נתן		
אשר נתן היום ישב על כסאי	27	
כי למען דוד נתן יהוה אלהיו לו ניר בירושלם	118	
למען דוד עבדו כאשר אמר לו לתת לו ניר (לפניו) כל הימים	118	
סור מן	122	
סות	114	
סכל	111	
עבד	62f.76f.118f.127ff. 138f.141	

עבר	113
עוד	101
עולם	134
לעולם	74f.134
עד עולם	30.32.36.39.56.75. 83f.134ff.140
עלה	
למיום העלתי את בני ישראל ממצרים ועד היום הזה	77
עצם	
הננו עצמך ובשרך אנחנו	64
עשה	74
הנה אנכי עשה דבר בישראל	39
ויעש יהוה תשועה גדולה (ביום ההוא)	119
כה יעשה אלהים/יהוה לפ" וכה יסיף	51.84
עשה חסד	81.86f.121
עשה חרון אפו	58
עשה משפט וצדקה	97.131
ועתה	22.28.91f.113
ועתה הנה	92
עתר	
ויעתר אלהים/יהוה לארץ	108
צוה	
כאשר צוה יהוה	115
צלל	
אשר כל שמעו תצלינה שתי אזניו	38
קום	
הקים את דברו (= יהוה)	27.38.75
ויקם פ"	110
קרע יהוה את הממלכה/ממלכות...	58
ראה	
ועיני (אדני המלך) ראות	27.111
רעה	65
רק	29
שכל	
למען תשכיל את כל אשר תעשה/בכל אשר תלך	29
שבע	
כי כאשר נשבע יהוה/נשבעתי... כי כן אעשה	60
שוב	
ואת רעת נבל השיב יהוה בראשו	53
שין	
משתין בקיר	51
שיר/שירה	121
שלח	
וישלח חירם מלך צור מלאכים/את עבדיו אל דוד/שלמה	99
שמע בקול יהוה	57
שמר	29.122
שמר את מצות יהוה/אשר צוך יהוה	57
שפחה	48.51
שפטים	72
שפך דם חנם	52
תחת	16f.27
וימלך תחתיו	27